全国医药中等职业教育药学类“十四五”规划教材（第三轮）

供药品经营与管理、药学、药剂、中药学等专业使用

药店零售与服务技术

主　编　王桂梅　于　勇
副主编　谢　韬　刘　琼
编　者（以姓氏笔画为序）
于　勇（湖南食品药品职业学院）
王桂梅（山东药品食品职业学院）
田　真（山东药品食品职业学院）
刘　洋（广东省食品药品职业技术学校）
刘　琼（江西省医药学校）
刘相晨（漱玉平民大药房连锁股份有限公司）
张亚男（阜阳技师学院）
钟素明（佛山市南海区卫生职业技术学校）
唐杰中（潍坊弘景中医药学校）
谢　韬（南京市莫愁中等专业学校）

中国健康传媒集团
中国医药科技出版社

内容提要

本教材是“全国医药中等职业教育药学类‘十四五’规划教材（第三轮）”之一，依据本套教材的编写指导思想和原则要求，结合专业教学标准和行业企业标准编写而成。内容包括认识药店、职业道德与规范、药店基本管理、药品验收与保管、药品陈列与养护、处方认知与调配、常见疾病与病症的用药指导、药店药学服务、收银与结算、职业规划等。具有专业针对性强、紧密结合现代药店零售与服务标准、满足社会用人需求、对接职业技能鉴定标准等特点。本教材为书网融合教材，即纸质教材有机融合电子教材、教学配套资源（PPT、微课、视频等）、题库系统、数字化教学服务（在线教学、在线作业、在线考试），使教学资源更加多样化、立体化。

本教材主要供全国中等职业教育院校药品经营与管理、药学、药剂、中药学等专业教学使用，也可作为药学工作者学习和培训教材。

图书在版编目（CIP）数据

药店零售与服务技术/王桂梅，于勇主编．—北京：中国医药科技出版社，2020. 12（2024.12重印）全国医药中等职业教育药学类“十四五”规划教材．第三轮

ISBN 978－7－5214－2160－6

Ⅰ.①药…　Ⅱ.①王…　②于…　Ⅲ.①药品－专业商店－零售－商业服务－中等专业学校－教材　Ⅳ.①F717.5

中国版本图书馆 CIP 数据核字（2020）第 235945 号

美术编辑　陈君杞

版式设计　友全图文

出版　**中国健康传媒集团**｜中国医药科技出版社

地址　北京市海淀区文慧园北路甲 22 号

邮编　100082

电话　发行：010－62227427　邮购：010－62236938

网址　www. cmstp. com

规格　787mm×1092mm $^{1}/_{16}$

印张　18 $^{1}/_{4}$

字数　416 千字

版次　2020 年 12 月第 1 版

印次　2024 年 12 月第 6 次印刷

印刷　河北环京美印刷有限公司

经销　全国各地新华书店

书号　ISBN 978－7－5214－2160－6

定价　58.00 元

出版说明

2011年，中国医药科技出版社根据教育部《中等职业教育改革创新行动计划（2010—2012年）》精神，组织编写出版了"全国医药中等职业教育药学类专业规划教材"；2016年，根据教育部2014年颁发的《中等职业学校专业教学标准（试行）》等文件精神，修订出版了第二轮规划教材"全国医药中等职业教育药学类'十三五'规划教材"，受到广大医药卫生类中等职业院校师生的欢迎。为了进一步提升教材质量，紧跟职教改革形势，根据教育部颁发的《国家职业教育改革实施方案》（国发〔2019〕4号）、《中等职业学校专业教学标准（试行）》（教职成厅函〔2014〕48号）精神，中国医药科技出版社有限公司经过广泛征求各有关院校及专家的意见，于2020年3月正式启动了第三轮教材的编写工作。在教育部、国家药品监督管理局的领导和指导下，在本套教材建设指导委员会专家的指导和顶层设计下，中国医药科技出版社有限公司组织全国60余所院校300余名教学经验丰富的专家、教师精心编撰了"全国医药中等职业教育药学类'十四五'规划教材（第三轮）"，该套教材付梓出版。

本套教材共计42种，全部配套"医药大学堂"在线学习平台。主要供全国医药卫生中等职业院校药学类专业教学使用，也可供医药卫生行业从业人员继续教育和培训使用。

本套教材定位清晰，特点鲜明，主要体现如下几个方面。

1. 立足教改，适应发展

为了适应职业教育教学改革需要，教材注重以真实生产项目、典型工作任务为载体组织教学单元。遵循职业教育规律和技术技能型人才成长规律，体现中职药学人才培养的特点，着力提高药学类专业学生的实践操作能力。以学生的全面素质培养和产业对人才的要求为教学目标，按职业教育"需求驱动"型课程建构的过程，进行任务分析。坚持理论知识"必需、够用"为度。强调教材的针对性、实用性、条理性和先进性，既注重对学生基本技能的培养，又适当拓展知识面，实现职业教育与终身学习的对接，为学生后续发展奠定必要的基础。

2. 强化技能，对接岗位

教材要体现中等职业教育的属性，使学生掌握一定的技能以适应岗位的需要，具有一定的理论知识基础和可持续发展的能力。理论知识把握有度，既要给学生学习和掌握技能奠定必要的、足够的理论基础，也不要过分强调理论知识的系统性和完整性；

注重技能结合理论知识，建设理论－实践一体化教材。

3. 优化模块，易教易学

设计生动、活泼的教学模块，在保持教材主体框架的基础上，通过模块设计增加教材的信息量和可读性、趣味性。例如通过引入实际案例以及岗位情景模拟，使教材内容更贴近岗位，让学生了解实际岗位的知识与技能要求，做到学以致用；“请你想一想”模块，便于师生教学的互动；“你知道吗”模块适当介绍新技术、新设备以及科技发展新趋势、行业职业资格考试与现代职业发展相关知识，为学生后续发展奠定必要的基础。

4. 产教融合，优化团队

现代职业教育倡导职业性、实践性和开放性，职业教育必须校企合作、工学结合、学作融合。专业技能课教材，鼓励吸纳 1～2 位具有丰富实践经验的企业人员参与编写，确保工作岗位上的先进技术和实际应用融入教材内容，更加体现职业教育的职业性、实践性和开放性。

5. 多媒融合，数字增值

为适应现代化教学模式需要，本套教材搭载“医药大学堂”在线学习平台，配套以纸质教材为基础的多样化数字教学资源（如课程 PPT、习题库、微课等），使教材内容更加生动化、形象化、立体化。此外，平台尚有数据分析、教学诊断等功能，可为教学研究与管理提供技术和数据支撑。

编写出版本套高质量教材，得到了全国各相关院校领导与编者的大力支持，在此一并表示衷心感谢。出版发行本套教材，希望得到广大师生的欢迎，并在教学中积极使用和提出宝贵意见，以便修订完善，共同打造精品教材，为促进我国中等职业教育医药类专业教学改革和人才培养作出积极贡献。

数字化教材编委会

主　编　王桂梅　于　勇

副主编　谢　韬　刘　琼

编　者　（以姓氏笔画为序）

于　勇（湖南食品药品职业学院）

王桂梅（山东药品食品职业学院）

田　真（山东药品食品职业学院）

李　林（湖南食品药品职业学院）

刘　洋（广东省食品药品职业技术学校）

刘　琼（江西省医药学校）

刘相晨（漱玉平民大药房连锁股份有限公司）

张亚男（阜阳技师学院）

钟素明（佛山市南海区卫生职业技术学校）

唐杰中（潍坊弘景中医药学校）

谢　韬（南京市莫愁中等专业学校）

前言

本教材根据中等职业教育药学类专业培养目标、主要就业方向及职业能力要求，按照本套教材编写指导思想和原则要求，结合本课程教学大纲、国家最新法律法规要求、企业经营实际和学生成长规律，并在充分调研药店零售行业的基础上，由全国8所职业院校教师及1家知名药品零售企业专家悉心编写而成。

本教材系药学类专业的核心课程教材。通过学习，学生可以掌握药店零售岗位的专业知识与技能，为将来从事店长或执业药师工作奠定坚实基础；全书采用教、学、做、评的一体化教学模式进行编写，内容包括11个项目、47个任务，均来自岗位实际。

教材编写过程中始终贯彻课程思政，落实立德树人的根本任务，在内容遴选上体现典型工作任务，以理论知识“必需、够用”、实践技能“近岗、能用”等为编写原则。本教材为书网融合教材，即纸质教材有机融合电子教材、教学配套资源（PPT、微课、视频等）、题库系统、数字化教学服务（在线教学、在线作业、在线考试），使教学资源更加多样化、立体化。该教材特点有：

1. 教材内容新颖实用　紧扣现代药店管理服务的信息化、专业化、标准化需求，结合最新法律法规，以任务驱动构建课程内容，增加网上药店、DTP药房管理等最新要求。

2. 编写团队产教融合　吸引企业实践经验丰富的资深培训人员参与编写，确保教材能反映药店零售与管理的最新要求与发展趋势，体现教材的职业性、实践性和开放性。

3. 实训项目典型贴切　实践内容均依据企业生产实际编写，具有很强的指导性和操作性，有利于学习者快速掌握药店零售与服务核心技能。

4. 素养培育浑然天成　设计“岗位情景模拟、请你想一想”等实例模块，注重贯穿渗透“以人为本、安全用药”的职业理念。

本教材由王桂梅和于勇担任主编，具体编写分工如下：项目一、项目十一由谢韬编写，项目二由田真编写，项目三由王桂梅、刘相晨编写，项目四由刘琼编写，项目五由唐杰中编写，项目六由于勇编写，项目七由张亚男编写，项目八由于勇、王桂梅编写，项目九由钟素明、刘洋编写，项目十由刘洋编写。全书由王桂梅、于勇、谢韬、刘琼对分别负责的项目进行审核、统稿。本教材收录的药物剂量和用法仅供临床用药参考，不具备法律效力，特此声明。

本书在编写过程中得到企业专家和编者所在单位领导、同行的大力支持和帮助，在此表示诚挚的感谢。受编者能力与经验所限，编写中难免有疏漏和不足之处，恳请各位读者批评指正。

编　者
2020 年 10 月

目录

1. 掌握门店基本管理的主要内容及工作流程。
2. 熟悉门店基本管理的操作规范。

1. 掌握药品验收的流程、药品的保管方法。
2. 熟悉验收要求、不合格药品的处理、药品保管的影响因素。

1. 掌握药品陈列流程；重点位置的陈列标准；药品养护的操作内容。
2. 熟悉药品陈列的原则、技巧、注意事项；常见的药品养护措施。

1. 掌握处方的概念、分类、结构及书写规范；处方审核、调配、复核、发药等处方调配程序及注意事项。
2. 熟悉处方常见的缩写词。

1. 掌握发热、疼痛等常见病症的药品推荐和用药指导。
2. 熟悉发热、疼痛等常见病症的病因、临床表现和用药原则。

1. 掌握常见疾病常用药物的适应证及作用特点。
2. 熟悉常见疾病的用药指导与健康教育。

1. 掌握药学服务的含义、目标及具备的素质；药品销售的技巧、过程；处理顾客异议的原则，退换药品的处理；慢病管理的方法及步骤。

2. 熟悉拆零药品的销售；慢病的特点及分类方法。

1. 掌握收银员应具备的专业理论和技能；收银员工作纪律规范及要求；盘点作业的基本流程。
2. 熟悉收银员应具备的法律法规知识；常用盘点方法。

1. 掌握零售药店店长的工作职责和任职资格。
2. 熟悉执业药师的工作职责和执业资格。

项目一 认识药店

学习目标

知识要求

1. **掌握** 开办药店的基本条件和相关政策法规。
2. **熟悉** 药店环境布局与功能区。
3. **了解** 药店岗位设置与职责。

能力要求

1. 能开办一个合格的零售药店。
2. 能根据药店经营情况进行药店环境布局。
3. 能对药店岗位进行设置。

任务一 药店类型

PPT

岗位情景模拟

情景模拟 社会上零售药店很多，还有网上的药店，有些药店销售奶粉等营养品，有些药店需要凭处方才能购买某些药品，药店的经营产品和经营过程并不相同。

讨论 1. 零售药店的类型有哪些？

2. 各类型药店有哪些区别？

一、概述

药店是零售药品的商店，是直接向患者销售药品的经营企业。中医药史上第一家官办的药店诞生于宋朝神宗熙宁九年（公元 1076 年），是大名鼎鼎的改革家王安石批准创建的。随着社会生活方式的变化和医疗制度的改革，人们形成了“大病去医院，小病上药店”的观念。零售药店作为药品流通的终端环节，其经营条件和经营行为，如人员素质、管理制度、购药途径、储存条件、销售登记、用药指导等，对药品质量和安全用药具有重大影响。

二、药店的类型

零售药店主要经营要素有场地、人工、商品、设施设备、资本等。在其具体经营过程中的组合方式、结构有较大差异，并且在一定时期表现出较稳定的经营风格、经营形态。零售药店在长时间的演化过程中，被划分成多种类型，每一种类型的要素组合与结构，都有自己的特点。

1. 专业类 经营的主要品类是处方药、非处方药等。常见的类型有药诊店、Direct

to Patient（DTP）药房、国医馆、诊所等。国医馆、诊所，有医师坐诊或咨询，至少能够解决部分处方来源问题。专业店还可以与周围的社区医疗机构或综合性医院形成互动，医生开具处方，药店执业药师审方调配。

2. 大健康类 经营的品类除了药品以外，还有中药饮片、贵细滋补、保健品、医疗器械、消字号产品、理疗产品、智能化可穿戴设备等，还包括功效性化妆品、营养品、功能性食品等。主要类型有健康药房、中医项目 + 药店、养生馆、中药精品店等。中医中药是大健康药店的核心经营项目和品类；中医理疗等各种传统医疗项目也受到患者的欢迎；大健康类门店中还有执业药师、健康管理师、营养师、心理咨询师等专业技术服务人才完成各项服务。

> **请你想一想**
>
> 请问零售药店可以在超市中经营吗？

3. 生活便利类 经营方式和品类结构上类似超市、便利店等，常见的类型有药店系统的店中店、OTC 乙类专柜、药店超市、远程药店 O2O（非医疗服务重度垂直）等，该类最大的特点是药品不是其经营的主要品类。

你知道吗

随着药店经营品种多样化，除了常规的药品、保健品、医疗器械之外，化妆品、生活用品开始出现在药店。药店新零售已经成为必然发展方向。实体药店和网上药店合作，会提供更优的人性化服务。

三、各类型药店的区别

1. 设施设备（专项服务设施设备配置率） 专业服务设施设备配置率从高到低，依次为专业类型店、大健康类型店、生活便利类型店。

2. 场地 大健康类型店大都是从当初的平价大药房（卖场）转型而来，场地面积较大（多在 500 平方米以上），所以单位面积下营业值偏低，但提升空间大，经营方式多样；生活便利类型店面积较小（多在 100 平方米以下），所以单位面积下营业值高；专业类型店面积可大可小，营业值更多地取决于其专业服务能力。

3. 商品（数量占比） 专业类型店药品数量较多，便利品少；生活便利类型店便利品和健康品的占比偏小；大健康类型店的健康品相对占比较高。

4. 人工（人效） 专业类型店人效最高，专业服务项目和人员的技术服务可以创造更高的营业值；生活便利类型店人工成本比大健康类型店偏高。

任务二 开办药店的基本条件

PPT

岗位情景模拟

情景模拟 某药品销售总公司要在本市开设一家零售药店。小张作为本药店未来店长，接到这个任务后，他开始着手准备开设药店。

讨论　1. 开办零售药店的基本条件是什么？

2. 开办零售药店的流程是什么？

一、开办零售药店的基本条件

根据《中华人民共和国药品管理法》，从事药品经营活动，应当具备以下条件。

（1）有依法经过资格认定的药师或者其他药学技术人员。

（2）有与所经营药品相适应的营业场所、设备、仓储设施和卫生环境。

（3）有与所经营药品相适应的质量管理机构或者人员。

（4）有保证药品质量的规章制度，并符合国务院药品监督管理部门依据本法制定的药品经营质量管理规范要求。

二、开办药店流程

（1）企业向区政务服务中心市场监督管理局窗口咨询。

（2）区市场监督管理局窗口：办理企业名称预先登记，发放名称预先核准通知书。

（3）市或区市场监督管理局窗口：办理企业注册登记，发放企业营业执照。

（4）区市场监督管理局窗口：办理药品经营许可证。

（5）刻制印章：企业公章、企业财务章、企业法人章、合同专用章。

（6）银行：开立银行账户。

（7）区国税、地税窗口：办理纳税鉴定、购领发票等税务相关手续。

（8）区人力资源和社会保障局窗口：办理劳动录用备案。

（9）区社保中心：办理新职工社会保险申报。

三、申办药品经营许可证（零售）程序指引

（一）许可内容

药品经营许可证（零售）。

（二）设定经营许可的法律法规依据

1.《中华人民共和国药品管理法》《中华人民共和国药品管理法实施条例》。

2.《药品经营质量管理规范》。

3.《药品经营许可证管理办法》。

（三）许可条件

根据《药品经营许可证管理办法》规定，开办药品零售企业，应符合当地常住人口数量、地域、交通状况和实际需要的要求，符合方便群众购药的原则，并符合以下设置规定。

请你想一想

请问开办药店是先申请营业执照后申请药品经营许可证吗？

（1）具有保证所经营药品质量的规章制度。

（2）具有依法经过资格认定的药学技术人员。经营处方药、甲类非处方药的药品零售企业，必须配有执业药师或者其他依法经过资格认定的药学技术人员。质量负责人应有一年以上（含一年）药品经营质量管理工作经验。经营乙类非处方药的药品零售企业，以及农村乡镇以下地区设立药品零售企业的，应当按照《药品管理法实施条例》第 15 条的规定配备业务人员，有条件的应当配备执业药师。企业营业时间，以上人员应当在岗。

（3）企业、企业法定代表人、企业负责人、质量负责人无《药品管理法》第 75 条、第 82 条规定情形的。

（4）具有与所经营药品相适应的营业场所、设备、仓储设施以及卫生环境。在超市等其他商业企业内设立零售药店的，必须具有独立的区域。

（5）具有能够配备满足当地消费者所需药品的能力，并能保证 24 小时供应。药品零售企业应备有的国家基本药物品种数量由各省、自治区、直辖市食品药品监督管理部门结合当地具体情况确定。国家对经营麻醉药品、精神药品、医疗用毒性药品、预防性生物制品另有规定的，从其规定。

（四）许可程序

1. 申请 申办药品零售企业，申办人向拟办企业所在地设区的药品监督管理部门提出筹建申请，并提交筹建申请材料。

2. 受理审查 药品监督管理部门对申办人提出的申请，应当根据情况分别做出处理。材料齐全、符合法定形式的，发给《受理通知书》。并自受理申请之日起 30 个工作日内，依法对申报材料进行审查，做出是否同意筹建的决定，并书面通知申办人。

3. 验收申请 申办人完成筹建后，向受理申请的药品监督管理部门提出验收申请，并提交验收申请材料。

4. 验收发证 对药品零售企业，受理申请的药品监督管理部门在收到验收申请之日起 15 个工作日内，依据开办药品零售企业验收实施标准组织验收，做出是否发给药品经营许可证的决定。符合条件的，发给药品经营许可证；不符合条件的，应当书面通知申办人并说明理由，同时告知申办人享有依法申请行政复议或提起行政诉讼的权利。

5. 许可公示 对现场验收合格的拟开办药品经营企业，药品监督管理部门在其网站上进行许可公示。药品零售企业许可公示期为 3 ~ 5 天。

你知道吗

按照《药品经营许可证管理办法》的有关规定，企业应于药品经营许可证有效期届满前 6 个月内，向发证机关提出换证申请。

任务三 药店相关政策法规

PPT

岗位情景模拟

情景模拟 开设药店必须符合相关的政策法规。作为店长的小张现在正在查询相关资料，我们来帮帮他吧。

讨论 1. 经营药品法律法规有哪些？

2. 经营医疗器械法律法规有哪些？

3. 经营食品与其他相关法律法规有哪些？

一、药品经营法律法规

1.《中华人民共和国药品管理法》 简称《药品管理法》，它是为加强药品监督管理，保证药品质量，保障人体用药安全，维护人民身体健康和用药的合法权益而制定的法律。1984 年 9 月 20 日第六届全国人民代表大会常务委员会第七次会议通过，自 1985 年 7 月 1 日起施行。现行版本为 2019 年 8 月 26 日十三届全国人大常委会第十二次会议修改并表决通过，于 2019 年 12 月 1 日起施行。

2.《药品经营质量管理规范》（Good Supply Practice，GSP） 1998 年，在 1992 版 GSP 的基础上重新修订了《药品经营质量管理规范》，并于 2000 年 4 月 30 日以国家药品监督管理局令第 20 号颁布，2000 年 7 月 1 日起正式施行。现行的版本于 2016 年 6 月 30 日经国家食品药品监督管理总局局务会议审议通过并公布，自公布之日起施行。

3.《中华人民共和国药品管理法实施条例》 简称《药品管理法实施条例》，它是根据《中华人民共和国药品管理法》的规定制定的。2002 年 8 月 4 日国务院令第 360 号公布，自 2002 年 9 月 15 日起施行。2016 年 1 月 13 日国务院第 119 次常务会议通过《国务院关于修改部分行政法规的决定》，对《中华人民共和国药品管理法实施条例》进行修订，自 2016 年 2 月 6 日起施行。

4.《药品流通监督管理办法》 是为加强药品监督管理，规范药品流通秩序，保证药品质量，根据《中华人民共和国药品管理法》《中华人民共和国药品管理法实施条例》和有关法律、法规的规定而制定的，共五章，四十七条，自 2007 年 5 月 1 日起施行。在中华人民共和国境内从事药品购销及监督管理的单位或者个人，应当遵守该办法。

> **请你想一想**
>
> 请问超市中经营的食品是否被《中华人民共和国药品管理法》依法管理？

5.《药品经营许可证管理办法》 是为加强药品经营许可工作的监督管理，根据《药品管理法》《药品管理法实施条例》的有关规定，制定本办法。

6.《处方药与非处方药分类管理办法（试行）》 是国家药品监督管理局发布的药品类管理办法，于 1999 年 6 月 11 日通过审议，2000 年 1 月 1 日起正式施行。本办法对于处方药的调配、购买和使用以及非处方的标签、说明、包装印刷和销售都进行了明确的规定。

二、医疗器械法律法规

1.《医疗器械经营监督管理办法》 是为加强医疗器械经营监督管理，规范医疗器械经营行为，保证医疗器械安全、有效，根据《医疗器械监督管理条例》制定的。2014年6月27日国家食品药品监督管理总局局务会议审议通过，2014年7月30日国家食品药品监督管理总局令第8号公布，自2014年10月1日起施行。最新版根据2017年11月7日国家食品药品监督管理总局局务会议《关于修改部分规章的决定》修订。

2.《医疗器械监督管理条例》 是为了保证医疗器械的安全、有效，保障人体健康和生命安全制定的。于2014年2月12日国务院第39次常务会议修订通过，由国务院于2014年3月7日发布，自2014年6月1日起施行。2017年5月4日国务院发布第680号令，公布《国务院关于修改〈医疗器械监督管理条例〉的决定》，对《医疗器械监督管理条例》修订。

三、食品与其他相关法律法规

1.《中华人民共和国食品安全法》 为保证食品安全，保障公众身体健康和生命安全，制定本法。在我国，国家高度重视食品安全，早在1995年就颁布了《中华人民共和国食品卫生法》。在此基础上，2009年2月28日，十一届全国人大常委会第七次会议通过了《中华人民共和国食品安全法》。2013年《食品安全法》启动修订，2015年4月24日，新修订的《中华人民共和国食品安全法》经第十二届全国人大常委会第十四次会议审议通过。《食品安全法》共十章，154条，于2015年10月1日起正式施行。

2.《化妆品监督管理条例》 为了规范化妆品生产经营活动，加强化妆品监督管理，保证化妆品质量安全，保障消费者健康，促进化妆品产业健康发展，制定本条例。《化妆品监督管理条例》已于2020年1月3日国务院第77次常务会议通过，国务院发布第727令公布，本条例自2021年1月1日起施行。《化妆品卫生监督条例》同时废止。

3.《消毒产品标签说明书管理规范》 依据《中华人民共和国传染病防治法》和《消毒管理办法》第三十三条的规定，主管部门组织制定了《消毒产品标签说明书管理规范》（以下简称《规范》）。要求按照《规范》的要求加强对消毒产品标签标识的监督管理。

你知道吗

药品经营企业销售中药材，必须标明产地。

任务四　药店环境布局与功能区

PPT

岗位情景模拟

微课

情景模拟　药店的环境布局决定着药店的销售利润。作为店长的小张现在正在考虑药店该怎么布局，我们来帮帮他吧。

讨论　1. 药店如何进行环境布局？

2. 药店功能区如何划分？

一、药店环境布局

（一）原则

门店布局是一门综合学问，具有较强的促销与宣传功能。不同顾客因年龄、性别、性格差异，其移动的线路不同。一般而言，中老年人进入药店停留的时间较长，主要停留在心脑血管、风湿类等处方药类处，慢慢地细阅说明书，选择自己所需要的药。而中青年人一般停留时间较短，喜欢选购一些 OTC 药品和广告性强的药，如补肾、减肥、健脑、益智类。他们进店后，尽快选择所需要的药品，购买后迅速离开。顾客走动多的地方往往利于药品的促销，走得少的地方则为滞销区。在开架陈列时，要避免把畅销的药品放在顾客走动少的地方。所以药店环境布局时需要考虑的因素包括：药店定位、顾客需求、竞争需求、市场需求、安全需求、费用需求等，然后在此基础上进行顾客动线设计、关联设计等，达到布局规划合理、科学。根据国内零售药店的实践经验，归纳起来主要有以下三项原则。

1. 努力吸引顾客进店　利用知名而醒目的品牌店名及标识，吸引顾客的目光，也可以用药店最具代表性的、信誉度较高的荣誉牌及服务承诺牌装饰店门，增强顾客的信任度和安全感。

2. 轻松找到自己所需的药品　让顾客进店后能轻松地观察到所陈列的药品，并能最快地找到自己需要的药品。这就要求连锁药店在处理店内布局时，做到商品陈列科学化及规范化、系列分类明细化、引导牌示醒目化。

3. 尽量延长顾客在店内的停留时间　如在店堂内合理地设置报刊栏、宣传栏，内容可涉及药品知识、新药信息、用药和保健的方法等，并经常更换内容，保持栏内内容的新鲜感。这样就很容易使顾客更多地停留在店内咨询、观看，从而激发起他们的选购欲望，实现销售或二次销售。即使不能实现当次销售，也会增强顾客对该店的印象，对今后的药品消费产生影响。

（二）分类

1. 格子式布局

（1）优点　①可以充分地利用卖场的空间；②由于商品货架的规范化安置，顾客可轻易识别商品类别及分布特点，便于顾客选购商品；③有利于营业员与顾客的愉快合作，简化商品管理及安全保卫工作；④易于采用标准化货架，可节省成本等。

（2）缺点 ①当顾客比较多的时候，较拥挤时，易使顾客产生被催促的不良感觉；②室内装修方面创造力有限；③卖场气氛比较冷淡、单调。

2. 岛屿式布局

（1）优点 ①顾客活动线比较丰富；②布局富有创意，采取不同形状的岛屿设计，可以装饰和美化营业场所；③增加门店里气氛活跃度，使消费者增加购物的兴趣，并延长逗留时间，进而方便店员推介；④容易引起顾客冲动性购买，满足消费者对某一品牌商品的全方位需求，对品牌供应商具有较强的吸引力。

（2）缺点 ①容易造成营业员销售的局限性；②空间有些浪费；③不方便关联销售。

3. 自由流动式布局

（1）优点 ①货位布局十分灵活，顾客可以随意穿行各个货架或柜台；②卖场氛围融洽，可促成顾客的冲动性购买；③便于顾客自由浏览，不会产生急切感，增加顾客的滞留时间和购物机会。

（2）缺点 ①顾客拥挤在某一柜台时，不利于分散客流；②不能充分利用卖场，要注意商品安全的问题。

二、药店功能区

一般性便民连锁药店面积要求至少在40平方米以上；而创办具有一定规模的超市连锁店，面积要在100平方米以上，且要做到营业场地宽敞、环境清洁，柜台及货架整齐合理，标志醒目。药店区域分为：经营区、办公区、生活辅助区。三场所必须分开或隔离。办公区、生活辅助区不得存放库存商品（药店全部合格商品一律进入商品陈列展示区，上柜上架）。

（一）药店区域的划分设置准则

1. 经营区 面积不小于80平方米（与经营规模相适应），洁净、明亮；由商品陈列展示区、收银区、经营通道构成。经营区温、湿度为可控区，不得存放非经营品和与经营无关物品。

2. 办公区 适应经营办公需要，放置经营办公设施、资料存放设施。

3. 生活辅助区 为员工更衣、用餐场所，一般会有衣箱、餐桌、餐饮用具，适应需求即可，要求整洁卫生。

（二）经营区的划分设置准则

1. 经营区 划分为药品经营区、非药品经营区，两区域要有明显隔离。

（1）药品经营区 陈列、存放、展示国药准字产品，即陈列存放药品。

（2）非药品经营区 陈列、存放、展示非国药准字产品和存放陈列非药品。

2. 药品经营区 划分为冷藏区、阴凉区、常温区，三区药品不可混淆。阴凉区、常温区内再划分处方药经营区和非处方药经营区。处方药经营区存放陈列处方药，非处方药经营区存放陈列非处方药（外包装带有 OTC 标识）。

请你想一想

请问患者从药店购买的胰岛素能在常温区存放吗？

（1）冷藏区 温度范围为 2～8℃，低温储存药品于冷藏柜内，如疫苗、胰岛素等制剂。

（2）阴凉区 温度不超过 20℃，存放栓剂等对热不稳定的药品于地点为阴凉柜或阴凉间内。

（3）常温区 温度范围为 10～30℃，存放常温储存药品。

（三）店内阴凉区的划分设置准则

（1）背靠实体墙，方便制作密闭空间。

（2）方便空调外挂机安装，有电源。

（3）与阴凉区药品经营相适应。

（四）经营区中的闭架区、开架区的划分设置准则

1. 闭架经营区 全部处方药、拆零药品，这些药品必须陈列于闭架区，不得进入开架区。

2. 开架经营区 一般陈列非药品、非处方药等。

你知道吗

一般而言，与人视轴线成 30°以内的东西最易被接受。这样顾客既可以轻松寻找到自己所需要的药品，又不产生压迫感。在大型的药店超市，由于空间较高，货架太矮，易产生空旷感。对此，除用光线来改变空间感觉外，还可以用货架上置放灯箱广告的方法来改变空间感，但不宜加高货架。

（五）经营区中的非药品划分设置准则

1. 医疗器械经营区 按Ⅰ类、Ⅱ类、Ⅲ类分开。

2. 保健食品经营区 按保健功能分开。

3. 普通食品经营区 按类别分开。

4. 乳制品经营区 按成年人、儿童分开。

5. 消毒消杀经营区 按用途分开。

6. 日化功效性化妆品经营区 按百货、化妆品、功效性化妆品分开。

任务五　药店岗位设置与职责

PPT

岗位情景模拟

情景模拟　作为药店的店长要做好药店岗位设置，并明确各岗位的职责。

讨论　药学专业毕业的小李在药店工作，可选择的岗位有哪些？

一、药店岗位设置

按照药店运营的相关法律法规要求，药店应设置如下岗位：药店负责人岗位、质量负责人岗位、质量管理员岗位、质量验收员岗位、养护员岗位、经营品种购进人员岗位、处方审核员岗位、营业员岗位等。

二、药店各岗位职责

（一）药店负责人岗位职责

1. 贯彻、执行《药品管理法》和《药品经营质量管理规范》等有关法律、法规，确保药店依法经营，保证患者用药的安全、有效、及时、方便。

2. 在“质量第一”的思想指导下进行经营管理，组织本药店员工认真学习和贯彻执行国家有关药品监督管理的法律、法规，加强药店质量管理，对木药店所经营的药品质量负领导责任。

3. 组织、督促有关人员建立和完善各项规章制度，并负责签发质量管理制度。

4. 定期召开质量管理工作会议，研究、解决质量工作方面的重大事项。

5. 督促质量管理工作的落实，保证质量管理人员有效行使职权。

6. 保证药店员工不断提高法律意识、业务素质和质量管理水平。

7. 重视患者意见和投诉的处理，主持重大质量事故的处理和重大质量问题的解决和质量改进。

8. 督促、检查各岗位履行质量职责，监督质量管理制度的落实、执行情况。

（二）质量负责人岗位职责

1. 在药店负责人的直接领导下，负责质量管理工作，带领药店全体员工认真学习并贯彻执行《药品管理法》《药品经营质量管理规范》等法律、法规，落实企业的各项规章制度及岗位职责。

2. 加强药店的全面质量管理工作，对药店的质量管理工作进行监督、指导、协调，有效行使质量否决权。

3. 负责组织制定和修订各项质量管理制度，实施和维护药店质量管理制度的有效运行，主持质量管理制度的检查与考核工作，负责向药店负责人报告质量管理的执行情况。

4. 定期组织召开质量分析会，及时掌握质量管理工作动态，研究解决有关质量问题。

5. 负责对首营企业、首营品种质量审批。

6. 负责协调部门之间质量管理工作的有效开展。

7. 主管质量方面培训教育工作的实施。

8. 研究、部署、检查质量管理工作，对质量工作奖惩提出建议，并根据企业负责人的授权，具体实施质量奖惩。

请你想一想

请问在养护检查中发现有质量问题的药品可以继续经营吗？

（三）质量管理员岗位职责

1. 树立“质量第一”的观念，坚持质量效益的原则，承担质量管理方面的具体工作，在药品质量管理方面有效行使裁决权。

2. 监督质量管理的有效执行，定期检查制度执行情况，对存在的问题提出改进措施，并做好记录。

3. 在药店各相关人员的协助下，负责对药店员工进行质量教育、培训工作。

4. 负责对药品养护工作的业务技术进行指导。

5. 负责质量信息管理工作，定期收集药品质量信息和有关质量的意见、建议，组织传递反馈，并定期进行统计分析，提供分析报告。

6. 对不合格药品进行控制性管理，负责不合格药品报损前的审核及报损、销毁药品处理的监督工作，做好不合格药品的相关记录。

7. 按月检查陈列药品当地质量状况，保证其符合规定要求。

8. 定期检查门店的环境及人员卫生情况，组织员工定期接受健康检查。

9. 负责建立药品质量档案和收集质量标准。

10. 负责种类质量记录、资料的收集存档工作，保证各项质量记录的完整性、准确性和可追溯性。

11. 协助药店负责人召开质量分析会，做好记录，及时填报质量统计报表和各类信息处理单。

12. 负责处理药品质量查询，对患者反映的质量问题及时查找原因，尽快予以答复解决。

13. 负责药品不良反应信息的处理及报告工作。

（四）质量验收员岗位职责

1. 树立“质量第一”的观念，坚持质量原则，把好药品入库质量第一关。

2. 负责按法定标准和合同规定的质量条款对购进药品逐批进行验收，有效行使否决权。

3. 质量不合格的药品不得入库。

4. 验收药品应在符合规定的待验区进行，普通药品应在到货后三个工作日内完成验收，特殊管理药品和需冷藏药品应在到货后1小时内完成验收。

5. 应按照药品验收抽验程序的规定，保证验收抽取的样品具有质量代表性，验收完毕，应将抽验药品包装复原，并标明抽样标记。

6. 验收时应对药品的包装、标签、说明书以及有关要求的证明文件进行逐一检查，整件药品包装中应有产品合格证。

7. 按处方药和非处方药分类管理要求进行管理，标签、说明书上应有相应的警示语或忠告语，非处方药的包装要有国家规定的专有标识。

8. 验收进口药品，其包装的标签应以中文注明药品的名称、主要成分以及注册证号，并有中文说明书，以及合法的相关证明文件。

9. 验收中药饮片应有包装，并附有质量合格的标志。每件包装上，应标明法定的药品质量内容。

10. 验收首营品种，应有首批到货药品同批号的药品出厂检验报告书。

11. 规范填写验收记录，做到字迹清楚、内容真实、项目齐全、批号及数量准确、结论明确、签章规范，验收记录应保存至超过药品有效期一年，但不得少于三年。

（五）养护员岗位职责

1. 坚持“质量第一”的原则，在质量负责人的技术指导下，具体负责在库药品的养护和质量检查工作。

2. 对库存药品养护质量负直接责任。

3. 坚持“预防为主”的原则，按照药品理化性质和储存条件的规定，结合库房实际情况，采取正确有效的养护措施，确保药品在库储存质量。

4. 负责对库存药品定期进行循环质量养护检查，一般药品每季一次，重点养护品种应增加检查次数（每月一次），并做好养护检查记录。

5. 对由于异常原因可能出现问题的药品、易变质药品、已发现质量问题药品的相邻批号药品、储存时间较长的药品，应缩短养护检查周期，加强养护。

6. 养护检查中发现质量有问题的药品，应挂黄牌暂停发货，同时报质量管理员处理。

7. 指导并配合保管员做好库房温湿度监测管理工作，每日上、下午定时各一次对库房温湿度做记录。

8. 根据气候环境变化，结合夏防、冬防计划，对中药饮片采取干燥、降温、避光、通风、净选、除湿、防虫等相应的养护措施。

9. 负责对保管、养护仪器设备的管理、维护工作，建立仪器设备管理档案。

10. 正确使用、养护、保管、计量设备，并定期检查保养，做好计量检定记录，确保正常运行、使用。

11. 每月汇总和上报养护检查、近效期或长时间储存药品的质量信息。

（六）经营品种购进人员岗位职责

1. 树立“质量第一”的观念，认真执行《药品管理法》和《药品经营质量管理规范》等法律法规，确保经营行为的合法性，保证购进药品质量。

2. 对药店依法经营，杜绝购进假劣药品。

3. 坚持按需进货，择优采购的原则，把好进货质量第一关。

4. 认真审查供货单位的法定资格及购进药品的合法性，确保依法经营。

5. 负责建立合格供货方及合格经营品种目录，建立完善的供货企业经营品种管理档案。

6. 签订购货合同时必须按规定明确必要的质量条款。

7. 负责索取首营企业合法证照及首营品种生产批准证明文件、产品质量标准和首批样品等相关资料。

8. 对购进药品建立完整的购进记录，购进记录应注明药品的品名、剂型、规格、有效期、生产厂商、供货单位、购进数量、购货日期等项目。

9. 了解供货单位的生产状况、质量状况，及时反馈信息，为质量管理人员开展质量控制提供依据。

10. 自觉接受质量管理人员的监督指导，不断提高法制意识和质量管理意识。

11. 及时收集分析药店所经营药品及同类产品的质量情况，为“择优选购”提供依据。

（七）处方审核员岗位职责

该岗位一般由药师或执业药师负责。

1. 对药品销售的正确、合理、安全、有效承担主要责任。

2. 负责药品处方内容的审查及所调配药品的复核并签字。

3. 负责执行药品分类管理制度，严格凭处方销售处方药。

4. 对有配伍禁忌或超剂量的处方，应当拒绝调配、销售。

5. 指导营业员正确、合理摆放及陈列药品，防止出现错药、混药及其他质量问题。

6. 负责中药饮片的装斗复核工作，并做好记录。

7. 指导、监督营业员做好药品拆零销售的工作。

8. 营业时间必须在岗，并佩戴标明姓名、执业药师或其技术职称等内容的胸卡，不得擅离职守。

9. 为患者提供用药咨询服务，指导顾客安全、合理用药。

10. 销售过程中发现的质量问题，应及时上报质量管理人员。

11. 对患者反映的药品质量问题，应认真对待、详细记录、及时处理。

（八）营业员职责

1. 认真执行《药品管理法》《药品经营质量管理规范》等有关药品法律、法规，依法经营，安全合理销售药品。

2. 营业员上岗前必须经过业务培训考核合格，取得地市级以上药品监督管理部门核发的岗位合格证书后方可上岗。

3. 每年定期进行健康体检，取得健康合格的有效证明后方可上岗。

4. 营业时应统一着装，佩戴胸卡，主动热情，文明用语，站立服务。

5. 正确销售药品，为患者正确介绍药品的性能、用途、用法、用量、禁忌和注意事项，对顾客所购药品的名称、规格、数量、价格核对无误后，将药品交予顾客。

6. 认真执行处方药分类管理规定，按规定程序和要求做好处方药的配方、发药工作。

7. 做好相关记录，字迹端正、准确、记录及时，做到账款、账物、账货相符，发现质量问题，及时报告质量管理员。

8. 负责对陈列的药品按其性质分类摆放，做到合理、正确、整齐、有序。

9. 对效期不足3个月的品种，应将药品的名称、数量、有效期等逐一登记并及时上报质量管理员。

10. 对缺货药品要认真登记，及时向业务员传递信息。

11. 负责营业场所的环境卫生，每日班前、班后应对营业场所进行卫生清洁。

12. 不得采用有奖销售、附赠药品或礼品等方式销售药品。

13. 为患者提供用药咨询和指导，指导患者安全、合理用药。

实训一　参观药店及药店环境设计

一、实训目的

1. 掌握药店的分类和布局。

2. 能准确进行药店各个功能区的划分。

二、实训准备

1. 实训场地　药房。

2. 实训材料　工作服、实训工具、各种记录表格等。

三、实训指导

1. 药店的分类　根据药店的特点说出药店的分类。

2. 药店的布局　根据药店的分类设计药店的布局，并且写出该布局的特点。

3. 药店功能区的划分　根据药店布局要求进行功能区的划分，并且写出划分的原则。

四、实训方法

1. 参观药店。

2. 2人/组进行现场模拟，对药店环境进行设计，并依次讲述药店各个功能区的划分及 GSP 要求。主要参与者有药店负责人、参观学生。教师进行现场指导、点评。

五、实训步骤

1. 课前准备 药店柜台、药品及货架、药品分类标识等。

2. 药店的分类 某药品销售企业开了一家药店，请大家判断出此药店类型。

3. 药店的布局 现根据此药店的类型为它设计布局。

4. 药店功能区的划分 根据药店布局要求进行功能区的划分，并且写出划分的原则。

5. 记录并清场 客观真实地填写原始记录并及时清场。

六、考核方式

根据现场表现，教师评价打分，学生之间相互评价，按照5∶5 比例计算项目积分，实训过程考核评分见表 1－1。

表 1－1 实训过程考核评分表

项目要求	考核要求	分值	得分
课前准备	准备好药店柜台、药品及货架、药品价格标签	15	
药店的分类	能判断出药店的类型	20	
药店的布局	能够设计出药店的布局	30	
药店功能区的划分	可以对药店的布局进行各个功能区划分，并且写出划分原则	35	

目标检测

一、选择题

1. 药店中专业服务设施设备配置率最高的是（ ）。
   A. 专业类型店 B. 大健康类型店 C. 生活便利类型店 D. 以上全是
2. 各种类型药店中药品数量最多的是（ ）。
   A. 专业类型店 B. 大健康类型店 C. 生活便利类型店 D. 以上全是
3. 药店的经营品种只可以放在（ ）。
   A. 经营区 B. 办公区 C. 生活辅助区 D. 以上全是
4. 药店环境布局中格子式布局的特点是（ ）。
   A. 顾客活动线比较丰富
   B. 布局富有创意，采取不同形状的岛屿设计
   C. 容易引起顾客冲动性购买
   D. 可以充分地利用卖场的空间

5. 药店负责人的岗位职责是（　　）。

A. 组织、督促有关人员建立和完善各项规章制度，并负责签发质量管理制度

B. 营业时应统一着装，佩戴胸卡，主动热情，文明用语，站立服务

C. 对缺货药品要认真登记，及时向业务员传递信息

D. 为患者提供用药咨询和指导，指导患者安全、合理用药

6. 经营品种购进人员的岗位职责是（　　）。

A. 负责对保管、养护仪器设备的管理、维护工作，建立仪器设备管理档案

B. 坚持按需进货，择优采购的原则，把好进货质量第一关

C. 每年定期进行健康体检，取得健康合格的有效证明后方可上岗

D. 不得采用有奖销售、附赠药品或礼品等方式销售药品

7. 质量验收员的岗位职责是（　　）。

A. 负责对保管、养护仪器设备的管理、维护工作，建立仪器设备管理档案

B. 每年定期进行健康体检，取得健康合格的有效证明后方可上岗

C. 负责对首营企业、首营品种质量审批

D. 质量不合格的药品不得入库

8. 店内阴凉区的划分设置准则是（　　）。

A. 背靠实体墙，方便制作密闭空间

B. 方便空调外挂机安装，有电源

C. 与阴凉药品经营相适应

D. 以上都是

9. 对有配伍禁忌或超剂量的处方，应当拒绝调配、销售的人员是（　　）。

A. 质量验收员　　B. 养护员　　C. 处方审核员　　D. 质量验收员

10. 能认真审查供货单位的法定资格及购进药品的合法性，确保依法经营的人员是（　　）。

A. 经营品种购进人员　　B. 养护员

C. 处方审核员　　D. 质量验收员

二、简答题

1. 经营区中闭架区、开架区划分设置准则有哪些？

2. 按照药店运营的相关法律法规要求，药店应设置哪些岗位？

书网融合……

微课　　划重点　　自测题

项目二 职业道德与规范

学习目标

知识要求

1. **掌握** 药师的职业道德；药店经营服务规范的道德要求。
2. **熟悉** 药店的服务标准和服务礼仪。
3. **了解** 药店具体顾客服务标准。

能力要求

1. 能恪守药师的职业道德，从事药店的工作。
2. 能按照药店具体顾客服务标准，开展工作，并利用药学知识开展药学服务，对常见疾病的治疗与预防提出合理建议，确保患者用药安全。

任务一 职业道德

PPT

岗位情景模拟

某大药房店长接到一例顾客投诉，顾客叙述事情经过如下：我婆婆胃病犯了，今天到药店来买药，我带着药盒找到营业员，营业员嘴里嚼着口香糖，语气十分不耐烦地问我们："几盒？"我们询问价钱后，提出需要两盒，营业员把药拿出来随手扔在柜台上，接着说了一句："这种药三盒一个疗程。"当时我们就生气了，药品说明书上清楚地写着，该产品连续服用不超过 14 天，一盒药 7 粒，一天一粒，最多服用两盒。你们药店为了销量，不按照药品说明书指导顾客用药。

讨论 1. 请你指出该药店营业人员的不良行为有哪些？

2. 如果你是药店店长，如何规范药店营业员的职业行为？

一、职业道德的含义

职业是参与社会分工，利用专门的知识和技能为社会创造物质财富和精神财富，获取合理报酬作为物质生活来源，并满足精神需求的工作。职业活动是人类社会生活中最普遍最基本的活动。道德是社会意识形态之一，是在认知过程中产生的具有一定约束作用的行为准则与规范。

职业道德是指从事一定职业的人在职业生活中应当遵循的具有职业特征的道德要求和行为准则。职业道德是道德的重要组成部分，具有行业性、广泛性、实用性、时代性等特点。

二、职业道德的基本要求

职业道德具有时代性和历史继承性。在历史上不同时期产生的一些调控职业活动的带有道德蕴含的行规，可以被看成是最早的职业道德的表现形式。这些行规反映出当时职业的属性、功能以及从业者的价值认同和心理需要，有的行规也在历史发展过程中被后来的职业道德所继承。社会主义的职业道德继承了传统职业道德的优秀成分，体现了社会主义职业的基本特征，具有崭新的内涵。

（一）爱岗敬业

爱岗敬业，反映的是从业人员热爱自己的工作岗位，敬重自己所从事的职业，勤奋努力、尽职尽责的道德操守，这是社会主义职业道德的最基本要求。

（二）诚实守信

诚实守信，既是做人的准则，也是对从业者的道德要求，即从业者在职业活动中应该诚实劳动、合法经营、信守承诺、讲求信誉。

（三）办事公道

办事公道，就是要求从业人员在职业活动中做到公平公正，按照同一标准和原则待人处事的职业道德规范，不谋私利、不徇私情、不以权损公、不以私害民、不假公济私。

（四）服务群众

服务群众，就是在职业活动中一切从群众的利益出发，为群众着想，为群众办事，为群众提供高质量的服务。

（五）奉献社会

奉献社会，就是要求从业人员在自己的工作岗位上树立奉献社会的职业精神，并通过兢兢业业的工作，自觉为社会和他人做贡献，这是社会主义职业道德中最高层次的要求，体现了社会主义职业道德的最高目标指向，爱岗敬业、诚实守信、办事公道、服务群众，都体现了奉献社会的精神。

你知道吗

抗疫中不可或缺的“上膛人”——药师

新冠病毒肺炎疫情突然暴发，除了奋斗在一线的医护人员，还有一群默默守护在他们身后的人——药师。为了满足防疫需求，药师们积极联系货源，紧急启动专项采购程序，保障相关药品的配备和供应。日夜高负荷运转，只为确保医护人员的“枪膛”填满“弹药”，保障临床用药的需求。面对大量流动患者，药师们没有丝毫迟疑，审方、调配、发药、用药指导，每个环节都尽心周全，坚定的眼神、专业的嘱托、关爱的微笑是药师在这场战争中最坚决的态度。随着疫情发展，感染人数和死亡人数不断攀升，民众开始焦虑恐慌，也是他们及时在公共平台上发布相关的用药知识，帮助公众正确认识新冠病毒肺炎，获取准确的用药信息。

三、药师的职业道德

药师的职业道德是指在药品研制、生产、经营和使用过程中与职业活动紧密联系的符合职业特点所要求的道德准则、道德情操、道德品质的总和。药师职业宗旨是以人为本，全力维护人民健康。

（一）药师的职业特点

1. 特殊性 药师职业道德的特殊性是由药品的特殊性决定的。药品的质量安全与人们的生命健康息息相关。医药工作者的服务对象是有生命的人，其工作直接关系到患者个人的生命安危，还往往牵动患者的家庭、亲朋、邻里和单位，因而要求医药工作者在从事职业活动时一定要严肃、认真、仔细、负责。

2. 技术性 药品作为一种特殊商品，它的研制、开发和生产需要许多学科技术人员利用先进技术、设备和材料合作才能进行。药品要发挥预防、治疗、诊断人们的疾病，维护人们的健康作用，必须通过执业的医师和药师指导才能实现。药品经营和使用过程中，须有药师参与审核、调配处方，消费者须在药师指导下购买和使用非处方药。

3. 严谨性 药师的工作直接关系到用药的安全性和有效性，稍有差错，可能会导致严重后果，因此药师在工作中必须具有全心全意为人民服务的态度和严格谨慎的工作作风。

4. 政策性 药品的生产、经营、使用管理政策性非常强，药师必须按照法律、法规履行职责。

（二）药师的职业道德原则

药师的职业道德原则是药师在医药领域活动和实践中应遵循的根本原则，是评价与衡量每个人的行为和思想品质的最高道德标准。医药领域的实践都与人们的健康紧密联系，这决定了药师职业道德的基本原则应包括以下内容。

1. 救死扶伤，实行人道主义 这是药师职业道德的一个基本原则。人道主义是古今中外医药道德的精华所在，它的核心是尊重人的生命，一视同仁，治病救人，关心和同情患者。实行人道主义也是社会主义道德建设的基本要求。

2. 以患者利益为最高标准，提供安全、有效、经济的药品 药师的职责是保障人民健康。为此必须以患者的利益为重，从治愈疾病和提高患者的生活质量出发，做好各项工作。药品是人们防病治病、与疾病斗争的武器，药品的质量直接关系人民群众的健康和生命。药师一定要牢固树立质量第一的思想，为患者提供安全有效且经济的药品。

3. 全心全意为人民服务 为人民服务是对社会主义各种职业的共同要求，是所有职业都应该遵守的根本宗旨。药师更应该把为人民服务作为职业活动的出发点，真正把患者的利益放在首位，待患者如亲人，急患者之所急，痛患者之所痛，竭尽全力为患者服务。药师要做到全心全意为人民防病治病服务，既要有良好的职业道德，又要有精湛的医药技术，二者缺一不可。

（三）药师的宗旨、承诺、誓言和职业道德

2005 年，中国药学会举办的药师周，确立了药师宗旨、承诺等。

药师的宗旨：药师以人为本，全力维护人民健康。

药师的承诺：关爱人民健康，药师在您身边。

药师的誓言：实事求是，忠实于科学；全心全意，服务于社会；忠于职守，献身于药学；尽职尽责，承诺于人民。

药师的职业道德：以人为本，一视同仁；尊重患者，保护权益；廉洁自律，诚实守信；崇尚科学，开拓创新。

（四）药师的职业道德准则

2006 年 10 月中国执业药师协会发布了中国执业药师道德准则，2009 年 6 月进行了修订，内容如下。

1. 救死扶伤，不辱使命 执业药师应当将患者及公众的身体健康和生命安全放在首位，以专业知识、技能和良知，尽心、尽职、尽责为患者及公众提供药品和药学服务。

2. 尊重患者，平等相待 执业药师应当尊重患者或消费者的价值观、知情权、自主权、隐私权，对待患者或消费者应不分年龄、性别、民族、信仰、职业、地位、贫富，一视同仁。

3. 依法执业，质量第一 执业药师应当遵守药品管理法律、法规，恪守职业道德，依法独立执业，确保药品质量和药学服务质量，科学指导用药，保证公众用药安全、有效、经济、适当。

4. 进德修业，珍视声誉 执业药师应当不断学习新知识、新技术，加强道德修养，提高专业水平和执业能力；知荣明耻，正直清廉，自觉抵制不道德行为和违法行为，努力维护职业声誉。

5. 尊重同仁，密切协作 执业药师应当与同仁和医护人员相互理解，相互信任，以诚相待，密切配合，建立和谐的工作关系，共同为药学事业的发展和人类的健康奉献力量。

> **请你想一想**
>
> 药品经营活动中，哪些行为可能会违反药师职业道德？如果你是药师，你在提供药学服务过程中会如何做？

四、药店经营服务规范与道德要求

（一）零售药店经营服务规范

1. 遵守国家法律法规道德准则和职业职责。
2. 维护消费者的合法权利及健康利益。

3. 维护职业荣誉和尊严，科学严谨地为消费者提供安全、有效、经济的药品和药学服务，避免任何对职业产生信任损害的行为和疏忽。

4. 尊重和保护并不应随意泄露所获得的消费者个人信息及隐私。

5. 零售药店不得要求执业药师在任何无法现场执业或判断的情况下工作，执业药师也应拒绝此行为。

（二）药品经营的道德要求

药品经营的道德是调整药品购进、储存、保管、销售、使用各个环节的道德规范。加强药品经营道德建设对于保证药品质量、改善服务态度、提高服务质量、保护消费者生命安全、促进合理用药具有十分重要的意义。

1. 药品批发的道德要求

（1）规范采购、验收入库、保管养护、运输配送、销售开票各环节质量管理实践操作要求　维护质量，在全面审核供货商合法性的基础上，有选择地与质量信誉好的企业订立采购合同，必要时，进行深入细致的现场考察。采购药品逐一验收，并有完备的验收记录。在库药品应当按规定储存，按要求设置温湿度与色标管理，药品仓库应当具备冷藏、避光、通风、防火、防鼠和防盗设备措施，并准确发货。

（2）耐心周到服务客户　面对医疗机构或社会药房，必须认真负责，服务热情周到，实事求是，维护良好信誉，遵守药品营销的道德责任，保证公众防病治病用药安全、合理。

2. 药品零售的道德要求

（1）诚实守信，确保药品质量　在销售药品时，不得夸大药物的治疗作用，不虚高定价，不做虚假广告，实事求是地介绍药品的毒副作用与不良反应，以保证用药安全、有效。

（2）依法销售，诚信推广　药品销售应符合国家的政策、法律和职业道德规范要求。所有药品的宣传内容必须真实合法、准确可信。在药品的购进、储运、销售等环节按照 GSP 的要求实行质量管理。防止药品在流通过程中发生差错、污染、混淆和变质，杜绝假劣药品通过流通渠道流入消费者手中。

（3）指导用药，做好药学服务　在零售药房的药品销售过程中，做好药学服务工作。坚持职业药师在岗，严格自觉按照药品分类管理规定，耐心向用药者进行用药指导；在有条件的地方，还可以为购药者建立药历。收集并记录药品不良反应，建立不良反应报告制度和台账，并按规定上报，做到时时把消费者的利益放在首位。

任务二　药店服务标准

PPT

岗位情景模拟

一对年轻夫妻带着 3 岁小朋友来到某药店，要买达克宁，给小朋友使用。李药师咨询小朋友的情况后，告知家长：小朋友脚上有水泡，要考虑湿疹、手足口等疾病，不能随便用激素药膏。可以把金银花煮开后泡脚，不伤害孩子的身体。小朋友不要轻易使用成年人药，尤其是含激素的药物。用金银花煮开水，放到温热后给宝宝洗澡，治疗湿疹等疾病，效果非常好。年轻夫妻按照李药师的建议，买了些金银花带着孩子离开药店。李药师告知年轻夫妻注意观察泡脚效果，有问题随时拨打药店电话。

讨论 1. 该案例是如何体现以消费者为中心的服务？

2. 要想为消费者服务好，需要具备哪些知识技能？

为规范零售药店的经营服务行为，保障消费者用药安全，有效满足消费者日益增强的自我保健需求，发挥社会零售药店在医疗保障体系中的作用，中国医药商业协会、中国非处方药物协会、中国执业药师协会起草，历时两年，完成了《零售药店经营服务规范》，中华人民共和国商务部于 2012 年 9 月 19 号发布，2012 年 12 月 1 号实施。标准规范了零售药店人员要求、设施设备条件、经营服务环境和服务标准，制定了零售药店分级管理标准，适用于中华人民共和国境内的零售药店。下面主要介绍零售药店服务标准，包括服务要求和售后服务两个方面。

一、服务要求

1. 零售药店应建立以消费者为中心的服务理念，为消费者提供合法、规范和优质的专业化药学服务。在营业期间应配备有咨询能力的药学技术人员值班，保证消费者咨询活动能够以合理合法的形式进行。

2. 药学技术人员在接待消费者的过程中要以诚相待，与消费者建立信赖关系，耐心倾听消费者提出的问题，充分了解消费者需求，详细询问和解答消费者用药疑虑，细致分析，防止用药意外发生。

3. 药学技术人员应自觉学习药学相关的新知识、新技能，熟练应用药学服务的基础专业知识为消费者当好药品咨询的参谋，指导消费者合理使用药品。

4. 零售药店应开展慢性病消费者的用药跟踪，建立消费者药历，指导消费者合理用药并提供后续服务，做好提升消费者健康生活的指导工作。

5. 零售药店在销售宣传时应符合相关法律法规，正确介绍药品的治疗作用及逾期效果，禁止夸大宣传、强行推荐、诱导消费等药品促销行为。

6. 因商品质量问题导致消费者退回的药品，应做好销后退回记录，并进行质量查询和处理。

7. 位于外国人居住活动集中区域的零售药店应具有外语服务能力。

8. 提倡零售药店设置夜间服务窗口，实现 24 小时药品供应，以满足广大消费者的需求。

9. 零售药店应积极开展社区服务，举办形式多样的健康讲座与安全用药教育活动，帮助居民整理家庭药箱、处理过期药品等公益活动。

二、售后服务

1. 零售药店应严格遵照《中华人民共和国消费者权益保护法》等法律法规和《药品经营质量管理规范》规定解决退换货、服务质量问题。

2. 零售药店出售需安装、调试的医疗器械商品时，应有满足顾客需求的服务措施，并定期收集消费者对商品使用情况的反馈意见。

3. 零售药店应设置专职部门或人员在授权范围内接待受理消费者投诉。接待消费者投诉时耐心热诚，做好记录，迅速调查核实并及时给予答复。

4. 零售药店应设置专用咨询电话，提供专业化的电话用药咨询，为消费者解决药品售后使用中出现的问题。

5. 零售药店应为消费者提供售后药品使用跟踪服务，适时提示消费者在药品使用过程中应注意的相关事项。

三、药店具体顾客服务标准

（一）个人准备

1. 着装统一整洁。

2. 精神饱满、热情，保持良好轻松的心情迎接顾客。

3. 按要求做好个人清洁卫生，保持良好的个人形象。

（二）招呼顾客

1. 顾客进店，点头示意，主动向顾客打招呼

（1）标准用语　称呼：小朋友、阿姨、大爷、大娘等早上好（中午好，下午好，晚上好），老顾客最好能叫出姓氏，如张阿姨，您今天气色真好。

（2）服务要领　打招呼要主动、面带微笑、目光平视顾客、态度诚恳。

2. 顾客不需要协助时

（1）标准用语　称呼××，您请随便看看，需要时请随时叫我。

（2）服务要领　面带微笑、目光友善。避免出现因顾客不需要协助而感到失望与不悦，避免语气敷衍。

（三）销售服务

1. 主动向有需求的顾客提供协助

（1）标准用语　称呼××，请问有什么可以帮到您？需要我帮忙吗？

（2）服务要领　立即放下手中的工作，主动走近顾客，礼貌询问，或使用“请您稍等，我马上过来”等用语，避免有怕麻烦的态度，如果正招呼其他顾客，再为其服务时应先有“抱歉，让您久等了”等礼貌语言。

2. 顾客指定需要某种商品

（1）标准用语　称呼××，请问您需要几盒？请稍等，这就拿给您。每天服几次，每次服用几粒，另外要注意……

（2）服务要领　立即放下手头上的工作，主动给顾客拿取。

3. 商品缺货

（1）标准用语　称呼××，很抱歉，您需要的商品暂时缺货或您需要的商品数量不够，如果可以的话，您可以先买×瓶/或帮您登记一下，两个工作日内给您回复（如果顾客急需，应立即帮顾客在兄弟门店联系，并告知顾客大约需要的时间，请顾客稍等，或帮顾客送货上门）。如确实无货，顾客允许下，主动介绍其他同类产品。

（2）服务要领　态度诚恳，如顾客坚持要购买指定的商品，应立即登记顾客联系方式和商品名称，同时承诺回复的时间。

4. 售后回访　对于慢性病顾客用药，应及时用小册子记录顾客信息及用药信息，录入会员维护系统，并定期回访。

（1）首次回访　顾客购药后1～2日，提示顾客是否按时服药。

（2）二次回访　疗程期过半，询问顾客用药效果。

（3）三次回访　疗程期结束前1～2日，询问顾客用药效果，并询问顾客需求，如顾客有购药需求为其订货。

5. 因故离开　员工接待顾客时因故须离开时，为避免怠慢顾客，可求助其他营业员继续接待。标准话术："某某，帮我照顾一下顾客"。

你知道吗

"八星药师"和"五级徽章"

近年来，全球范围内的药学实践和教育不断发展、转型，药师尤其是社区药师的作用在国外许多国家得到了扩展，由原来较为单一的提供药物治疗已经向以患者为中心的药学服务过渡。国际药学联合会（FIP）和世界卫生组织（WHO）在2009年发表联合声明，药师的职责是健康服务提供者、决策者、沟通者、管理者、终身学习者、教育者、领导者和研究者，业内称之为"八星药师"。

目前我国已为执业药师制定了五级徽章佩戴管理规范，拟对应"八星药师"的八项技能设定五个标准。主管部门和行业组织设置专门的培训和考核对执业药师进行服务技能认证。该项措施有助于鼓励执业药师自觉学习，提高自身的技能和荣誉感，从而更好地为公众健康服务。

任务三　药店服务礼仪

PPT

岗位情景模拟

济南某连锁药店。患者，周大爷，因口腔溃疡欲买维生素B_2。

营业员小张：大爷，您好，有什么可以帮到您？

周大爷：最近嘴里老是长溃疡，我想买瓶维生素 B_2。

营业员小张：大爷，现在是夏秋交替之际，口腔溃疡容易复发，维生素只能起调理作用，不能快速缓解溃疡引起的蜇痛，您可以试试绿袍散，它含有 9 种中药材，具有清热解毒、消肿止痛功效。用的时候把药粉直接涂抹在溃疡面上，5 分钟就能缓解蜇痛，辅助溃疡面愈合，7 天左右基本痊愈。

周大爷：这药效果这么好，给我一盒试试吧。

营业员小张：好的，另外您还要注意，饮食要清淡，多喝水。

周大爷：谢谢你。

营业员小张：大爷，您慢走，有什么事可以打药店电话进行咨询。

讨论　营业员小张为什么在成功推销药品的同时又获得了顾客的认可？小张哪些做法值得学习？

一、仪容、仪表的要求

（一）仪容

仪容就是指人的容貌，它包括五官的搭配和适当的发型衬托。仪容是一个人仪表美的重要组成部分，在社交中占有举足轻重的地位。它反映着一个人的精神面貌、文化水准、生活情趣和审美意识。良好的容貌可以使人看上去精神焕发、神采飞扬，而面带污垢、容颜不整会使人看上去萎靡、疲倦、无精打采。在人际交往中，每个人的仪容都会引起交往对象的关注，特别是在初次见面之时，它将是对方评价自己的重要指标。

（二）仪表

仪表即指人的外表，包括容貌、姿态、神态、服饰、风度、个人卫生等。在社交场合中，一个人的仪表不但可以体现其文化素养，也可以反映其审美情趣。穿着得体不仅能给人留下良好的印象，赢得他人的信任，而且还能够提高自己的生活信心，提高与人交往的能力，相反，穿着不当、举止粗俗，往往会降低自己的身份，损害自己的形象。

你知道吗

微笑是唯一一种不分国籍的通用语言，最能充分体现一个人的热情、修养和魅力。微笑，是女性最重要、最美丽的妆容；微笑，是男士良好修养的最佳体现。

（三）仪容、仪表要求

1. 要有注重仪容、仪表的意识　爱美之心，人皆有之。人际交往中，仪表堂堂、穿戴整齐的人比不修边幅、衣冠不整的人显得体面、有教养，也更能赢得别人的尊重。成功的交往一般是从良好的第一印象开始的，“一见钟情”就是第一印象的首因效应，而第一印象的形成往往取决于仪容、仪表所传递出的信息。

2. 要经常检查自己的容貌、举止 人际交往过程中，一个人如果能时时保持端庄得体的仪容、仪表，处处注意自己的容貌、举止，注重培养彬彬有礼的风度，就能始终保持光彩动人的形象。

3. 保持整洁的形象 要塑造良好的自我形象，首要的是卫生整洁。讲究个人卫生、保持衣着整洁是仪表美的基本要求。在社交场合中，不管一个人的形体如何动人、肌肤怎样美丽、服饰何等高档，一旦以肮脏邋遢、汗臭扑鼻的形象出现，必然会大煞风景，使个人形象黯然失色。因此，在日常生活中，只要有条件，就必须勤于梳洗，讲究卫生。尤其是在社交场合，务必要穿戴整齐、精神振作。另外，还要正确认识自己，不要盲目地赶时髦，要注意装扮适宜、举止大方、态度亲切、个性鲜明。

请你想一想

请思考一下荀子这些话的含义：容貌、态度、进退、趋行，由礼则雅，不由礼则夷固僻违、庸众而野。人无礼则不生，事无礼则不成，国无礼则不宁。

二、仪态要求

（一）仪态的特点

仪态是指一个人呈现出来的姿势和风度，姿势是指身体所呈现的样子，风度则属于内在气质的外化，仪态往往呈现出以下特点。

1. 仪态是一种无声的语言 美国心理学家梅拉比安曾经提出过一个著名的公式，人类全部的信息表达 =7% 语言 +38% 声音 +55% 体态语。由此可见，仪态作为一种交流工具在人际交往及日常工作中的作用及重要性。

2. 仪态是内在素质的真实表露 一个人的仪态包括其所有的行为举止，如一举一动、一颦一笑、说话的声调、对人的态度、面部的表情等，而这些外部表现就是内在品质、知识、能力等的真实流露。

3. 仪态在社交活动中有着特殊的作用 潇洒的风度，优雅的举止常常令人赞叹，会给人留下深刻的印象，受到人们的尊重，在与人交往过程中，往往可以通过一个人的仪态来判断他的品格、学识、能力以及其他各方面的修养程度。

4. 良好的仪态是可以通过训练获得的 仪态是人们在成长和交往的过程中，逐步形成的，一方面，由于人们长时间理解某一动作的习惯性表现出在某一动作表情达意方面的一致性，另一方面也表现出同一动作，由于地域和文化环境的不同而具有不同的含义，这些在成长过程和生活环境中长期形成的习惯性仪态是可以通过后天的生活和训练趋于完善的。

（二）仪态的具体要求

营业员的站姿、手势都在有意无意中向周围的顾客传递着某种信号，正确的举止不仅是优质服务的重要内容，也是构成优美服务环境的重要条件，所以要规范自己的姿态，消除无意识的不正确举止。

1. 正确的站姿　合上脚跟，脚尖分开，30～40度；合上膝盖。双手交叉放于腹前，女性右手在外，左手在内，男性右手在内，左手在外；伸直背，挺起胸，收腹，放重心于脚掌，眼光往前，表情开朗得体，面带微笑。

2. 正确的手势　向顾客介绍，引导指明方向时，手指自然并拢，手掌向上斜，以肘关节为轴，指向目标，上身稍向前倾。

表情要微笑，服务自然诚实，声音高低轻重适度，情绪饱满热情，精力集中，持久兴奋，适度谨慎，姿态优美，文明赋予规范化。

三、零售药店经营服务规范对仪容仪表的要求

1. 仪表端庄、仪态大方、精神饱满、举止得体。
2. 佩戴统一的标有姓名、职称、职业资格、职务和工号的胸卡，着装整洁统一，与行业服务特性相符。
3. 礼貌待客，尊重不同地区、不同民族、不同国家消费者的风俗和生活习惯。
4. 行为得体、规范，注重细节，杜绝不文明的行为。

四、药店员工仪容仪表仪态具体要求

1. 面部　保持清洁、无油腻，精神饱满，面带微笑。

2. 头发　勤修剪、梳理整齐，保持干净，不染色发。

3. 手指　保持干净，指甲勤修剪。

4. 服装　上班时应按照规范穿着公司统一定做的制服。

5. 工作牌　上班时间必须佩戴工牌。

6. 饰物　上班时不戴手链、脚链，不戴夸张耳环和其他饰物。

7. 包装　用于要求的商品，包装过程中，要按照顾客注意事项，包装完毕，双手递交给顾客商品。

店员言谈清晰、文雅，举止落落大方，态度热情持重，动作干净利落，会带给顾客亲切、愉快、轻松、舒适的感觉。

你知道吗

心理学家研究表明，在“首因效应”的55%、38%和7%规律里，除了55%仪容、仪表之外，38%的仪态也是给对方创造良好第一印象的关键。

得体的仪态代表着个人和单位的形象、文化和实力，可以给交往对象留下美好的印象，增加顾客对公司或个人整体实力的信任度，从而可以在众多实力相近或相同的公司中脱颖而出，有助于商务合同或协议的顺利达成。

五、药店店员服务用语

熟练掌握并运用文明礼貌用语，注重服务用语的艺术性。与顾客打招呼要落落大

方，笑脸相迎，使顾客有宾至如归的感觉；介绍药品，热情诚恳，实事求是，突出商品特点，抓住顾客心理，当好参谋。

1. 药店员工常用的服务用语 ①“您好”；②“请问需要帮忙吗”；③“对不起，请稍等”；④“请稍等，我马上过来”；⑤“很抱歉，让您久等了”；⑥“请问您有没有会员卡”；⑦“总共××元，收您××元，找您××元，电脑小票请收好”；⑧“谢谢您，请慢走”；⑨“请拿好收银小票，请拿好发票和找零的钱”；⑩“您慢慢选，选好了叫我一声，我先接待其他顾客”。

2. 药店员工的服务忌语 ①“我们只负责销售，这种问题您找厂家询问吧”；②“上面写着，自己看”；③“我懂还是你懂”；④“嫌贵，你不要算了”；⑤“不可能，绝不可能发生这种事情”；⑥“我不大清楚呢”；⑦“这不是我卖出去的，您找卖给您的店员吧”；⑧“没看见我正忙着吗？着什么急”；⑨“我没办法解决，您找找店长”。

3. 药店员工的语言表达技巧

（1）表示不行、不能等否定用语 “我们不能马上给您答复”可改用“您会在××（时间）之前收到答复”；“这个药不适用于治疗您的病症”可改用“您不妨试试××产品，本产品的有……成分，可以有效缓解您的症状”。

（2）回答顾客异议 “我不认为您说的是正确的”可改用“我理解您的感受，不过……”或“我同意您对××（认同部分）的看法，但是……”。

（3）送别顾客 “欢迎下次光临”可改用“您有问题，可以随时来咨询”。

你知道吗

良言一句三冬暖，恶语伤人六月寒。“请”字不离口、“谢”字随身走，我们的每一天都要在爽朗的寒暄中开始。

实训二 沟通技巧训练 微课

一、实训目的

1. 熟悉常用规范仪容、仪表、仪态，用规范的语言与顾客进行沟通。

2. 能根据已经掌握的药学知识，准确判断患者病情，帮助患者合理选择药物并进行用药指导和健康教育。

二、实训准备

1. 实训场地 模拟药房。

2. 实训材料 工作服、实训工具、各种记录表格等。

三、实训指导

1. 员工应礼貌待客、举止得体；应主动、热情招呼顾客，保持微笑，友好真诚。

2. 与顾客、同事交谈时，应态度和蔼，仔细倾听，认真回应。交谈时与顾客保持眼神接触，不左顾右盼，不斜视顾客。对客户提出的询问和要求要耐心解答，解答不了的问题，应及时请示汇报。

3. 接待顾客时员工应讲普通话，接待当地顾客时，鼓励员工用方言与顾客沟通。

4. 接待顾客时应注意使用礼貌用语。熟练掌握十一字礼貌用语：您好、请、谢谢、对不起、请慢走；遵守微笑、亲切、有礼、主动式、全员式服务标准。

5. 使用文明称谓时，可参照当地的习惯称谓。男性顾客可称之“先生”，年长者可称之“大爷”；女性顾客可称之“女士”，年长者可尊称“阿姨”。

6. 应在电话铃响三声内接听电话，接听时使用公司统一要求的标准用语：“您好，很高兴为您服务”。通话过程中需请对方等候时，应主动致歉：“对不起，请稍等。”

四、实训方法

2 人/组进行现场模拟，主要角色有营业员、患者，教师进行现场指导、点评。

五、实训步骤

1. 班前准备　个人卫生、柜台卫生、整理药品及货架、检查药品价格标签等。

2. 情景设计　一位患者正在挑选一种补钙产品，如何通过与患者沟通，让患者愉快地购买补钙产品。

3. 问病荐药　根据患者身体情况，测量骨密度，合理推荐药物。

4. 用药指导与健康教育　根据患者需求进行用药指导和健康生活提示，并学会关联用药。

5. 记录并清场　客观真实地填写原始记录并及时清场。

六、考核方式

根据现场表现，教师评价打分，学生之间相互评价，按照5∶5 比例计算项目积分，实训过程考核评分见表 2－1。

表 2－1　实训过程考核评分表

项目要求	考核要求	分值	得分
班前准备	仪容仪表、卫生、销售工具、货架整理、价格标签检查等	30	
问病荐药	药品名称、规格、数量、不良反应、禁忌证等 介绍正确、全面、重点突出、通俗易懂	30	
用药指导与健康教育	药品销售规范、指导正确、健康教育细致、周到	30	
职业素养	服务质量优秀、营业结束规范	10	

目标检测

一、选择题（1～9题单选题，10～11题多选题）

1. 在职业活动中一切从群众的利益出发，为群众着想，为群众办事，为群众提高服务质量是社会主义职业基本特征内涵中的（　　）。
   A. 爱岗敬业　　B. 诚实守信　　C. 办事公道　　D. 服务群众
2. 药师的宗旨是（　　）。
   A. 以人为本，全力维护人民健康　　B. 关爱人民健康，药师在您身边
   C. 实施求是，忠于科学　　D. 廉洁自律，诚实守信
3. （　　）是指一个人呈现出来的姿势和风度。
   A. 仪容　　B. 仪表　　C. 仪态　　D. 风姿
4. 下列对药店员工仪容仪表要求不正确的是（　　）。
   A. 头发，勤修剪、梳理整齐、保持干净、不染发
   B. 上班时间无须佩戴工作牌
   C. 上班时应按照规范穿着公司统一定做的衣服
   D. 为顾客服务时言谈文雅，举止大方，态度热情，动作干净
5. 仪表礼仪要求营业员接待顾客时视线应（　　）。
   A. 向上　　B. 向下　　C. 水平　　D. 斜视
6. 下列不属于语言礼仪要求的是（　　）。
   A. 文明　　B. 优雅　　C. 准确　　D. 快速
7. 在顾客选购药品的过程中，除应做到（　　）。
   A. 轻取轻放　　B. 百拿不厌
   C. 不能让顾客等太久　　D. 随便扔
8. 公司员工是（　　）的代表。
   A. 企业形象　　B. 企业文化　　C. 企业资质　　D. 企业信誉
9. “应当将患者及公众的身体健康和生命安全放在首位，以自己专业知识、技能、良知，尽心、尽职、尽责为患者及公众提供药品和药学服务”是药师职业道德准则中（　　）的具体要求。
   A. 救死扶伤，不辱使命　　B. 尊重患者，平等相待
   C. 依法执业，质量第一　　D. 进德修业，珍视声誉
10. 仪表礼仪应做到（　　）。
    A. 营业员统一着装、佩戴服务胸卡
    B. 店服要整洁、大方、得体
    C. 搞好个人卫生、勤洗澡、理发、剪指甲，看起来干净利索

D. 面部略施淡妆，饰物少戴或不戴为好

11. 做好告别服务应做到（　　）。

A. 当结束购买后，要点头目送，礼貌告别

B. 当顾客准备离开时，营业员应点头目送，礼貌告别：“欢迎您再来”

C. 良好的服务要有始有终

D. 要做好临近下班时间的告别服务

二、简答题

1. 药店营业员在哪些方面需遵守职业道德？
2. 为什么需要服务礼仪？

书网融合……

微课　　划重点　　自测题

项目三 药店基本管理

学习目标

知识要求

1. **掌握** 门店基本管理的主要内容及工作流程。
2. **熟悉** 门店基本管理的操作规范。
3. **了解** 最新法律法规要求及门店经营发展趋势。

能力要求

1. 能独立完成门店卫生、效期、价签等常规管理和常规操作。
2. 能正确填写效期登记、缺断货登记、报货、商品调拨等各项记录。
3. 能独立进行 POP、爆炸卡的制作，DM 的设计与发放，并开展有效宣传活动。
4. 能熟悉最新法律法规要求，科学、合理、合法开展药品营销管理。

任务一 卫生管理

PPT

岗位情景模拟

情景模拟 小张同学离开学校，进入一家药店实习。习惯了学校作息时间的她，对药店工作不适应。今天，她又匆匆忙忙地来到店里，差一点迟到，忙碌了一上午，没有完成一次销售。于是，她很灰心地找店长寻求答案。

店长看到小张身着褶皱的工装，就明白了今天失败的原因，是她前一天下班时，急匆匆地把自己的工装塞进更衣橱里，衣装不整，导致个人形象没有得到顾客的认可。

讨论 1. 为什么工装不整齐，个人的销售会受影响呢？

2. 营业员如何认知自己的仪容仪表问题，如何做好个人卫生呢？

一、概述

著名国学经典《弟子规》中曾经说过，“冠必正，纽必结，袜与履，俱紧切，置冠服，有定位，勿乱顿，致污秽”。如果一个人的个人卫生、仪容仪表不好，无论什么岗位都会给周围的人带来邋遢不好的印象，进而会影响个人的工作生活。

《药品经营质量管理规范》规定：“在营业场所内，企业工作人员应当穿着整洁、卫生的工作服。”“在药品储存、陈列等区域不得存放与经营活动无关的物品及私人用品，在工作区域内不得有影响药品质量和安全的行为。”《药品经营质量管理规范实施细则》第六十一条规定：“药品零售企业和零售连锁门店的营业场所应宽敞、整洁，营业用货架、柜台齐备，销售柜组标志醒目”；六十四条规定：“药品零售企业的仓库应与营业场所隔离，库房内地面和墙壁平整、清洁，有调节温、湿度的设备”。《零售药店经营服务规范》中强调：“零售药店的营业场所应保持整洁、卫生，应有提供员工洗手和消毒的设施用具。营业环境应符合相应的卫生标准，各种设备、设施保持清洁”。

二、个人卫生

1. 面部　保持面部清洁。男员工不留胡须，女员工可化淡妆，不浓妆艳抹。

2. 头发　男员工头发不过耳际，不盖衣领，不剃光头，不留奇异发型。女员工额前刘海不遮眼、不遮脸、不遮耳；女员工过肩长发必须用头花束起。

3. 手指　指甲保持清洁。不涂带色指甲油，指甲长度不超过 2 毫米。

4. 口腔　保持牙齿清洁、口气清新，上班前不吃刺激性、有异味食物，以免和顾客交流时，使顾客产生不愉悦感。

5. 身体　注意个人卫生，保持身体无异味，不喷浓烈香水，不得纹身。

> **请你想一想**
>
> 哪些是奇异发型？
>
> 作为药店员工，换位思考，假设你是顾客，你会选择这样的员工来推荐药品吗？

6. 着装　工装必须保持清洁，熨烫整齐，佩戴工牌笑脸或者党、团徽等，员工着装卫生要求如图 3－1 所示。

图 3－1　员工着装卫生要求

（1）夏季着装标准　①男士短袖隔离衣，袖口处不能露出内层衣服，领口处不能将内衣领外翻遮盖；黑色或棕色色系的皮鞋或凉鞋，深色袜子，不得穿大裤衩和拖鞋。②女士短袖隔离衣，袖口处不能露出内层衣服，领口处不能将内衣领外翻遮盖；黑色或棕色色系的皮鞋、布鞋或凉鞋，浅黑色或皮肤色丝袜；佩戴统一样式的头花，建议化淡妆；不得穿超短裙和拖鞋。

（2）冬季着装标准　①男士长袖隔离衣，袖口处不能露出内层衣服，领口处不能将内衣领外翻遮盖；黑色或棕色色系的皮鞋，深色袜子。②女士长袖隔离衣，袖口处不能露出内层衣服，领口处不能将内衣领外翻遮盖；黑色或棕色色系的皮鞋、布鞋，浅黑色或皮肤色丝袜（或打底裤）；佩戴统一样式的头花，建议化淡妆。

7. 饰物 工作期间不得佩戴夸张饰物，如过于夸张的项链、耳环、手链、带有声响的饰物等。

8. 仪容仪表 不符合公司要求的员工，不得进入工作现场，并做缺勤处理。

请你想一想

如果药店员工纹身，对顾客会有什么样的影响？

生活中见到的药店员工的仪容仪表是什么样的？

三、卖场卫生

（一）清洁范围

门店门前区域、门店招牌、橱窗、地面、天花板、设备设施、商品、货架、墙面等顾客能明显看到的地方及洗手间、更衣区、办公区、休息区等，应定期进行清洁。

（二）清洁责任人

1. 店长 负责划定卫生区域责任人，保证卫生区域均有责任人。

2. 指定区域责任人 负责区域内的货架、卖场等卫生清洁工作。

（三）卫生检查

1. 当班，每天早班、交接班、下班前对卫生责任区检查并考核，店长随时抽查。每周统一进行卫生大扫除。

2. 区域经理、督导不定期进行巡查，并考核门店。

（四）清洁要求

1. 每月清洁

（1）地面 每月至少用84消毒液彻底清洁一次。清洁时注意移开堆头、收银台电源线、网络线、货架底层商品、易受潮商品等，防止线路漏电或药品受潮变质等。

（2）空调滤网 使用月（5~9月，11月~次年3月）每月需清理一次，用清水清洗、晾干后备用。

（3）冷藏柜 每月用软布全面清理一次，结冰时断电进行除冰操作，夏季尤其注意。

（4）门招 每月清洁一次（雨雪天过后立即清理）。

（5）灭蚊灯 要求四月份使用前进行清洁，4~9月使用期间，每月定期清理。遇到蚊虫较多时，不定期清理。清理时注意应先关闭电源，使用螺丝刀（或铁质物品）进行放电，并使用较干燥的抹布擦拭，防止发生危险或触电。

2. 每周清洁 每周固定时间（除会员日或重大促销外）为公司规定大扫除日，门店应彻底清洁。

（1）橱窗　每周彻底清洁一次，平时保持整洁、明亮，要求无灰尘、粘胶痕迹。橱窗范围内不得堆放杂物，随时清除不符合要求的宣传广告。

（2）天花板　每周清理一次，确保无蜘蛛网、污物附着。

（3）卷帘门和门帘　每周须彻底清洁一次，保证无积灰、污物。

（4）柜台货架　每周先用半干毛巾清洁，再擦干。

（5）商品　用毛巾彻底清洁商品。

3. 每日清洁

（1）地面　①每天早晚班须彻底清洁一次，先扫除垃圾，再用半干拖把拖地，最后用干拖把拖干；②门店随时检查，扫除地面垃圾、污渍、积水等；③平时发现垃圾、污渍、积水时应不影响接待顾客的前提下，立即清理，垃圾桶内垃圾不得超过垃圾桶的三分之二，不得出现卫生死角；④指示、路标、地贴等均须及时清洁、完好、无脱落。

（2）墙面　每天须及时打扫，不得有灰尘、蜘蛛网、污渍、超过时限要求的POP、广告等。营业场所墙壁无尘、无霉斑、无渗漏、无不清洁的死角。

（3）商品　①门店视其情况对陈列商品进行每天或两天清洁一次，不要污染商品包装；②塑胶瓶包装商品污渍可用抹布擦拭，药品包装应无尘，清洁卫生。

（4）门店周围环境　①门前卫生责任区每天必须清扫一次，随时保持店面周边环境清洁；②保持门前台阶、橱窗外无垃圾、无积水、无障碍物，台阶应张贴“小心台阶”提示贴；③雨雪天须在入口处放置存伞用具，确保地面干爽，门口应有“小心地滑”的指示牌。

（5）店内植物　①每天清洁一次，保持叶面无灰尘、无枯叶；②保持花盘无垃圾、无积水。

（6）货架　①确保货架无污渍、无不符合要求的POP广告；②清洁货架时，不要把商品直接放到地上以免污染商品；③清洁时应同时将卡条、价格标签进行清理。

（7）处方柜、中药柜　①处方柜玻璃台应随时用干布擦拭，避免出现手印、污渍，并保持柜台台面清洁；②中药斗橱不得用湿布擦拭，以免中药受潮。

你知道吗

中药柜的使用保养

不要让柜体受水浸淋，要经常用干布擦拭，以免板材膨胀变形。

不要与化学物品接触，易挥发的化学物品不要存放在柜内，以免板材变色和金属件受到腐蚀。

中药柜上层的承载力一般不如下层，所以上层内适合放置轻的物品，重物最好放在下层柜里。

放入中药柜内的器皿应该清洗干净后再放入，特别要注意需把器皿擦干。

（8）办公室　①每天清扫、随时保持清洁无异味；②办公用品摆放整齐，资料整理规范；③信息栏张贴信息及时有序；④员工物品摆放整齐有序。

（9）洗手间　每天早晚清洁一次，并随时保持清洁、无异味、及时清理废纸。

4. 即时清洁

（1）打粉机、切片机　每次使用后必须用半干毛巾擦拭干净，防止下次使用串味。

（2）煎药机　每次使用后须彻底清洁，煎药袋应彻底泡洗干净再用，无煎药时每日须定期进行清洁，保持煎药机内外清洁。

（3）包装箱　验收到货，上架陈列后废弃的纸箱应及时折平放置指定地点，不得在卖场显眼位置堆放。

（4）拆零专柜　拆零药品的工具、包装袋应清洁卫生。

5. 清洁工具管理要求

（1）每次清洁完毕，应将拖把、扫把、毛巾等用具清洗干净备用。清洁时须用专用水桶，洗净后有序地放回指定位置，禁止将清洗用具放置在卖场显眼处。

（2）拖把、扫把、毛巾等工具应离地悬挂，便于晾干。

6. 卫生检查记录的填写

（1）按照GSP要求，及时填写检查结果，对存在的问题，立即通知负责人进行整改。

（2）不得对填报数据弄虚作假，如实反映门店卫生情况。卫生检查记录表如表3－1所示。

表3－1　卫生检查记录表

时间	检查内容（符合条件的打√，不符合的打×）											检查人
月	内外环境干净整洁	门窗干净整洁	员工工装干净整洁	设施干净整洁	货架柜台干净整洁	销售药品无灰尘	药品外包装无破损	收银台干净整洁	阴凉柜干净整洁	冷藏柜干净整洁	中药柜干净整洁	
1日												
2日												
3日												
4日												
…												
…												

任务二　效期管理

PPT

岗位情景模拟

情景模拟　刚来店里的新员工小田，在转正的那一天，遇到一个棘手问题：学习期间带教师傅和店长，多次提醒她，要多关注货架上的商品效期问题。可在三个月后的盘点时，她发现几盒近效期的商品，于是心里犯了难，不知如何处理。药品属于特殊商品，过期药品属于劣药，如果药店销售劣药，将面临十分严重的处罚。

讨论　1. 该如何避免近效期药品的产生呢？

2. 对近效期药品应如何处理？

一、概述

我国《药品经营质量管理规范》（GSP）中第三十六条质量管理制度应当包括药品有效期的管理；在第一百三十五条药品零售质量管理制度中，明确了药品有效期的管理要求。在第一百六十七条销售药品应当符合以下要求时，再次强调“销售近效期药品时应当向顾客告知有效期”。GSP 对药品效期，有着严格且详细的管控和处罚措施，药店进行药品销售的同时，一定要注意药品效期的管理，这是药店商品管理中十分重要的一环。

（一）近效期药品

近效期药品是指在规定的期限内即将过期的药品，规定由药品使用、营销机构自行设定。

（二）近效期药品的类型

大多数药店零售企业，根据质量管理制度确定企业销售药品的近效期类型，目前没有统一的法律规定，各企业的认定时间略有差异，常见的分类如下。

1. 近效期药品

（1）药品有效期为 1 年内的（含 1 年），距失效期 1/3 为近效期药品。

（2）药品有效期为 1 年以上至 1 年半的（含 1 年半），距失效期 6 个月为近效期药品。

（3）药品有效期 1 年半以上的，距失效期 10 个月为近效期药品。

2. 过期药品

（1）超过有效期的药品为过期药品（含超过有效期的赠品）。

（2）为做好药品效期的控制，距效期 30 天的药品，按过期药品进行处理，不得出现在门店。

你知道吗

药品有效期

药品有效期是指药品在规定的储存条件下能够保持质量的期限。在药品外包装有效期的表示方法有：有效期（至）××××年××月××日，或者×用“—”“.”代替；另外一种表示方法，“有效期（至）××××年××月”表示有效期至该月月底。

还可以用失效期表示，失效期是指药品超过有效期的日期，如“失效期××××年××月”。

例如，某药品有效期2020.08，表示药品可以使用到2020年8月31日；某药品失效期2020.08，表示药品可以使用到2020年7月31日。

二、操作流程

（一）查看效期

门店每月定期开始盘出近效期药品批号、效期、数量，与计算机系统中导出《门店近效期商品报表》及《门店库存商品报表》进行核对，发现异常的按原因进行处理，按近效期或批号，随时（或月末固定时间）导出《门店近效期商品报表》。

注意：药品与非药品要分开，报表打印留存5年备查，并同时留存电子版报表。

（二）提前标记

1. 门店必须对现款近效期药品加套“效期药品提示卡”，制定相应的促销方案，提醒店员进行销售，门店店长做好近效期品种销售跟踪。门店销售近效期药品时，需要告知顾客药品的效期，并同时填写《近效期药品销售告知跟踪表》提醒消费者合理购买和服用，如表3-2所示。

表3-2 近效期药品销售告知跟踪表

购药时间	药品名称	规格	生产单位	数量	批号	效期	告知内容	被告知人	联系电话	告知人
							在药品有效期内使用药品，严防使用过期药品			
							在药品有效期内使用药品，严防使用过期药品			
							在药品有效期内使用药品，严防使用过期药品			

2. 门店店长对本门店药品效期管理负责，不允许私自要货、退换货等。

3. 质管部每月定期导出门店效期到下月底的药品明细，发给门店。门店查看计算机系统《库存药品明细表》，按效期排序，与质管部下发表格进行核对，查看实货分析原因，填写近期商品处理情况表（表3－3），并进行相应的处理。

表3－3　近期商品处理情况表

填报日期：

片区	门店编号	门店	货号	品名	规格	批号	有效期	数量	生产企业	处理方式	处理时间	检查人	备注

4. 对于门店有数据无实货的情况，门店及时反馈质管部，将信息进行协调处理。

5. 由于盘点、配货不一致、批号调整等造成批号、效期与实货不符的，门店与盘点负责部门联系调整。

（三）药品下架

1. 距效期30天内的商品，属于门店责任的，门店自行买出。属于药品自身问题的，门店可向上一级负责管理部门申诉公司报损。

2. 对于过期药品，立即下架，放入不合格药品箱，及时填写《门店过期药品报损审批单》如表3－4所示，报上级有关部门（如片区经理、营运部、质管部、财务部、公司总经理等）审核后，由公司指定部门（如信息部）执行系统报损过期商品。报损手续在每月固定时间点前处理完毕。

表3－4　门店过期商品报损审批单

填报门店：　　　　　　填报日期：

生产日期	有效期	数量	零售价	报损单价	金额	过期原因

合计：

门店店长签字：　　　　区域经理等相关部门签字：

3. 公司质管部定期对门店过期失效商品进行检查，发现过期失效药品，进行报损，并追究责任人全部责任。

三、门店近效期退货管理

> **请你想一想**
>
> 如果过期药品销售给了顾客，会产生什么不良后果？

1. 门店所有药品根据供应商是否给予退货分为“可退药品”与“不可退药品”，冷藏药品因其特殊性界定为“不可退药品”。

2. “可退药品”退货时以12个月为分界限，药品效期在12个月以上的，近效期6

个月退货；药品效期在12个月以内的，近效期1/3+1个月退货。不同规模的门店可视情况而定。

3. 门店距效期3个月内药品禁止退货，在计算系统内设定管控功能（发生质量问题的，按质量召回程序处理）。

请你想一想

在门店中，一旦出现近效期药品，应当如何处理？

四、门店近效期商品的处理

主要有促销、报损、减账等方式。

1. 报损 对于报损药品，门店在每月初（例如×月×日）定期填写《门店过期商品报损审批单》，报上级负责部门（如片区经理、营运部、质管部、财务部、公司总经理等）等审核后，财务部门在每月上旬（例如×月×日）定期完成向当地税务部门报备（当地税务局认可标准以内的除外），由信息部执行系统报损过期药品，报损手续在每月固定日期（例如×月×日）前处理完毕。

2. 减账 因特殊意外情况导致门店商品缺失，如破损等，门店向公司提出减账申请，经相关部门批准后，门店走账进行减帐处理。

五、实货的处理

1. 报损药品的处理 门店将需要报损的商品送交物流部（未设仓库的分公司可交质管部），由质管部与物流部清点无误后，放不合格商品区集中管理，质管部负责过期药品销毁。

2. 买出商品的处理 门店店长负责将自行买出的药品撤离门店，按公司要求自行销毁，不得在门店出现（包括生活区、文件橱）。

六、检查

1. 片区经理于每月定期依据上月的《近效期报表》对辖区内门店过期失效商品处理情况进行检查，形成《过期失效商品处理情况检查表》报给公司质管部。

2. 公司质管部于每月固定时间，依据上月的《近效期报表》对仓库过期失效商品处理情况进行检查，对门店过期失效商品处理情况进行抽查，每月不得少于一定比例的门店，形成《过期失效商品处理情况检查表》。

3. 公司其他部门下店时发现过期失效药品报给质管部统一处理。

七、检查处罚

1. 由分公司质管部及片区经理检查发现仓库或门店存在过期药品，追究责任人责任。

2. 由股份公司质管部及其他部门检查发现仓库或门店存在过期药品，追究责任人、分公司总经理责任。

3. 因仓库或门店存放过期药品，引起职能部门处罚的，由责任人和分公司总经理承担全部责任，对公司造成重大影响的由股份公司总经理办公会研究决定。

八、药品管理法规定

销售过期药品视为劣药的，没收违法销售的药品和违法所得，并处违法销售的药品货值金额十倍以上二十倍以下的罚款；违法零售的药品货值金额不足一万元的，按一万元计算；情节严重的，责令停产停业整顿直至吊销药品批准证明文件、药品经营许可证。

任务三 价签管理

PPT

岗位情景模拟

情景模拟 在一次顾客投诉中，店长质问被投诉的收银员，为什么卖给顾客的药品价格与价签不符。收银员委屈地说，这件事情不赖我，我只负责收钱，是开票营业员B开单子写错了；营业员B激动地说，是营业员C没有把货架上的价签修改过来。营业员C说，这怎么能怪我呢？我上班就立即找调价本，没找到，正好有顾客，我就去忙了；带班D也理直气壮地说，每天我都十分辛苦地记录调价，这次没及时记录，主要是记录本用完了，又不能随便找张纸，所以没有及时登记。这时大家都松了口气，异口同声地说，“原来这个事我们都没有责任，是要追究“记录本”的责任啊！”

讨论 1. 在这次价格投诉中，到底是谁的错？

2. 如果你是店长，你该如何规避此类事情发生？

一、概述

1997年12月29日第八届全国人民代表大会常务委员会第二十九次会议通过，中华人民共和国主席令第92号公布了《中华人民共和国价格法》，是中国市场经济体系中非常重要的一部法律。其中第十三条规定：经营者销售、收购商品和提供服务，应当按照政府价格主管部门的规定明码标价，注明商品的品名、产地、规格、等级、计价单位、价格或者服务的项目、收费标准等有关情况。经营者不得在标价之外加价出售商品，不得收取任何未予标明的费用。

药品是一种特殊的商品，受国家政策、原材料价格浮动、生产技术、人工成本等影响，药品价格浮动十分普遍，新老药更迭，药品价格也在不断地变化。顾客对药品价格十分敏感。药品价格是药店商品管理中十分重要的环节，应遵从国家《价格法》的相关规定。

二、价签

1. 概述 就是标明商品价格等因素的价格标签，通常放置在商品下方的货架价签条上。门店陈列药品使用药品的专用标价签，并规范填写价签的各项内容。价签主要包括药品名称、规格或等级、剂型、质量层次、零售价、计价单位、生产厂家（或产地）等 。为保持价签的统一性，价签应由电脑部统一打印，药品价签如图 3－2 所示。

图 3－2 药品价签

2. 药品标价签的填写方法

（1）药品名称　一种药品既有通用名，又有商品名，要全部标明，如治疗糖尿病的药物“阿卡波糖”是通用名，商品名要填“拜唐苹”；中成药（或中药饮片）名称填写通用名，如有商品名的，也要如实填写；配方中药材名称，应填写规范名称，如黄连、大黄、贝母（川贝、浙贝）、当归（秦归）等。

（2）规格　准确标示药品的规格或等级，如 250mg×30 片，0.15g×8 袋，100ml/瓶，10ml×6 支/盒等，名贵中药材应按等级、计价单位标明，××条以内、××头以上等特殊标识表明。

（3）产地　如实标明药品生产企业的名称或规范简称，如山东新华制药股份有限公司或新华制药，山东鲁南制药股份有限公司或鲁南制药等；中药材应标明药材的实际原产地，如枸杞，原产地为宁夏，表明地道药材。

（4）剂型　在标签中需详细标明药品的剂型，如片剂，包括指普通口服片、糖衣片、肠溶衣片、缓控释片等；胶囊，包括硬胶囊、软胶囊、肠溶胶囊、缓释胶囊等；注射剂包括注射用水针剂、粉针剂、冻干粉针等；丸剂包括蜜丸、水蜜丸、水丸、糊丸、浓缩丸、滴丸等。

（5）质量层次　需如实填写药品的质量层次，如合格、专利药、优质优价的中成药、单独定价的药品等。

（6）价格　须如实标明执行价格，属政府定价、政府指导价管理的药品要如实标明价格主管部门公布的最高零售价；属市场调节价的药品，应注明药品生产企业制定的最高零售价或物价部门的公示价，标识不得模糊。

三、具体管理

（一）门店商品标价签管理

1. 门店必须统一使用符合统一标准的标价签，做到一货一签，按系统设置标准格式要求打印，遇调价时及时更改价签。价签在药品正下方靠左放置。所有陈列的药品均有价签，如果一品有多陈列位的情况，每个陈列位均有价签。

2. 药品价格调整后应立即更换标价签，否则因顾客投诉造成的差价损失和物价部门处罚损失，将追究相关责任人的责任。

3. 标价签应保持清晰、干净、完整，定期进行清理更换，淘汰药品标价签。调价后原标价签应及时销毁。

4. 药品标价签应准确标明现价。为增加节日氛围，适当采用 POP、“爆炸花”装饰，但必须将价签附在 POP、“爆炸花”上。

5. 当商品缺断货时，可将缺货商品价签放在本层邻近商品价签后面，保留其货位号，陈列位用其他商品填补，不得随意将价签反向放置，并在药品原有位置放置“此货暂缺”提示卡。

请你想一想

如果你在门店，遇到一个顾客反映某药品的价格比隔壁的药店价格高，你该如何处理？

（二）调价

1. 门店每日下班前及时下载门店调价信息，在晚间结账后系统变价，价签调整完毕。

2. 打印或手写调价记录，价签及微机调整人签字，店长确认调价完毕后签字。书面调价记录及责任人签字为检查项目。

（三）门店价格管理

1. 按照公司制定的价格计划，执行门店价格工作，不得私自调改。

2. 商品价格受市场因素影响，由政府和生产销售企业共同确定，不得擅自确定调查对象并进行调价。

你知道吗

电子价签

目前在药店应用最广泛的是传统的纸质标签。但是作为在使用过程中容易出错、丢失、损毁、费时费力的传统纸质标签，在物联网技术和大数据的发展下，新零售迅速崛起的浪潮下，已然是满足不了市场的需求。与新零售系统深度融合放置于货架上替代传统纸质价签的电子价签，却引起了整个零售业的关注和追捧。

电子价签的优点：商品快捷变价、使用寿命长、精准变价、提升店面内形象和用户体验等。通过电子价签系统，可为零售行业的发展，提供可视化的精细管理，确保商家价格策略的精确执行，同时提升了顾客的购物体验，提升了商家品牌形象，是新零售的选择。

四、门店价签管理中的注意事项

1. 价签缺失 在门店工作中，常会发现有些药品没有价签，其原因可能是新进货还没有及时配置价签；还可能是之前商品断货了，价签被收起来，还没有及时配置价签。

2. 价签与药品不符 出现这种情况，多数是因理货员或是员工擦货架时，将药品从货架上拿下来，重新摆放时没有校对所致。药品来货后上货不准是一个因素，门店上班来货一般都会更忙一些，一边要做营业额，一边要完成上货工作，特别是来货量比较大的时候，很容易出现上错货的现象，因此，负责人一定及时检查、核对。当然，还有有一些药品，通用名相同，但生产厂家不同，或外包装颜色相似，也容易放错。另外就是新员工对药品的陈列或分类不熟悉，或工作时不认真，会导致货与价签不符。

3. 调价未改价签 价签缺失还可能是因为价格调了，而门店没有及时手写价签，或向公司上报；或者是公司下发了价签，但是门店没有及时放在药品位置上。

4. 价签破损或太旧 一些破损或过于陈旧的价签，会影响门店的形象管理，要及时更换新的价签。

5. 文字太小、太多 有些价签，上面的字体写的太多，显得很小，顾客不容易看清楚具体内容。所以价签上的文字尽量写的大些，让顾客一眼就能看到产品说明和价格。

6. 卖点不清晰 产品名或者价签都是卖点，写多大，取决于想卖的是什么。如果门店做的是大众消费，价格则是重要卖点，就写个大大的“×元”，用价格去吸引顾客。如果卖的是品质，就把产品名写大一些，用产品去吸引顾客。价格比较贵的产品，不要写太大，看得清就可以，不要让价格给消费者留下太深的印象。

价签看起来都是一些小细节，但是，药店的商品品种又多，更容易出现这种“小”问题。因此，要做好药店管理，就是要把这样的“小事”做好。管好每一张价签，才能减少出现不必要的抱怨，才能让顾客更信任。

PPT

任务四 门店进货管理

岗位情景模拟

情景模拟 为筹备举办一次门店促销活动，店长小刘兢兢业业地在电脑前忙碌到很晚，目的就是为了顺利开展本周大型促销活动，及时调整门店商品备货量，以保证在活动期间，不会出现重点活动商品断货的情况。药店商品进销存，是药店营销活动中十分重要的一环，是保证药店销售业绩的基础，门店是否亏损，是否存在药品积压等，都离不开精准的商品进货。

讨论 1. 门店商品调配的重要性是什么？

2. 如何合理开展进货计划？

一、商品进货

（一）概述

进货就是指门店商品的补充，门店进货品种范围以门店药品经营许可证和营业执照批准的经营范围为依据，向公司配送中心或公司委托配送单位购进药品，不得自行采购药品，不得购进蛋白质同化制剂、肽类激素（胰岛素除外）。进货的方式分为三种：①直接从配送中心出货；②从门店调整；③向供应商下订单后再分配。门店进货应符合“按需购进、择优选购”的原则，建立购销平衡，保证供应，避免脱销，防止品种重复积压以致过期失效而造成损失。规范门店的进货，目的是减少门店商品的积压库存，加快商品的周转速度和流转，更重要的是满足顾客的健康需求。

（二）进货流程

根据门店商品销售情况及相关原则，门店根据进货管理制度，如《商品计划设置管理规定》指导进货，进货计划必须在规定时间上传。进货下限调整的权限由店长负责，店长对本门店的库存品种数及库存金额负唯一责任，各公司商品管理人员对门店库存情况实施监督考核。具体门店进货流程如图 3－3 所示。

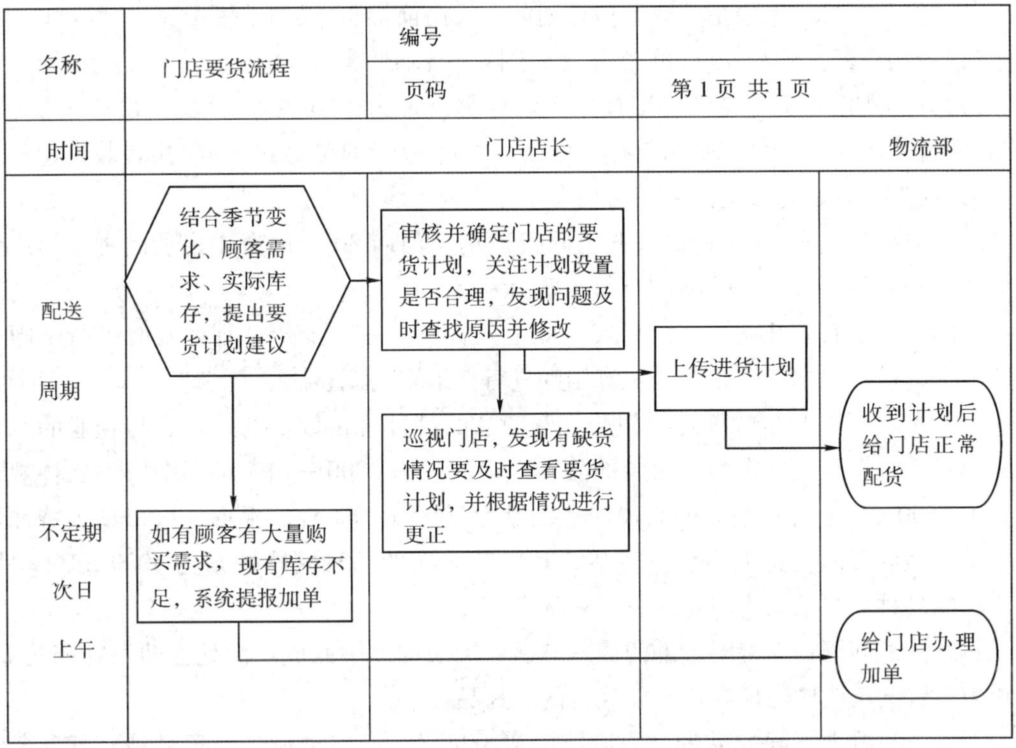

图 3－3　门店进货流程图

（三）门店商品计划设置管理

企业为了保障门店商品满足率，合理调整商品结构，降低商品滞销率，提高商品周转，一般需要制定《门店商品计划设置管理规定》，其适用范围为门店店长。

1. 主要内容　根据企业制度，确定门店库存上下限调控标准、品种规格数量、调整权限、异常库存管理、季节性商品计划设置等方面。不同门店可根据自身规模及销售实际，确定不同的标准。

（1）下限的确定　①配送周期为一天的门店，以最近一周销售的日均销售的3倍数量作为下限；②配送周期为两天的门店，以最近一周销售的日均销售的6倍数量作为下限；③配送周期为三天或四天的门店，以最近一周销售的日均销售的8倍数量作为下限；④配送周期为五天及以上的门店，以最近一周销售的日均销售的10倍数量作为下限。

（2）上限的确定及标准

1）非散装中药按销售数量、毛利额、销售额排行按3∶4∶3加权累计分为A、B、C三类。

A类=销量排行前50%的商品，满足40天销售量，上限=日均销售×40；

B类=销量排行前40%的商品，满足30天销售量，上限=日均销售×30；

C类=销量排行后10%的商品，满足20天销售量，上限=日均销售×20。

备注说明：日均销售指门店上传计划前一天向前推90天的销售量。

2）散装中药类满足50天的销售量，上限=日均销售×50。

3）计划数接近于中包装的，按中包装计算（X为中包装的个数）：X=门店计划数量/中包装数量，X为整数（所有小数点入一）。实际计划数量=X×中包装数量。

4）门店计划数量≤上限-门店现有库存。

5）门店加单，系统不控制，此上限只适用于门店30天内有销售的品种，门店无经营或无销售的品种，上限不作控制，显示为零。

总的要求是新店开业一个月后实行此上限标准，每次上传计划要及时进行上限更新，每个门店可根据自己企业的规章制度进行上下限的调整。

（3）品种规格数量的确定　门店经营商品的品种规格数量的确定要与企业的经营面积等相结合。一般规定为：大店的品种规格数量为3000±10%种；中店的品种规格数量为2500±10%种；小店的品种规格数量为2000±10%种。根据地区市场的特殊情况，某些地区可以设特大店和直辖店，其中特大店的品种规格数量为4000±10%种；中心店的品种规格数量为5000±10%种不等。

特别注意问题：医院附近的门店，应适当考虑增加中西成药的处方药及临床药品；超市内设置的门店应考虑超市不能经营的非药品。

对于未设置上下限的品种，门店依据商品目录、门店类型来设置品种，可参考同商圈、同类型门店，结合门店实际情况进行设置。六个月销量为零的品种上下限可设为零（门店必备品种除外）。

（4）调整权限　上下限调整的权限由店长负责，店长对本门店的库存品种数及库存金额负有唯一责任。

（5）异常库存　门店出现的异常库存主要有两种情况：①厂家与门店组织健康宣传等活动时，需增加库存且库存数超过门店库存上限的异常库存。这种情况门店需与上级提出申请，门店在活动前一个配货周期提报需交单的商品目录至相关部门（如营运部）；②门店未向相关部门（如营运部）申请，存在私自压货的现象。门店可以用来判断是否压货的公式有为门店的商品库存高于一定数目（如 10 盒及以上）且商品存销比高于 2 以上的，存销比 = 门店商品库存/门店 3 个月的销售（3 个月指从发现库存之日起往前顺延 90 天）。

符合上述公式，经相关部门（如营运部）核查属实的，确认为门店私自压货。为保证门店合理商品库存，减少临效期商品，门店要求严格控制私自压货情况。

（6）季节性商品计划设置　季节性品种与季节关联较强，要求门店需格外注意其计划设置，常见药品如表 3－5 所示。

表 3－5　季节性商品目录

状态	小类名称	代表性品种
夏季商品	中成药类暑湿感冒药、藿香正气水	藿香正气软胶囊、藿香正气口服液
	皮肤瘙痒用药	风油精、清凉油
	防晒	防晒霜、防晒露
	消炎止痒水	凝露、驱蚊液
	花茶饮品	祛湿茶、消渴茶
	抗过敏商品	色甘酸钠、氯雷他定、西替利嗪
	胃肠道商品	肠炎宁、蒙脱石散、复方黄连素
冬季商品	医用唇膏	润唇膏
	护手霜	乳液、甘油、尿素维 E 乳
	口罩	一次性及防雾霾口罩
	皲裂/冻疮用药	冻疮膏、愈裂霜
	足浴器	足浴器、足浴盆、按摩器
	护具	护腰、护膝、护腿
	流感商品	抗病毒颗粒、奥司他韦、连花清瘟胶囊

2. 考核指标与奖惩办法

（1）考核指标　根据门店的销售规模，商品管理员每月制定关键指标（如动销率、周转天数、3 个月不动销商品占比、效期商品存销比、动销商品保障率等）。

（2）奖惩办法　①门店商品动销率低：门店库存管理不当的，给予相应处分。②无计划加单：不允许无节制的盲目要货，如盲目加单造成自身库存过大而后又要求退回公司行为的，对门店店长处以负激励。③私自压货：经核实属于私自压货行为的，门店店长通报批评，并进行严肃处理，超上限的部分由门店自行协商处理；对于采购部同意配送的高库存压货商品，经核查属实的，不按以上奖罚处理。④受贿：私自压货，并收受厂家贿赂的，情形严重，造成恶劣影响的，给予从重处罚。⑤奖励：门店员工发现门店有以上违规行为的，可向上级（如分公司总经理或营运部经理）举报。经查属实者，给予门店员工匿名奖励。⑥责任：门店店长交接盘点时，要特别注意交接门店的一些高库存滞销商品。在交接盘点时发现压货行为的，责任由上任店长承担，如交接盘点时未及时发现者，责任由本任店长承担。

3. 职责 公司内部不同质量管理人员分别承担不同的监督管理责任，对于大型零售连锁企业，其要求更加详细。

（1）门店店长负责对门店库存进行监督管理。

（2）各公司以及股份公司营运部负责对门店库存进行监督考核，并做好异常库存备案。

（3）信息部负责对门店库存上限在系统中进行设置。

（4）采购部负责门店必备品种和商品手册的制定，并对门店的异常库存进行监督，负责对季节性品种的明细进行整理。

你知道吗

医药新零售下员工的职能

随着互联网技术及大数据的应用，消费者需求的多元化、场景的多元化，零售与合作伙伴合作更加深度融合，使得新零售场景下“货”更丰富。门店员工不再局限于实物商品的销售，更倾向于“虚拟商品”。“虚拟商品”更加依赖于互联网以及生态圈的打造，同时更依赖于员工的服务及消费者的体验，故引发新零售下员工的职能升级。员工职能主要有：线上咨询服务、家庭健康顾问、健康知识推荐、产品及服务配送员等。这将对门店员工的职业综合能力提出了更高的要求。

二、加单管理

在门店的实际销售过程中，通过正常的报货登记，有时也会出现不能全部满足门店的实际需货情况，这就需要通过紧急人工设置的进货计划，来满足门店紧急的调货工作。因此，需要紧急加单完成门店需求。

1. 加单流程 进入门店加单系统，点击加单功能键，输入门店编号、加单货号、加单数量等信息，点击商品审核，上传，确认上传完毕。

2. 加单形式 不同企业门店在实际操作中，加单管理的差异较大，离仓库较近的门店可以采用仓库直接配送的方式供货。离仓库较远的门店可以采用集中中心店的模式供货。对于冷链供货的商品一般不加单。

3. 仓库查询 为提升运行性能，单据制作模块内不提供加单明细查询，通过单独的报表查询，报表内可查询门店单据制作的情况、仓库处理情况、是否已经调拨、调拨数量等相关信息。

三、缺断货登记

（一）概述

门店药品销售是一个动态的过程，有很多不可控因素，缺断货现象可能随时发生。

但是及时做好缺断货登记，快速有效补充缺断货药品，也是吸引忠实顾客、提升门店服务能力的重要方面。

缺断货登记是药店日常药品销售、药学服务等之外的增值服务。由于药品种类繁多、成分剂型复杂等因素，替代品具有局限性，故一般药店难以配备顾客所需各类药品。针对不急用，长期使用的药品，药店往往开展药品缺断货联系的业务，提升药店服务，方便顾客购买。

（二）缺断货登记

1. 处理流程

（1）首问责任人根据顾客需求，按规定做缺断货登记（若顾客确实需要并争得其同意，可推荐功能、主治相同的替代商品）。涉及金额巨大或低温冷藏商品时，应与顾客约定收取适量押金；如顾客系电话咨询，同样为顾客做缺断货登记。

（2）首问责任人应详细询问并登记顾客本人信息及商品信息，在《药品缺货登记表》上记录，并同时承诺两个工作日内给予回复，如表3－6所示。

表3－6 药品缺货登记表

<table>
<tr><th colspan="6">药 品 缺 货 记 录</th></tr>
<tr><td>时间</td><td></td><td>顾客姓名</td><td></td><td>联系电话</td><td></td></tr>
<tr><td>药品名称</td><td colspan="2"></td><td>规格</td><td colspan="2"></td></tr>
<tr><td>数量</td><td colspan="2"></td><td>生产企业</td><td colspan="2"></td></tr>
<tr><td rowspan="2">处理结果</td><td colspan="5">经办人：</td></tr>
<tr><td colspan="5">年 月 日</td></tr>
</table>

（3）门店专人收集各柜组缺货记录本，定时传送回公司采购部，进行新品及缺断货登记，录入商品信息，保存审核。

（4）采购部每日统一查看，及时联系货源，一个工作日内给予反馈。

（5）门店专人接到采购部回复后立即联系顾客，可进货的确定要货数量，并进行二次确认。

（6）采购部接到门店二次确认后，帮门店联系货源。

（7）物流部将商品随正常配货至门店。

（8）门店专人确认商品到达门店后，告知柜组员工留存并立刻联系顾客前来购买。

（9）顾客购买该商品。

（10）如果顾客未来购买，一个配送周期可经过采购部同意退回，但低温冷藏商品不予退货。因此，二次确定顾客需求十分重要，防止进货后而又无人购买的现象发生。

2. 登记注意事项

（1）门店报缺货时把商品的品名、规格，预计数量填写清楚，产地不明的请标注清楚。

（2）报缺货前先查一下公司及兄弟门店库存，若有货的请自行加单或调货。

（3）有门店报缺货时只写了该药的前几个字，因此不知剂型，为了更加准确迅速的为门店进到顾客所需的商品，请门店与顾客沟通后将详细内容填写完整，以满足其需求。

（4）为了准确无误地把商品配送到门店，如有电话上报缺货的门店，也做好缺断货登记，以防给门店带来不便。

（5）若顾客未能提供未知药品产地、规格，请门店员工尽量能提供较多信息，以方便能够准确地满足顾客所需。

（6）缺断货登记表中新增一栏为预计到货天数，若预计到货天数超过期限请及时反馈；若天数未到也可咨询。

（7）缺货商品来源为商业单位现款产品，缺货商品门店进货后若顾客确定不购买后，门店应在一个配货周期内退回，逾期门店将自行处理；若缺货商品在门店中遭受挤压等损坏，不允许退货；另外，冷藏商品不允许退货。

（8）缺货回复时间越快越好，本着为顾客着想的原则，一般为前一天下午 5 点之后的缺货将在第二天上午 10 点左右回复完，上午 10 点之后上报的将在下午 5 点前回复。24 小时内确保回复完毕。

四、门店商品调拨

（一）流程

为满足不同门店商品种类配齐，发挥连锁药店的整体优势，提高顾客服务水平，门店之间可能发生商品调拨的情况，冷链商品除外。其规范操作流程是：调出门店上传调拨商品信息至公司仓库，仓库接受确认调拨的商品，验收、记账、入库后，将调拨的商品调拨至调入门店。对于紧急需要调拨的商品，一般门店可采取的措施如下。

1. 调出门店负责人接到借货电话，准备商品，待对方调货人员到达后，确认调货人员身份。

2. 调出门店指定人员填写商品调出记录。

3. 双方人员清点商品明细，确认无误，在商品调出记录上签字，取走商品。

4. 电话通知顾客，约定取货时间，按时送达。

5. 调出门店在系统“调拨业务”填注调出商品明细，下载数据。

6. 调入门店在系统“按明细确认收货记录”收数据，下载调拨数据。

7. 若两门店间距离太远，可由调出门店将商品由物流部运回公司，再由物流部配货时将商品送到调入门店。调入门店负责人与顾客约定取货时间，按时送达。

8. 调货注意事项

（1）借出门店在同意借出商品时，如果是近效期商品（近效期规定按效期商品管理规定执行），有责任告知借入门店。

（2）借入门店在接到商品后如果顾客不需要，第一时间告知借入门店，并在一个配货周期内（最晚7天内）将商品返回借出门店。超期此商品由借入门店负责销售。

请你想一想

如何避免门店药品借货呢？

（3）月末因结账，应当及时做调拨数据处理，以免出现调拨数据跨越作废的情况。建议门店避开月末结账时段进行调拨。

（二）注意事项

门店在实际运营中，由于业绩考核，商圈重叠，偶尔会出现有货不借的情况。本着以患者为中心的服务原则，为避免此类事情发生，一般规定如下。

1. 门店经查询后，定向借货受阻时，可向主管部门（如营运部）提出有货不借的投诉，该部门负责接受门店有货不借的投诉并核查，按时给予门店回复。被投诉门店积极配合核查，并接受主管部门处理意见。

2. 主管部门（如营运部）督导负责不定期抽查门店之间借货情况。

3. 经督导核实，确实属于有货不借情形的，给予门店店长一定负激励。

4. 其他

（1）如被投诉门店以“顾客订货”为理由时，门店要在一个工作日内联系顾客购买，主管部门（如营运部）查询数据处理完毕后，可认定门店免责。

（2）如被投诉门店以“账货不符”为理由时，门店要在一个工作日内调整完毕，主管部门（如营运部）查询数据处理完毕后，可认定门店免责。

（3）各门店要合理设置门店计划，从门店借货频次来看，有些门店的借出商品频次较高，同一个商品多次产生借货，且仓库有足够库存的，门店要及时地调整计划。如因此情况发生的投诉，被投诉门店免责，追究借货门店责任。

任务五　活动宣传

PPT

岗位情景模拟

情景模拟　一家新店刚刚开业，特别注意门店形象及氛围的宣传，门店布置亮堂，商品陈列整齐，更有吸引力的是POP技术运用富有特色，得到周边顾客的充分认可。现场一位大爷对店员说：“闺女，你这家店好啊，特别是这纸写出来的花样，字漂亮、清楚，我这老花眼看着也舒服，以后啊，我经常来”。

讨论　1. 如何更好地营造药店的专业氛围？

2. 药店活动宣传氛围的目的是什么？

一、POP 管理

（一）POP 概述

POP（point of purchase adverting，POP）是许多广告形式中的一种，意为“购买点广告”，指在购买场所和零售店内部设置的展销专柜以及在商品周围悬挂、摆放与陈设的，可以促进商品销售的广告媒体。可以吸引消费者视线，刺激其购买欲望。

（二）POP 的功能

1. 新产品告知 当新产品出售之时，配合其他大众宣传媒体，在销售场所使用POP进行促销活动，可以吸引消费者视线，刺激其购买欲望。

2. 购买意识 利用POP广告在现场展示，可以唤起消费者的潜在意识，重新忆起商品，促成购买行动。

3. 取代 POP广告有“无声的售货员”和“最忠实的推销员”的美名。当消费者面对诸多商品时，摆放在商品周围的POP广告，忠实地、不断地向消费者提供商品信息，可以起到吸引消费者促成其购买决心的作用。

4. 创造销售气氛 利用POP广告强烈的色彩、美丽的图案、简洁准确而生动的广告语言，可以创造强烈的销售气氛，吸引消费者的视线，促成其购买冲动。

5. 提升企业形象 在销售环境中可以起到树立和提升企业形象，提升顾客的认可度的作用，进而保持与消费者的良好关系。

（三）POP 的优点

1. 制作成本低 主要工具有马克笔或油性的麦克笔及各种颜色的专用纸。

2. 传递信息速度快（省时） 想要宣传的内容全部准确地表达出来 。

3. 灵活性强 可以根据需要而制作。

4. 富有亲和力和亲切感。

（四）POP 的制作流程

1. 把需要写的内容整理到便签纸上，内容或商品卖点要进行压缩提炼，做到简洁明了。切记抄说明书，内容生搬硬套，要把说明书的专业术语转化成消费者易理解的语句。

2. 把作品的排版和大框在草稿上简单地勾一下，把作品标题、正文及插图所占尺寸的比例进行合理的切分。把大标题及大框勾出来装饰线。

3. 草稿出来后，不要着急书写，在写前考虑好颜色的搭配、选择几号麦克笔书写标题及正文。

（五）POP 具体管理

POP的制作形式有彩色打印、印刷、手绘等多种方式。随着电脑软件技术的发展，可采用POP自体转换器进行在线转化设计，能省去很多设计者的时间和精力，并且获得理想的设计效果。在门店由专人书写绘制或公司统一印制，店长指导或亲自完成门店POP设置。POP书写与设置须按以下要求进行。

1. POP 尺寸要求：店内货架、柜台多点陈列商品使用小海报，背柜使用竖条及小海报，橱窗使用大海报，花车、叠笼等根据商品书写统一海报，其他尺寸海报无营运部批准禁止使用。

2. POP 书写要求：每张 POP 上不超过 2 个商品信息，张贴在透明玻璃橱窗的 POP 及货架 POP，正反两面都应有商品信息。要求内容简洁、明了，主题突出，字体端正、清晰，忌字体潦草，每张 POP 不得超过三种书写颜色。

3. 对陈旧、过期的 POP 进行撤换，确保时效性。

4. 如体现买赠，必须规范书写优惠品的名称、规格、数量。爆炸花不得遮挡商品。采用实货买赠，可书写为买×盒省×盒钱。处方药和甲类 OTC 不得体现买赠。

二、宣传海报与吊旗

（一）宣传海报

1. 公司或门店主题促销宣传海报，由公司统一印制，厂商产品宣传海报在门店发布时，必须经门店店长同意张贴在指定范围内，如系印刷品，厂家应在质管部备案广告批文，且产品功能不得夸大宣传。

2. 海报的张贴要求

（1）主题海报　可用 POP 支架悬挂，离地高度控制一般在 1.3～1.6m。

（2）海报张贴　一般不用不易清除的粘胶，以免影响门店卫生的清理工作。

（3）玻璃门、店外墙面　不得张贴海报，玻璃门只允许张贴一组推拉标识和温馨提示牌（避寒避暑）。

（4）橱窗　单面宽度每米可张贴 1 张海报，依次类推；海报统一张贴在腰线（距离地面 1.2m）以上，海报下缘与腰线平齐，海报需均匀分布。

（5）店内货架（包括端头）　使用 T 型磁铁式海报支架，每节货架最多悬挂 1 张，门店放置位置及高度应统一，且不遮挡标识。

（6）背柜　两节新式背柜中间第一层及第四层放置白色小粘钩；背柜第一层悬挂竖条海报，可书写活动买赠、会员日信息等（非活动期间禁止放置海报）；第四层：悬挂小海报，最多可张贴一张。

（7）柜台　多点位商品，每节柜台最多放置一个单品；陈列面积小于单节柜台 1/3（约宽 30cm×高 30cm）；陈列商品应做阶梯式陈列，配有相应的小号 POP 及价签。

（二）吊旗

1. 吊旗　是旗帜的一种，指悬挂于药店室内或室外，用于展示企业文化，或用于药品广告宣传的旗帜画面，由公司统一印制。主要包括开业吊旗、季节性吊旗、活动主题吊旗、会员日吊旗及其他类异性吊旗等。它是药店常用的一种宣传方式，类似海报，是一种比较小的旗帜。

2. 悬挂要求

（1）吊旗悬挂在公司的指定位置，门店须随季节主题的变化按公司要求时间更换，不能歪斜，不遮挡监控。

（2）天花板吊旗的纵排与横排每张间距应在1.2m以上，保证纵向整齐悬挂。

（3）遇正反两面吊旗，应纵向一排正面、一排反面悬挂。

三、海报与爆炸花制作

（一）爆炸花

药店的爆炸花（也叫爆炸贴、爆炸签、爆炸卡），是典型的、身材小作用大的宣传物料。门店可以分购买现成品，也可以根据企业自身的特点进行设计制作。爆炸贴具有容易使用、更加明显、突出主题、易吸引顾客关注、唤起顾客购买欲望等优点。

（二）书写工具介绍

1. 纸的选择 首选铜版纸，纸面光滑，书写圆润，效果出色。

2. 麦克笔分类 主要规格有6mm/10mm/12mm/20mm/30mm等不同类型。

（1）彩色笔 分角头及圆头两种笔头。

（2）麦克笔 分角头及圆头种笔头，又分乙醇、水性、油性三种溶液的麦克笔。

（3）其他类型的笔 蜡笔、粉彩笔、色铅笔、素描铅、笔圆或平的水彩笔、毛笔等。

3. 其他 水彩、广告颜料、墨汁、笔刀、美工刀、割圆器、造型剪刀、剪刀等。

你知道吗

药店常规操作急需调整

2020年6月发表在《中国药店》杂志上的一则《药店广告：小海报引发大风波》的文章引起人们的关注，很多药店因张贴违法违规海报受到当地市场监管部门的行政处罚。其主要原因是许多药店创意海报是门店自主创意、绘制，内部并无统一监管。零售药店对供应商提供的产品海报、爆炸贴上的内容很少进行法律意识方面的管理和审查。

《广告审查管理暂行办法》明确认定，药店海报的多个常用词语属于违法违规宣传。例如，“安全”“安全无毒副作用”“毒副作用小”，这些明示或暗示消费者产品成分安全性有保证的词汇不可以出现；“热销、抢购、试用”“家庭必备、免费治疗、免费赠送”等属于诱导性的内容不可以出现；“评比、排序、推荐、指定、选用、获奖”等综合性评价内容，以及“无效退款、保险公司保险”等保证性内容不可以出现。

（三）常见的类型

1. 数字与字母的书写 制作POP时，常用的数字类型和文字类型如图3-4、3-5所示。

图 3－4　数字书写练习

图 3－5　文字书写练习

2. 爆炸花　常见的爆炸花如图 3－6 所示。

图 3－6　活动云朵爆炸花

3. 海报　根据门店宣传要求，企业员工自己创作的海报如图 3－7 所示。

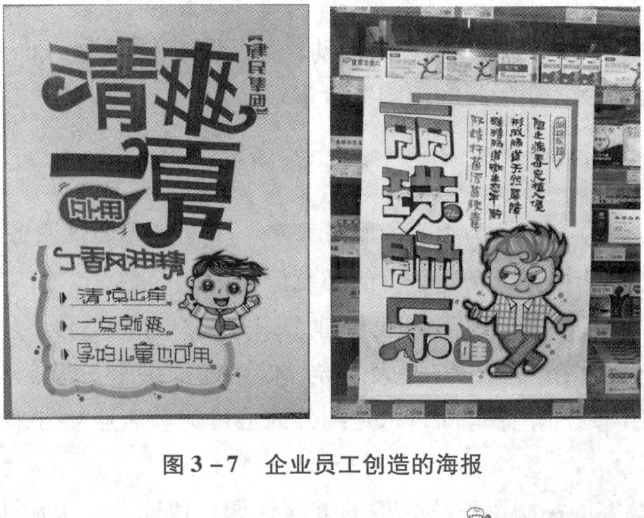

图 3－7　企业员工创造的海报

四、DM 的发放

> **请你想一想**
>
> 如何根据活动主题制作精美的 POP 呢？

DM（direct mail advertising，DM）单页，又称作海报单页，是各类商业促销行为中，为保证迅速达到宣传目的，进行的一种十分简便的宣传形式。药店促销，也经常使用DM海报发放的形式进行。

（一）促销单页的数量

一般参考周边核心商圈居民户数、流动人口情况、门店类型、周边物业确定，活动前2~3天发放90%，促销活动中发放10%。

（二）发放标准

1. 封闭式小区

（1）发放前要做好公关（如提供一些厂家提供的小礼品进行公关）或选择小区制定位置。

（2）可选择在上下班时间段在小区门口发放。

（3）设立二维码展板，扫码关注活动内容。

（4）将DM单页或海报张贴在公告栏上。

2. 开放式小区

（1）敲门发放　在非休息时间敲门或按门铃，有人回应后，主动递上单页，面带微笑说："打扰您了！XX店活动单页，请您看一下……"。

（2）插在门上　敲门无人回应的情况，将宣传单折叠成条状，塞入门缝（最好不低于1.7m），把带有门店字样的正面显在外面。

3. 街道，广场、公园等区域　距接收人1米远左右，主动微笑递送同时面带微笑说："打扰一下，请您看一下我们××店的活动海报，凭海报可在XX时间领取XX赠品……"。

4. 店内发放　针对来店顾客，告知活动，并让顾客仔细看一下活动产品，有时间可做详细的解释和说明，激发顾客的购买欲望。

五、健康指导

零售药店建立以顾客服务为中心的服务理念，不断完善药学服务，提升服务品质，也是新形势下零售药店提升市场竞争力的必要保证。

为提高人民群众的用药水平和自我保健意识，提升生活质量，零售药店与医药健康相关产业联合举办"用药安全与健康指导、健康知识讲座"等专项服务，一是促进药店与患者之间的沟通和情感稳固，二是细分人群可为药店业绩带来更加稳定的收益。其工作流程如下。

1. 调研分析顾客的疾病谱和感兴趣的健康话题，协同药品上游供应厂商专家，共同制定活动方案，确定服务对象。

2. 药店电话邀约或微信宣传，扩大活动宣传范围。

3. 开展健康知识讲座，慢性病专题用药安全咨询与服务，现场进行免费测血压、测血糖、骨密度及微量元素的检测，对患者进行健康教育。

4. 充分体现药店依托特异性产品，为顾客建立慢性病健康用药档案等，突出药店经营特色的理念，更好地为广大群众服务。

任务六　DTP 药房管理

PPT

岗位情景模拟

情景模拟　一名丙肝患者走进 DTP 药房，执业药师热情地接待了他，并详细咨询了患者的病情和用药情况，查看了患者的各项检查指标，认真地为患者书写了药历，根据患者的病情发展调整了用药剂量，提醒患者如何做好定期检查、药品如何存放等，并耐心地指导患者进行不良反应的处理，从饮食和运动等方面做了详细的健康教育。

讨论　1. DTP 药房的执业药师与传统零售药店执业药师有什么不同？

2. DTP 药房的执业药师应具备哪些条件？

一、概述

1. 概念　DTP（direct to patient，DTP）药房是直接面向患者提供更有价值的专业服务的药房，特点是“直接面向患者”。患者在医院开取处方后，药房根据处方按照患者或顾客指定的时间和地点送药上门，并且关心和追踪患者的用药进展，提供用药咨询等专业服务。DTP 药房也被称为高值新特药直送平台，是指高值药品直送，跳过上级商业代理、政府招标采购等环节，药企直接将药品授权给药店，以供患者凭医生处方购买。

2. DTP 药房发展背景　DTP 药房模式起源于美国，在 20 世纪六七十年代，我国已经开始出现了 DTP 药房雏形，但是基于当时的经济体制问题，最终没有发展成型。2012 年，在医药分开改革的背景下，国内首次出现新的药房模式——DTP 药房模式。传统药品销售主流市场都是从医院端口流出，但随着医疗改革的深化，医保控费、两票制改革、医疗机构零差率销售，“4 +7”带量采购等一系列政策的推行，迫使药品流通从医院端口转向药品零售端口，直接或间接将院外销售市场扩大。

由于经营药品的特异性，DTP 药房有着更高的行业标准。据有关文献统计，截至 2019 年 5 月，中国 DTP 药房大约有 1280 家，销售过百亿元。据有关预测，到 2020 年特药药房市场将达 6100 亿元，市场空间巨大。

二、DTP 药房模式

1. DTP 药房的模式　它是一种直达患者、为患者提供专业服务的一种创新销售模式。制药企业将产品直接授权给药店作为代理，患者在医院开取处方后，患者可以便捷地在专业的 DTP 药房购药，享受药品配送、药事服务、随访、患者教育等附加服务。药房根据处方，按患者或家属指定的时间和地点送药上门，并且追踪患者的用药进展，提供用药咨询、用药指导、为患者建立健康档案等专业服务。DTP 药房的模式已经从最先的“送药上门”而发展为“送专业服务上门”。随着医改地不断深入，我国以医院为主的药品销售模式趋向医院和零售药店相融合的销售模式发展。

2. DTP 药房与传统零售药店业态对比 传统零售药店以出售 OTC 药品为主，DTP 药房主要销售高价值专业药物、新特药、自费药等，并配备执业药师提供专业指导意见及服务，是零售药店的进阶模式。DTP 药房完整串联了药品供给端（制药企业）、处方端（医院）以及需求端（患者），并结合药品配送物流职能，成为药品流通过程中的最核心角色。与其他零售药店相比，DTP 药房凭借其专业性优势，经营品种主要以抗肿瘤、丙肝、自身免疫系统疾病方面的新特药为主，专注领域集中，强调通过专业化服务产生与患者的长期合作黏性，在医药分家后，处方药流向将以 DTP 药房及现存的院边店为主。

你知道吗

不同业态形式的药店特征及主要经营品类

药诊店、国医馆、中药房：拥有具有处方权的坐堂医生，以中医居多，提供处方、代客煎药等服务；主要经营处方药、中药饮片、中成药等。

网上药店、OTO 药店：无实体门店，或采用 OTO 形式，主要面对白领及习惯网购的年轻人；主要经营高档 OTC 药品、特殊功能化妆品等。

专科药店：专注某类疾病相关商品，以专科药齐全吸引特定患者；主要经营某类疾病药品，并有该类疾病的保健、治疗、预防用品等。

DTP 药房：以销售专业新特药、自费药为主，满足特定慢病患者长期用药需求，并提供专业服务及配送服务等，主要经营抗肿瘤、抗丙肝等特定领域的处方药和新特药。

三、DTP 模式的特点

与传统零售药店相比，DTP 药房压缩了药品的中间流通环节，而且提供以患者为中心的全病程精准服务。相较普通药房，DTP 药房提供的药品主要为高附加值的特药，如抗肿瘤药品、慢性病用药等，因而对药品的储存管理、处方审核以及专业服务都需要有较高的标准。因此，专业 DTP 药房并不以药品的销售来定义结果，而是用服务来彰显品质。

1. 产品定位 DTP 模式为患者提供高端产品和专业服务，在产品定位过程中主要指向药品中的金字塔尖的高端产品，如新特药等。对于新特药而言，患者用药记录对适应证范围的确定与后续市场推广意义重大。除了特定的产品功能外，还更多地关注完善的专业服务和品牌建设，如主要针对困难复杂的疾病、慢性疾病或特殊病情问题提供个人疾病管理、24 小时咨询服务、专业的药物指南和药物追踪托，以提高服务质量，确保患者用药安全。

2. 流通渠道 DTP模式中，制药公司通过授权零售药店将药品直接提供给患者的方式在市场上进行交换。该渠道减少药品流通环节，降低药品流通成本，有利于药品的安全性控制，减少成本积压，增加药品流通利润。但由于高档产品用户数量少，物流要求高，部分分销成本也有所增加，零售公司需要具备更高的营销管理和质量管理技能。

3. 营销主体 包括制药公司和药品零售公司。对于制药企业端而言，相较现有“厂商→商业公司→医院终端→患者”的分销模式，零售方式使得制药企业的销售链条更为精简，直接面向患者，并通过药房对其进行持续教育，从而获得稳定客源。由于营销品种大多处于市场的主要阶段，制药公司必须选择有质量保证的资深药品零售企业代理，以实现直接的产品销售，同时制药企业将更容易获取患者用药的反馈信息。

面对众多品牌相近的产品，药品零售企业必须选择最佳的多样性机构。代理协议达成后，制药公司必须以质量保证、技术服务和营销成本来支持药品零售公司，药品零售商需要做更多的工作来满足患者的医疗需求和未来生活质量的保证服务，配备具有较高职业能力的执业药师参与服务过程。因此，制药公司和药品零售公司必须进行更密切的合作，共同为患者做好各项专业服务。

4. 患者 随着我国医疗水平的不断提高。人民对专业化以及精细化的要求越来越高。院内治疗除对医生的依赖外，患者希望在院外接受更专业的药物治疗和更方便的药物传递服务。DTP药房使患者拥有了处方药购买渠道的自主选择权，并以其专业的、个人化的、全程的服务优势有效地满足患者需求。与传统的零售药店不同，DTP药店模式的核心是为患者提供全程制药服务和健康护理、为患者建立有效的健康数据库，合理介入患者的整个药物治疗过程，提供售后服务、持续跟踪管理等。此外，DTP药房还为患者，特别是患有慢性疾病的患者提供个性化的服务，如指导给药剂量、剂量调整、给药时间指导、合理膳食及健康生活方式指导等，从而提高患者的生命质量。现在及未来，药店O2O模式的发展将进一步提升用户体验，从而提高患者对DTP药房的用户忠诚度。

四、DTP药房的服务标准

DTP专业药房承担着院内处方流转的重要工作，必然要以服务患者为中心，进行专业化、精细化的销售。做好DTP药房的服务工作，应重点做好以下几个方面的工作。

1. 全程冷链管理 对比传统的供应链管理方式，标准更高，由于销售药品的特殊性，DTP药房升级冷链管理系统和配送标准，以适应DTP发展的需要。其冷链标准是，从药房对药品的接受、存储到向患者发药或送药上门等环节，都必须保持在2～8℃的全程闭环冷链系统，做到冷链管理无死角。

2. 严格处方审核 DTP专业药房在审核院内处方上必须达到专业的水平，应拥有自己的药学服务中心，配备执业药师，并对执业药师进行严格的 DTP 标准培训。

（1）企业要定期对执业药师进行知识培训，更新执业药师的知识，增强执业能力，掌握新的药物开发动向，提高药物治疗和疾病管理能力。

（2）学习服务过程，理解医生的诊断和治疗过程，熟悉临床常用药物的作用及特点，提供标准化的药学服务。

（3）为宣传药物，建立一个新的学术推广系统，不同于高度专业、知识丰富的医生的“临床”晋升模式。一个 DTP 药房宣传系统的模式，应该可以指导药师更好地为患者科学用药服务。

3. 专业服务平台 DTP 药房将围绕从“销售中心”到“服务中心”的转变，为患者的治疗周期提供专业的、全过程的药学服务，主要包括药学咨询、患者教育、输注中心、特药诊所、追踪随访、慈善赠药、预约挂号和保险服务等。通过先进的产品及专业服务，提高患者的生活质量；使用服务数据积极引导人民生命健康，积极引导患者提升自我药疗、自我保健的健康意识。

五、DTP 药品销售流程

DTP 药房的销售流程与普通药品的销售类似，特殊要求的商品实施全程的冷链管理，具体销售流程如图 3－8 所示。

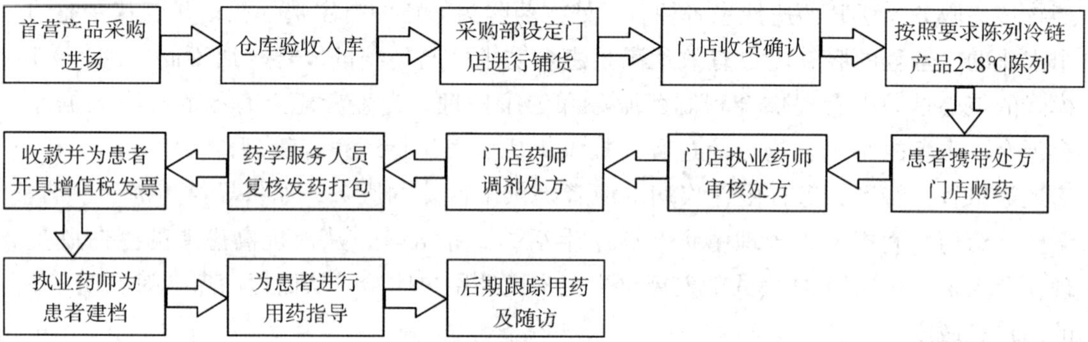

图 3－8 DTP 药品销售流程图

六、DTP 药房发展展望

> **请你想一想**
>
> DTP 药房的管理与普通药店的管理一样吗？

DTP 药房与普通零售药店在经营理念上存在本质差异。DTP 药房不仅是简单的渠道终端，更是连接制药企业、医院及患者的平台化存在，其强调的是满足药企（创新药推广与数据回收需求）、医院（接纳处方流出及承担用药管理需求）和患者（便捷地获得专业药同时获取专业用药指导服务的需求）三方的需求。

在当下处方外流、新特药加速流入国内等多方利好下，DTP 药房比普通零售药店更能够把握良机。而 DTP 模式能否真正脱颖而出，同样取决于其在专业服务、渠道把控、物流能力以及 O2O 未来布局等成功关键因素上，能否真实解决各方痛点。在政策推动及多方需求的合力推动下，DTP 药房将成为连接药企、医院及患者的平台，为医药零售新模式提供重要的发展方向。

PPT

任务七　交接班管理与营业结束

岗位情景模拟

情景模拟　清晨，一家药店像往常一样开门营业。在班前会上，店长质问昨晚值班的店员“门店空调为何没有及时关闭?”店员小李非常委屈地说，晚上门店打烊的时候，又突然来了几个着急买药的顾客，接待结束后，忙于结账、打扫卫生、布防、锁门等工作，忘记了关闭空调，表示不会再有下一次了。店长为了严肃门店纪律，最终还是给予了小李一定的处罚，小李十分委屈。

讨论　1. 夜班闭店工作都有哪些，重要性是什么?

2. 针对一个人上晚班的情况，如何保证闭店工作正常进行?

一、营业时间

根据各地的工作时间不同，零售药店的营业时间也不尽相同，主要营业时间有对倒班、三班、长白班、加强班等不同的工作模式，一般工作时间如表 3－7 所示。

表 3－7　药店营业时间表

	对倒班模式	三班模式	长白班	加强班
营业时间	7：40－21：00	24 小时营业	8：00－17：00（各分公司根据情况安排）	门店自行根据客流情况安排
营业前准备	7：40－7：50			
上午班	8：00－14：20	8：00－14：20		
下午班	14：20－21：00	14：20－21：00		
晚班		21：00－8：00		
夜间售药	21：00－7：00			区域经理决定是否值班

备注：门店可根据商圈不同，以顾客便利为导向，调整营业时间，报上级批准后向顾客公示营业时间。

二、开店营业前准备

微课

药店营业前的准备工作是一项重要的基本工作，曾有营销专家总结说过，“销售是 90% 的准备 +10% 的推荐”。其工作流程如图 3－9 所示。

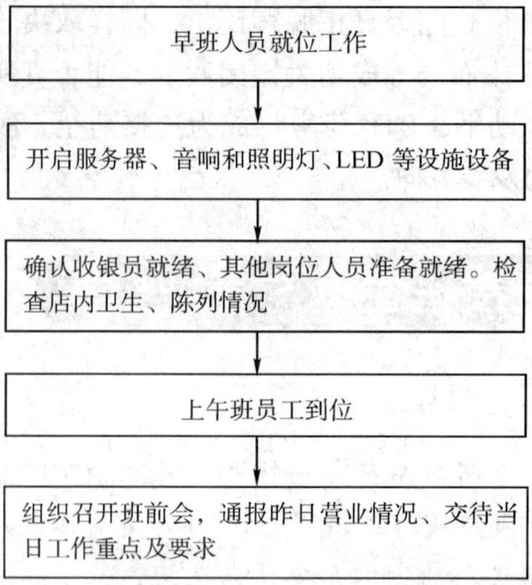

图 3－9　药店开店准备流程图

三、开店营业

1. 当班员工全部到岗　保持整洁的仪容仪表，具有清新健康的职业形象，拥有良好的精神状态。

2. 营业前准备　打扫卫生，卖场整理、整洁工作到位，备齐药品、商品补货到位。

3. 销售工作准备就绪　包括商品陈列整齐、补货充足、标价完整、POP 设置准确、各岗位人员到岗。店员备好各项销售工具，熟悉负责区域内药品价格。

4. 处理新品及调价信息　新品应当按照公司首营品种，下载商品信息，制作商品价签，放到门店相应货架或背柜后，将新品的货位信息录入信息系统，便于日后查找，同时尽快组织全员的新品学习，以保证新品的动销。

5. 主要工作安排　明确各岗位职责；销售任务分解；随时关注员工服务过程；会员开发与维护；及时处理顾客投诉；检查设施设备的使用情况；协调现场促销；现场培训指导；商品防损到位检查；完成总部下达的指令性工作等。

四、交接班

（一）卖场环境交接

1. 商品补货完成　无空货位、商品整齐有序等。

2. 商品陈列符合要求　符合 GSP 规定的药品与非药品分开、处方药与非处方药分开、内服与外用分开、按功能主治分类或剂型分开摆放、易串味药应与其他药品分开等。

3. 商品价格调整完毕　完成商品调价和价签更换等。

4. 各种表格记录完成　GSP 养护、温湿度登记表、全员签到表等填写完整。

> **请你想一想**
>
> 门店易变质的高损耗商品如何进行养护呢？

5. 其他　卖场干净卫生、垃圾处理完毕，通道无商品阻碍。

（二）高损耗商品交接

1. 交接班范围　主要包括贵重商品（金额大于等于100元）、中药一类贵细、易丢、易损、易变质的、体积较小的商品等，如阿胶口服溶液。

2. 交接流程　高损耗商品的交接流程如图3－10所示。

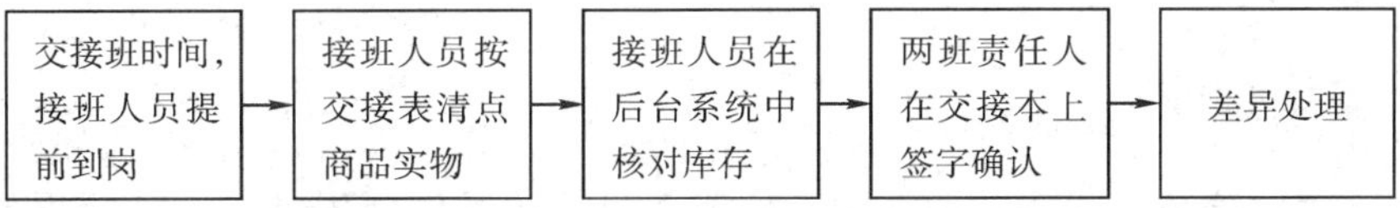

图3－10　高损耗商品的交接流程图

说明：全天班模式的交接为次日当班人员上班后清点数量，如有差异由店长核实后界定损失责任人。

3. 相关规定

（1）高损耗交接目录每月初按规定修订一次。

（2）盘损商品应在发生损失的当天确定责任人并调整，不能立即调整的应进行登记。

（3）店长应对员工交接情况进行核查及抽盘，杜绝员工虚假盘点行为。

（4）盘损商品损失由责任人承担，无明确责任人的由柜组或当班次承担。

（5）员工调动时，店长必须监督做好责任区的高损耗商品交接工作。

（三）其他交接内容

1. 公司通知事项的处理交接　如宣传活动通知、新品调价、培训通知等。

2. 当班异常情况的交接　如设备故障与维修、顾客投诉、网络故障等。

3. 顾客需求情况的交接　如紧急加单、约请取货、急需药品配送等。

4. 促销事项的交接　如活动安排、变更等。

5. 财务事项交接　如营业款结账、门店备用金结算等。

6. 其他　商品变动（包括属性调整）的交接。

（四）每日案例分享作业标准

培训类型主要分为店内培训、店外培训等。

1. 店内培训　主要包括班后召开的由内训师负责的培训，内刊到店后，由店长或指定人员负责的内刊培训、案例分享及门店自行组织的其他专业培训等。案例分享一般在中午交接班时进行，接班班次先进行（列入班前会程序），交班班次后进行，由门店正式员工轮流分享5～10分钟左右，分享内容主要有专业案例、优秀服务案例或反面案例等。其中专业案例要符合合理用药原则，优秀服务案例要符合公司服务准则，反面案例不得带有诋毁，对立等描述，分享标准如下。

（1）分享人　要求面朝大家，情绪饱满，声音洪亮；首先复述案例，朗读或脱稿；

重点是提炼案例精华。

（2）专业案例　提炼出病症、诊断、用药等；优秀服务案例提炼出顾客接触点，服务行为等；反面案例提炼出错误行为及危害，正确的应对措施等。

（3）时间　允许情况下可以开放式讨论或提问。

2. 店外培训　主要是参加单位组织的各类培训，如星级培训、三立培训及区域组织的各类培训等。

五、结束营业

1. 结束营业流程　门店营业结束，值班人员按照操作规程进行，其流程如图3－11所示。

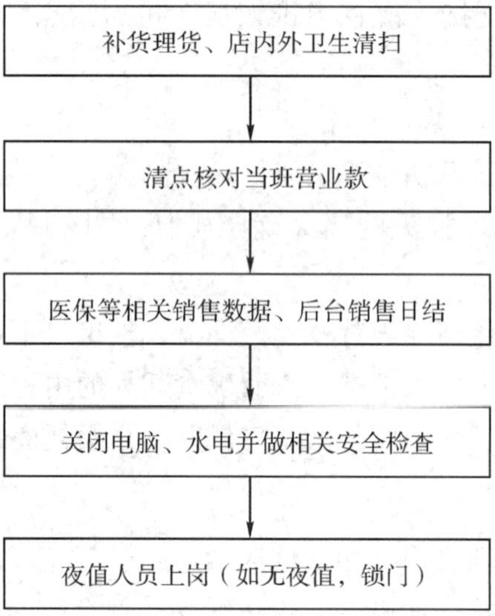

图3－11　药店营业结束流程图

2. 工作要求

（1）不得提前结束营业，如有特殊情况可报营运部经理批准。

（2）店内有顾客时不得打扫卫生，不得向顾客暗示、催促离开。

（3）门店钥匙只能由指定管理人员管理，最多不能超过两套，并作为管理人员调动交接的必备内容。

（4）保持24小时监控开启。

六、门店空调、招牌灯管理

1. 空调开启标准　当室内温度低于12℃或者高于28℃可以开启空调，非上班时间不得开启空调。

2. 招牌灯开关时间　不同地区、不同门店要求不同，常见时间如表3－8所示。

表 3-8　药店招牌开关灯时间

时间段	夏季时间	冬季时间
开启时间	19：00	17：30
关闭时间	结束营业后	结束营业后

新店开业后，前 3 个月夜间可不关招牌灯，开启时间可根据营运部要求随时调整，如恶劣天气可不开。

七、柜台责任制

为了便于商品的理货、防损、盘点和卫生管理，责任到人，特制订门店柜台、货架责任制管理办法如下。

1. 门店设置柜组责任区域，每个责任区至少包括一个背柜或货架单元，保证卖场任何区域在营业时间内均有责任人。

2. 责任员工负责对柜台理货、防损、盘点及商品、陈列设备清洁，工作结果接受店长的监督。

3. 柜台责任人需要变动时，店长安排更换标示卡。

4. 标示卡样式：设定 A、B 两个班次。填写举例：

空白样式：

责任区域	责任人
	A 班：
	B 班：

责任区域	责任人
E01	A 班：王某某
	B 班：李某某

首次制作时将货位、人员信息填入电子表打印，如个别维护时打印空白表（附表），用签字笔填写更换。

5. 以顾客角度面向背柜、货架、柜台方向，用窄胶带粘贴标识卡，明确负责人。

（1）背柜　标示卡设置在第一层左端侧板上，每个背柜设置一张，如图 3-12 所示。

图 3-12　背柜标示卡的位置

（2）货架　将标示卡设置在端架背板左侧，要求每一排货架每一面设置一张，如

图 3－13 所示。

（3）柜台　将标示卡设置在首层左端侧板上，每节柜台设置一张，如图 3－14 所示。

图 3－13　货架标示卡位置

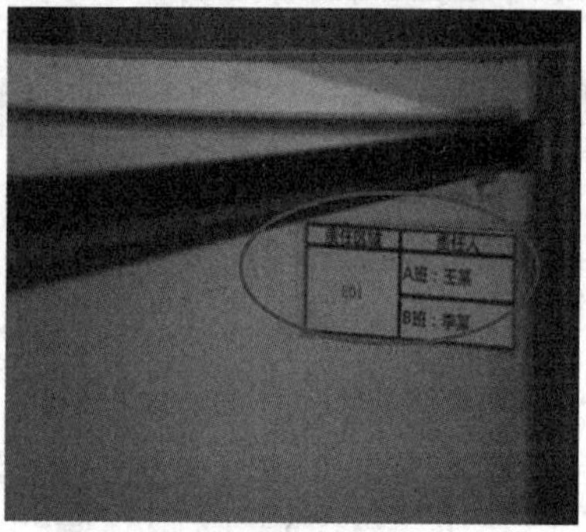

图 3－14　柜台标示卡位置

八、账务管理与相关工作交接

（一）门店现金

门店现金分为营业款现金、其他收入现金、备用金等。门店备用金属于公司货币资金，是根据业务工作需要，长期留存于门店，兑换零钱、用于交纳卫生费、水电费等相关工作事务时使用的业务周转金。备用金由门店在开业前提出申请，由公司财务部根据《收银备用金管理制度》核定备用金金额。

（二）现金管理

1. 门店现金的收入和支出　实行收支两条线管理。门店不得用营业款及其他收入作支现金，如遇特殊情况，须经公司财务部批准，未经批准的按有关规定处罚。

2. 责任人　门店现金管理由店长作为第一责任人，店长可授权直接责任人管理。备用金、现金收入，属于公司资金，责任人不得转借他人、公款私用、挪为他用等，对贪污、挪用公款的行为，按公司有关规定处理，情节严重的移交司法机关。

3. 其他收入款项的收取及存款　主要包括废品收入、各类加工费等。要求一是责任人收银员严格区分其他收入及营业款，其他收入独立收银、交接、核算。二是店内存款必须及时存入银行指定账户。

4. 门店现金管理流程

（1）营业结束后必须做结账，分别填明现金 1、现金 2、支票、银联、医保、一卡通等项目。到银行送存现金时，需由一名人员陪同前往，以保证现金的安全。现金如有长款或短款，应及时查明原因，不能查找原因时，按照短款补齐、长款做固定账户存入公司营业款账户。

你知道吗

长款与短款

凡现金实存数大于账存数，称为现金长款；现金实存数小于账存数，称为现金短款。

“长款”“短款”实际上是库存现金的多少。

实存＞账存，即为现金长款；实存＜账存，即为现金短款。

（2）门店现金必须日清日结，当日留存现金必须全部存入保险柜，如留存于收银台造成损失的，门店负全部责任。

（3）各门店必须配备保险柜。根据店面大小、预计营业额等申请购买相应型号的保险柜，门店现金、优惠券等有价证券必须全部放入保险柜内。门店必须妥善保管保险柜密码和钥匙。

（4）备用金和货款要分类存放。责任人将所收货款存入银行，包括当天上午班及上一日下午班所有金额，并按照财务要求填制现金缴款单。保险柜内只允许存放备用金和当天下午班所收取款项。

早班营业款及其他收入对账交接完毕，店长或当班责任营业员安全准确地将营业款全部存入银行。

①早班收银员与晚班收银员进行交接。上午班人员必须进行结账，保证不存在短少、拆借、挪用的现象，并交接银联结账单、医保结账单、一卡通结账单等。

②当晚营业结束，晚班收银员进行现金轧账，整理票据，清点款项，清理未处理事宜，并做当日结账。

③每月定期将银行对账单上交财务部银行出纳。

④每月定期将医保审批表上交财务部。

⑤每月定期将上月未结账单及银行存款单交财务部。

⑥每季度月底向银行索要利息清单上交公司财务。

以上时限如逢节假日可顺延1～2天，如遇特殊情况，请按照财务通知进行。

5. 资金安全注意事项

（1）资金被盗　进行现场的保护及封锁，采取应急报警的措施，店长应在第一时间向公司相关部门及时汇报。

（2）假钞的防范　收银员加强工作责任心，提高专业技能，发现假钞后应拒收，如已收，由收取人负责赔偿公司损失。

（3）公私款的混用　公司严禁公私款项混用，任何个人不得以任何方式挪用门店现金。

（4）现金交接的规范　各项资金的交接应明确责任人，交接时将金额等交接清楚，以明确各自责任。

（5）发票的开具、保管。

（6）支票等有价证券收取的安全性　收取前需向财务汇报，收取时核实真实性，查看持票人身份证原件，留取复印件及联系方式。收取次日前上交公司财务部。

实训三　门店药品效期管理、缺货登记及进货管理

一、实训目的

1. 熟悉门店药品效期管理、缺货登记、进货管理等流程。
2. 能正确进行门店药品效期管理、缺货登记、进货管理。

二、实训准备

1. 实训场地　模拟药房。

2. 实训材料　工作服、实训工具、各种记录表格等。

三、实训指导

1. 门店药品效期管理的操作流程　每月定期盘点门店商品→对现款近效期商品加套“效期商品提示卡”（蓝色），并制定相应的促销方案，门店休息区张贴提示或店内员工分解签字确认→做好近效期品种销售跟踪→查看系统《库存商品明细表》，按效期排序→与质管部下发表格进行核对→盘点、配货等异常情况处置→公司报损→过期商品填写《门店过期商品报损审批单》。

2. 缺货登记的操作流程　首问责任人根据顾客需求，按规定做缺货登记→在缺货记录上详细询问并登记顾客本人信息及商品信息→专人收集并登记缺货记录本录入缺货系统→跟进采购部联系货源→门店联系顾客，系统中二次确认→物流部配货至门店→柜组员工立刻联系顾客前来购买→顾客购买商品→顾客未来购买→按规定退货（如缺货品种未联系到，也要第一时间联系顾客，说明原因并请求谅解，以免耽误顾客正常买药）。

3. 进货管理流程　结合季节变化、促销活动、顾客需求、实际库存等，提出进货计划建议（促销活动）→审核并确定门店的进货计划（如有顾客有大量购买需求，现有库存不足，系统提报加单）→上传进货计划。

四、实训方法

3人/组进行现场模拟，主要角色有店长、营业员、患者，教师进行现场指导、点评。

五、实训步骤

1. 班前准备：进入工作岗位前10分钟，要检查个人的仪容仪表、个人卫生，准备

好相应的销售工具，与对班交接后，开始货架整理、价格标签检查等日常门店工作，并打开计算机系统中个人管理账号等。

2. 营业员在门店盘点出近效期药品时，请按照操作流程完成近效期药品的管理工作。

3. 在门店，某患者急需购买治疗眼疾的软磷脂络合碘片，营业员发现缺货，请根据操作流程完成缺货登记与管理工作。

4. 秋季将至，店长按照公司促销活动计划，根据季节变化、顾客需求、实际库存等完成下一周的报货管理工作。

5. 记录并清场，客观真实地填写原始记录并及时清场。

六、考核方式

根据现场表现，教师评价打分，学生之间相互评价，按照5∶5比例计算项目积分，实训过程考核评分表，见表3－9。

表3－9　实训过程考核评分表

项目要求	考核要求	分值	得分
班前准备	仪容仪表、卫生、销售工具、货架整理、价格标签检查等	10	
效期管理	效期药品盘出、登记、制定销售方案、过期药品填写等	20	
缺货登记与管理	接待顾客、缺货登记、录入系统、二次联系顾客、退货等	30	
进货管理	综合考虑需求、制定报货计划、上传进货计划	20	
职业素养	业务熟练、操作规范、计划科学合理、服务质量优秀	20	

目标检测

一、选择题

1. 不符合员工发型要求的是（　　）。

A. 整齐清洁　B. 头发颜色黑色　C. 头发不过耳际　D. 剃光头

2. 下列需要及时清洁的是（　　）。

A. 打粉机　B. 切片机　C. 煎药机　D. 以上均是

3. 关于货架清洁要求正确的是（　　）。

A. 确保货架无污渍　B. 清洁时把商品直接放到地上

C. 无需清理卡条　D. 用湿布擦拭价格标签

4. 有关近效期药品说法正确的是（　　）。

A. 距失效期1/3为近效期药品　B. 距失效期6个月为近效期药品

C. 距失效期10个月为近效期药品　D. 在规定的期限内即将过期的药品

5. 关于提前标记效期药品说法不正确的是（　　）。
A. 加套“效期药品提示卡”　　B. 制定相应的促销方案
C. 提醒店员进行销售和跟踪　　D. 无需告知顾客药品的效期
6. 有关门店近效期退货管理不正确的是（　　）。
A. 冷藏药品因其特殊性界定为“不可退药品”
B. 门店药品根据供应商是否给予退货分为“可退药品”与“不可退药品”
C. 门店距效期3个月内药品禁止退货，有质量问题的，按质量召回程序处理
D. “可退药品”在任何时间都可以退货
7. 下列不属于药品价签内容的是（　　）。
A. 药品名称　　B. 规格或等级
C. 零售价　　D. 药品功能主治
8. 药品价签主要包括（　　）。
A. 药品名称　　B. 规格或等级　　C. 零售价　　D. 以上均是
9. 对于门店销售的药品价签，要求做到（　　）。
A. 一货一签　　B. 每个陈列位均有价签
C. 统一标准价签　　D. 以上均是
10. 有关价签叙述不正确的是（　　）。
A. 门店统一使用标准价签　　B. 一货一签
C. 调价时及时更改价签　　D. 降价药品可以不标价签
11. 有关门店缺断货操作不正确的是（　　）。
A. 首问责任人根据顾客需求做缺断货登记
B. 顾客电话咨询不做缺断货登记
C. 门店专人收集各柜组缺货记录本，及时传送公司采购部
D. 采购部每日统一查看，及时联系货源
12. 门店购进的缺断货不能退货的是（　　）。
A. 低温冷藏商品　　B. 在门店受到挤压的商品
C. 逾期的商品　　D. 以上均是
13. 有关调货不正确的操作是（　　）。
A. 门店借出近效期商品，有责任告知借入门店
B. 借入门店确认顾客不需求时，在一个配货周期内将商品返回借出门店
C. 未按时返还的超期商品由借入门店负责销售
D. 月末结账，已经销售出去的商品无需做调拨数据处理
14. 以下不属于POP功能的是（　　）。
A. 新药宣传　　B. 产品促销
C. 激发顾客购买　　D. 提升企业形象
15. 在开放式小区发放DM的做法不正确的是（　　）。

A. 敲门发放　　B. 插在门缝里

C. 贴在门上或墙上　　D. 在公共区域发放

16. DTP 药房是直接面向（　　）提供更有价值的专业服务的药房。

A. 患者　　B. 制药企业　　C. 零售药店　　D. 医院

17. DTP 药房被称为高值新特药直送平台，其叙述不正确的是（　　）。

A. 高值药品直送　　B. 无需商业代理

C. 必须经过政府招标采购　　D. 制药企业将药品直接授权给药店

18. DTP 全程冷链管理，必须保持在（　　）。

A. 2～8℃　　B. 2～10℃　　C. 10～20℃　　D. 0～10℃

19. 不属于高损耗商品交接的范围是（　　）。

A. 贵重商品　　B. 中药一类贵细

C. 中药饮片　　D. 易变质的商品

20. 结束营业时，其工作要求正确的是（　　）。

A. 提前结束营业

B. 打烊时间一到，暗示、催促顾客离开

C. 指定管理人员管理门店钥匙

D. 有顾客时可提前打扫卫生

二、简答题

1. 门店价签管理中的注意事项有哪些？
2. 门店如何严格控制私自压货情况？
3. DTP 药品销售流程有哪些？

书网融合……

微课　　划重点　　自测题

项目四 药品验收与保管

学习目标

知识要求

1. **掌握** 药品验收的流程、药品的保管方法。
2. **熟悉** 验收要求、不合格药品的处理、药品保管的影响因素。
3. **了解** 药品验收的概念及目的、门店防损的方法。

能力要求

1. 学会药品验收操作、药品保管方法。
2. 能完成不同类型药品的验收。
3. 能有针对性地进行药品保管。

PPT

任务一 药品验收

岗位情景模拟

情景模拟 销售业务员送一批药品到药店，这批药品已完成收货，验收员小红与收货员小李完成了随货同行单和同批号的药品检验报告书的交接工作，到待验区进行验收。

讨论 1. 验收员小红需要具备哪些资质？

2. 为什么要进行药品的验收？

药品验收是指验收人员依据国家药典标准、相关法律法规和有关规定以及企业验收标准对采购药品的质量状况进行检查的过程。包括查验药品检验报告书、抽样、查验药品质量状况、记录等。

药店工作人员对每次到货药品的验收，都严格按照药品质量管理制度，检查配送凭证，逐批与实物核对品名、规格、批号、效期等内容，确保购进药品质量符合相关药品标准，有效防止假劣药入库。

一、验收要求

（一）对验收人员的要求

1. 从事验收、养护工作的，应当具有药学或者医学、生物、化学等相关专业中专以上学历或者具有药学初级以上专业技术职称。

2. 从事中药材、中药饮片验收工作的，应当具有中药学专业中专以上学历或者具有中药学中级以上专业技术职称；直接收购地产中药材的，验收人员应当具有中药学中级以上专业技术职称。

3. 从事质量管理、验收工作的人员应当在职在岗，不得兼职其他业务工作。

4. 质量管理、验收、养护、储存等直接接触药品岗位的人员应当进行岗前及年度健康检查，并建立健康档案。患有传染病或者其他可能污染药品的疾病的，不得从事直接接触药品的工作。身体条件不符合相应岗位特定要求的，不得从事相关工作。

（二）对验收环境的要求

必须有与经营业务相适应的专门或者符合卫生条件的验收场所。验收环境洁净，地面、墙壁平整光滑，具有温湿度调控设施、光线充足，同时配备符合规定要求的照明设施，防尘、防虫、防污染设施和必要的消毒设施，必要时还应配备千分之一天平、量具、白瓷盆等设备，确保药品质量。

二、验收程序

药品验收由质量管理部专职验收人员负责，药品验收的一般流程包括单据和货物核对查验、检验合格证明文件、抽取样品、检查样品的外观包装标签说明书、填写验收记录和入库交接等环节，如图 4－1 所示。

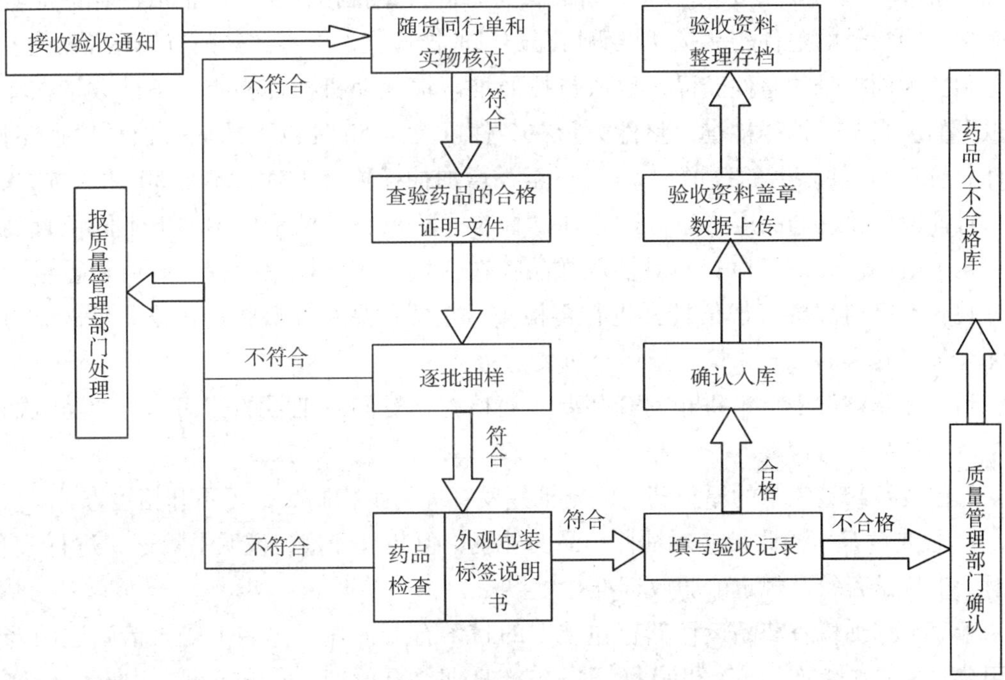

图 4－1　药品验收流程图

（一）一般药品验收

1. 按随货同行单核对药品　验收员按照随货同行单再次核对药品实物，核对内容包括：品名、规格、批号、有效期、数量、生产企业等，并检查随货同行单是否加盖供货单位“出库专用章”原印章。

2. 查验合格证明文件 验收员应按照批号逐批查验药品合格证明文件是否齐全，是否符合规定的要求。

检验报告书上的批号应与实货药品一致。供货单位为生产企业的药品，查验药品检验报告书是否有加盖供货生产企业质量检验专用章原印章的检验报告书原件或复印件；供货单位为批发企业的药品，查验药品检验报告书是否有加盖供货批发企业质量管理专用章原印章的检验报告书复印件；检验报告书的传递和保存可以采用电子数据形式，但应当保证其合法性和有效性。

对实施批签发管理的生物制品进行验收时，需查验是否有加盖供货单位药品检验专用章或质量管理专用章原印章的生物制品批签发合格证复印件。

对进口药品进行验收时，需查验是否有加盖供货单位质量管理专用章原印章的相关证明文件：①进口药品注册证或医药产品注册证；②进口蛋白同化制剂、肽类激素需有进口准许证；③进口药材需有进口药材批件；④进口药品检验报告书或注明“已抽样”字样的进口药品通关单；⑤进口国家规定的实行批签发管理的生物制品，需有批签发证明文件和进口药品检验报告书。

3. 抽样 验收员对每次到货的同批次药品进行逐批抽样验收，抽取的样品应具有代表性。同批号的整件药品按照堆码情况随机抽样检查，对零散药品应当逐箱检查。

到货为同批号的整件药品，验收员按照堆码情况随机抽样检查。整件数量在2件及以下的应当全部抽样检查；整件数量在2件以上至50件以下的至少抽样检查3件；整件数量在50件以上的每增加50件，至少增加抽样检查1件，不足50件的按50件计。对抽取的整件药品应当进行开箱抽样检查，从每整件的上、中、下不同位置随机抽取3个最小包装进行检查，对抽取样品存在封口不牢、标签污损、有明显重量差异或外观异常等情况的，加倍抽样进行再检查。整件药品存在破损、污染、渗液、封条损坏等包装异常的，开箱检查至最小包装。

到货为非整件零货、拼箱的药品要逐箱检查，对同一批号的药品，至少随机抽取一个最小包装进行检查。

外包装及封签完整的原料药、实施批签发管理的生物制品，可不开箱检查。

4. 检查样品 验收员应对抽样药品的外观、包装、标签、说明书等逐一进行检查、核对，确认是否符合规定的验收标准。

验收员仔细检查药品运输储存包装上的封条有无损坏，包装上是否清晰注明药品通用名、规格、生产厂商、生产批号、生产日期、有效期、批准文号、贮藏、包装规格及储运图示标志，以及外用药品、非处方药品等标记。

检查运输储存包装上标识的药品信息与最小包装上标识的药品信息是否一致。

整件药品的每件包装中，应有产品合格证。合格证的内容一般包括药品的通用名称、规格、生产企业、生产批号、检验单号、出厂日期、包装人、检验部门和检验人员签章。

检查药品的最小包装封口是否严密、牢固，有无破损、污染或渗液现象，包装及标签印字是否清晰，标签粘贴是否牢固。

验收员查看药品的最小包装的标签、说明书时，应确认以下内容。

（1）药品标签上应有药品通用名称、成分、性状、适应证或者功能主治、规格、用法用量、不良反应、禁忌证、注意事项、贮藏、生产日期、产品批号、有效期、批准文号、生产企业等内容。对注射剂瓶、滴眼剂瓶等因标签尺寸限制无法全部注明上述内容的，至少应标明通用名称、规格、产品批号、有效期；中药蜜丸蜡壳至少注明药品通用名称。

（2）化学药品与生物制品说明书列有以下内容：药品名称（通用名称、商品名称、英文名称、汉语拼音）、成分（活性成分的化学名称、分子式、分子量、化学结构式）、性状、适应证、规格、用法用量、不良反应、禁忌证、注意事项、孕妇及哺乳期妇女用药、儿童用药、老年用药、药物相互作用、药物过量、临床试验、药理毒性、药代动力学、储藏、包装、有效期、执行标准、批准文号、生产企业（企业名称、生产地址、邮政编码、电话和传真）。

（3）中药说明书列有以下内容：药品名称（通用名称、汉语拼音）、成分、性状、功能主治、规格、用法用量、不良反应、禁忌证、注意事项、药物相互作用、储藏、包装、有效期、执行标准、批准文号、说明书修订日期、生产企业（企业名称、生产地址、邮政编码、电话和传真）。

（4）处方药和非处方药的标签和说明书上有相应的警示语，非处方药的警示语是“请仔细阅读药品使用说明书并按说明使用或请在药师指导下购买和使用”，处方药的警示语是“请仔细阅读说明书并在医师指导下使用”。非处方药的包装有国家规定的专有标识；外用药品、特殊管理药品的包装、标签及说明书上应有规定的标识和警示说明；蛋白同化制剂和肽类激素及含兴奋剂成分的药品应标明“运动员慎用”警示标识。

（5）进口药品的包装、标签以中文注明药品通用名称、主要成分以及注册证号，并有中文说明书。

（6）中药饮片的包装或容器与药品性质相适应及符合药品质量要求。中药饮片应当有品名、包装规格、产地、生产日期、生产企业、生产批号等，并附有质量合格的标志。实施批准文号管理的中药饮片，还需注明批准文号。

（7）中药材应有包装，并标明品名、规格、产地、供货单位、收购日期、发货日期等；实施批准文号管理的中药材，还需注明批准文号。

验收员查看药品的最小包装的标签、说明书后，应按有关标准与规定进行非破坏性的外观检查。通过查看药品外观有无变色、沉淀、分层、吸潮、结块、熔化、挥发、风化、生霉、虫蛀、异臭、污染等情况，判断药品质量是否符合规定。常见药品剂型外观性状检查标准见表 4－1。

表4－1　药店常见剂型抽样检查

剂型	抽样检查内容
片剂	有无裂片、松片、花斑、变色、粘连和脱衣等
颗粒剂	有无漏药、结块、熔化、色泽不一、长霉等
胶囊剂	有无漏粉、漏液、黏软变形和霉变生虫等
丸散剂	有无长霉、虫蛀和结块粘连等
糖浆剂	封口是否严密，有无渗漏，瓶口有无长霉，浆液是否澄清等
软膏剂	封口是否严密，软膏是否均匀、细腻，硬度是否合适，有无霉变、酸败等
栓剂	有无受潮而外观不透明或软化变形，有无酸败等
气雾剂	有无漏气、漏液，能否喷射等
中药材、中药饮片	有无虫蛀、发霉、泛油、变色、粘连、变味等

验收结束后，药品验收人员将抽样检查后的完好样品放回原包装，用专用封箱带和封签进行封箱，并在抽验的整件包装上标明抽验标志。

5. 填写验收记录　验收员对照药品实物在计算机系统中录入药品的批号、生产日期、有效期、到货数量、验收合格数量、验收结果等内容，确认后系统自动形成验收记录。验收记录包括药品的通用名称、剂型、规格、批准文号、批号、生产日期、有效期、生产厂商、供货单位、到货数量、到货日期、验收合格数量、验收结果、验收人员姓名和验收日期等内容，见表4－2。

表4－2　药品验收记录表

××××公司　药品验收记录

收货记录编号________

序号	验收日期	到货日期	通用名称	商品名称	生产厂商	供货单位	剂型	规格	批准文号	批号	生产日期	有效期	到货数量	单位	验收合格数量	验收结果	验收不合格数量	不合格事项	处置措施	验收人	备注

6. 验收药品处置　①对已经验收完毕的药品，验收人员应当及时调整药品质量状态标识。②在计算机系统中输入药品验收信息后确认，计算机系统按照药品的管理类别，自动分配库位，仓库保管员根据计算机系统的提示，经复核确认后将验收合格药品入库至指定位置。

7. 扫描上传　验收员在检验报告书等合格证明文件上加盖本企业“质量管理章”并扫描，扫描后的文件上传到计算机系统。

8. 资料整理　验收员将每日收到的随货同行单（票）和检验报告书等合格证明文

件分别进行整理，按月装订，存档。

（二）冷链药品的验收

冷链药品的验收除按照一般药品验收流程操作外，还需注意药品经营企业的冷链药品待验区必须设置在冷库内，验收员应在冷库内完成冷链药品的验收，验收应快速及时，一般随到随验，在30分钟内完成验收。如在规定时间内，因各种原因不能进行验收的，冷链药品必须放置在冷库待验区待验。

（三）特殊管理药品的验收

特殊管理药品的验收除按照一般药品验收流程操作外，还需注意特殊管理药品待验区必须设置在特殊管理药品的专库或者专区内，验收员应在特殊管理药品的专库或者专区内完成特殊管理药品的验收。双人完成验收工作，验收应快速及时，货到即验。

验收员对进口麻醉药品和精神药品进行验收时，药品验收人员应查验是否有加盖供货单位质量管理专用章原印章的进口许可证。

验收员应查验特殊管理药品的包装、标签及说明书上是否有规定的标识，麻醉药品的标识是蓝白相间的“麻”字样，精神药品的标识是绿白相间的“精神药品”字样，医疗用毒性药品的标识是黑白相间的“毒”字样，放射性药品的标识是红黄相间圆形图案。

（四）销后退回药品的验收

销后退回药品的验收除按照一般药品验收流程操作外，还需注意以下几个方面。

1. 销后退回药品验收的抽样原则与方法　药品验收人员应逐批检查验收销后退回药品，并开箱抽样检查。

（1）整件包装完好的，应按照常规药品验收原则加倍抽样检查，即：整件数量在2件及以下的，要全部抽样检查；整件数量在2件以上至50件以下的，至少抽样检查6件；整件数量在50件以上的，每增加50件，至少增加抽样检查2件，不足50件的，按50件计。

（2）抽样检查应当从每整件的上、中、下不同位置随机抽取6个最小包装进行检查。对存在封口不牢、标签污损、有明显重量差异或外观异常等情况的，至少再加一倍抽样数量进行检查。

（3）对无完好外包装的销后退回药品，每件应当抽样检查至最小包装。零货药品应逐个包装检查，必要时应抽样送检验部门检验。

2. 核实退货原因　药品验收人员应根据销售部门确认的销后退回药品通知单进行验收，对于质量原因的退货，应查看药品实货是否与审批的退货原因相符。

3. 冷链药品销后退回的验收　药品验收人员应按销后退回药品和冷链药品验收的相关规定进行药品验收。

4. 特殊管理药品销后退回验收　除应符合销后退回药品验收操作要求外，还应遵守特殊管理药品的验收规定。

5. 销后退回药品验收记录内容 验收员应按规定建立专门的销后退回药品验收记录，记录包括退货单位、退货日期、通用名称、规格、批准文号、批号、生产厂商（或产地）、有效期、数量、验收日期、退货原因、验收结果和验收人员等内容。

请你想一想

药品验收过程中：一般药品和销后退回药品抽样原则有什么区别？

（五）直调药品的验收

药品经营企业在发生灾情、疫情、突发事件或者临床紧急救治等特殊情况，以及其他符合国家有关规定的情形，可以采用直调方式购销药品。直调药品是指将已采购的药品不入本企业仓库，直接从供货单位发送到购货单位的购销方式。直调药品分为“厂商直调”和“商商直调”两种。厂商直调即药品经营企业将本企业经营范围内的药品从药品生产企业直接发运至药品购货单位的经营形式；商商直调即药品经营企业将本企业经营范围内的药品从其他药品经营企业直接发运至药品购货单位的经营方式。直调药品的供货企业，必须是列入本企业合格供货方名单的药品生产企业或药品批发企业。收货单位应是具备合法资格的药品经营使用单位。直调药品出库时，由供货单位开具两份随货同行单（票），分别发往直调企业和购货单位，随货同行单（票）的内容还应当标明直调企业名称。

直调药品验收，可委托购货单位进行药品验收。直调企业应当与购货单位签订委托验收协议，明确质量责任；购货单位应当严格按照GSP要求验收药品，并建立专门的直调药品验收记录。验收当日应当将验收记录相关信息传递给直调企业。

你知道吗

验收记录填写过程中的常见问题

填写验收记录是验收员验收药品的一项基础性工作。验收记录必须内容真实、项目齐全、结论明确，有利于药品的核查和追溯。企业在验收记录填写过程中容易出现以下问题。

1. 验收记录虚假或不完整。
2. 验收不合格的药品处理不当，记录不清晰。
3. 药品的通用名称简写或以商品名代替通用名。
4. 批准文号填写不准确。
5. 生产批号填写不完整、不准确。
6. 生产厂家名称使用缩略语，或错写漏写、错字漏字。
7. 无验收员签字或签名不规范，只签姓不写名。

三、不合格药品的处理

（一）验收不合格情况

药品验收不合格情形常见以下情况。

1. 药品包装、标签、说明书的内容与药品监督管理部门批准内容不符。

2. 药品的相关合格证明文件不全或内容与到货药品不符，如随货同行单的书面凭证与到货实物不符、整件包装中无出厂检验合格证、同批号药品无检验报告书等。

3. 包装的封条损坏，最小包装的封口不严、有破损、污染或渗液，包装及标签印字不清晰，标签粘贴不牢固。

4. 药品外观性状不符合要求。

5. 随货同行单中的数量与实物数量不一致。

（二）验收不合格药品的处理

对验收不合格或验收过程中有质量疑问的药品，验收员应填写《药品质量复查通知单》，报质量管理部进行复查。经质量管理部门确认合格的，封箱复原药品，由验收人员与仓储部门办理入库交接手续，经质量管理部门确认不合格的，封箱复原药品，填写《质量验收拒收报告单》。对于不合格的药品，应当尽快处理，查明原因，分清责任。

1. 药品包装、标签、说明书等内容与药品监督管理部门批准内容不符，将药品移入不合格药品区，不能退货，需上报药品监督管理部门进行处理。

2. 药品的相关合格证明文件不全或内容与到货药品不符；包装的封条损坏，最小包装的封口不严、有破损、污染或渗液，包装及标签印字不清晰，标签粘贴不牢固；药品外观性状不符合要求等情况，属于供货方质量违约责任，将药品移入退货区，办理拒收退货手续。

3. 随货同行单中的数量与到货实物数量不一致的，通知采购人员协调，可暂放待验区，待采购人员联系供应商后处理。

任务二　药品保管

PPT

岗位情景模拟

情景模拟　某日，李女士在家清理药品，发现一瓶刚买不久、仍在有效期内的阿司匹林片上有变色。她怀疑有质量问题，就前往门店找销售员理论。经店员仔细询问了解，原来王女士之前为了方便取药，把药盒放在卧室桌上的加湿器旁边。

讨论　1. 有效期内的阿司匹林为什么会产生变色现象？

2. 阿司匹林片日常应该如何保管？

药品作为一种特殊商品，在储存过程中由于受内外环境的影响，随时可能出现质量问题，企业应当根据药品的质量特性对药品进行合理储存，规范化管理，保证药品质量，发挥药品安全、有效的治疗作用。

一、影响因素

药品在储存过程中始终受到外界环境因素如水分、氧气、二氧化碳、紫外线、温度、湿度、鼠、蛇、蚊、虫等影响，如果储存方法不当极易发生变质现象，因此必须要采取有力的措施，降低药品发生变异的概率。

影响药品在储存过程中发生变异的因素有两方面：一是内因，主要是药品的物理性质、化学性质等变化引起的；二是外因，主要有空气、温度、湿度、紫外线、时间、霉菌、虫鼠、容器以及包装等。

（一）内在因素对药品质量的影响

1. 药品物理性质对药品质量的影响 药品的物理性质如相对密度、燃点、熔点、挥发性、凝固点、溶解度等，引起的质量变化一般有熔化、挥发、吸湿、潮解、结块、稀释、风化、升华、凝固、变形、分层、沉淀、蒸发等。如片剂吸潮崩解、栓剂受热熔化变形、粉剂吸潮结块等。这种变化一般不会引起药品本身的化学性质发生改变，但化学性质引起的药品变质一般常伴随有物理变化。

2. 药品化学性质对药品质量的影响 药品的化学结构决定化学性质，由化学结构引起的药品变质现象很多，主要表现为水解、氧化、光化分解、碳酸化、聚合、异构化、脱酸等。

当药品的化学结构中含有酯、酰胺、酰肼、醚、苷键时，易发生水解反应。如青霉素中含有β-内酰胺环，在酸性、中性或碱性溶液中均易分子重排反应和发生水解反应，其分子重排物与分解产物均无抗菌作用。故青霉素只能制成粉针，严封于容器中贮藏，现用现配。

当药品的化学结构中含有酚羟基、巯基、香伯胺、不饱和键、醇、醚、醛、吡唑酮、吩噻嗪等基团时，易发生氧化反应。如氯丙嗪分子结构中含有吩噻嗪环，在日光、空气、湿气的作用下，易氧化变质失效，故应遮光、密封保存。

（二）外界因素使药品发生的变异现象

影响药品质量的外在因素很多，包括空气、温度、湿度、光线、时间、昆虫、微生物等，这些因素对药品的影响往往是几种因素同时进行或交叉进行，互相促进、互相作用而加速药品的变质和失效。

1. 空气 是不同气体的混合物，主要成分有氮气、氧气、二氧化碳等气体。此外，还含有水蒸气和尘埃等。在被污染的空气中还混杂有二氧化硫、氨气等有害气体。这些气体，除氮气外，其他都可以促进药品变质，其中以氧气、二氧化碳、水蒸气和灰尘对药品的影响最大。

（1）氧气 空气中氧气的化学性质很活泼。药品与空气中氧接触，很容易被氧化而变质。如酚类药物、芳胺类药物、含不饱和键的药物（如维生素 A、油脂等）、吩噻嗪类药物等，遇空气中的氧被缓慢氧化，产生变色、异臭、分解、失效，甚至产生毒性。此外，氧还有助燃性，有利于易燃药品的燃烧。

（2）二氧化碳 空气中的二氧化碳可使某些药品发生碳酸化而变质。例如磺酸类药物的钠盐、巴比妥类药物钠盐、苯妥英钠等和二氧化碳作用后，分别生成游离的磺胺类药物、巴比妥类药物、苯妥英而难溶于水。

2. 温度 对药品质量的影响很大，温度过高过低都能促使药品变质失效，尤其是生物制品、脏器制剂、抗生素等对温度要求更严。温度对药品的影响分为以下两种情况。

（1）温度过高

1）促进变质 温度升高可加速药品的变质，如生物制品、血液制品在室温下保管容易失效，需要低温冷藏（2～10°C 或 2～8°C）。

2）加速挥发与风化 温度升高可加速药品的挥发与风化，如咖啡因可失去分子中的结晶水。

3）破坏剂型 温度升高会破坏药品的剂型，如可使栓剂、胶囊剂软化变形，使糖衣片粘连，使软膏剂熔化分层等。

（2）温度过低

1）遇冷变质 可使一些生物制品、含蛋白制剂、乳剂及胶体制剂析出沉淀或变性分层。如甲醛溶液在 9°C 以下易聚合成为多聚甲醛而使溶液呈现浑浊或析出白色沉淀，葡萄糖酸钙注射液等饱和溶液久置冷处，易析出结晶不再溶解，而不能药用。

2）冻破容器、药品污染 温度过低可致容器因药液体积增加而破裂等，导致药品被污染。

3. 湿度 空气中水蒸气含有的多少，称为湿度。空气中水蒸气含量越大，相应的湿度也越大；反之，湿度就越小。目前，空气湿度的量值常采用两种表示方法。

饱和湿度（最大湿度）指在一定温度下，每立方米空气中所含水蒸气的最大量（单位为克/立方米）；相对湿度指空气中实际含有的水蒸气量（绝对湿度）与同温度同体积的空气饱和水蒸气量（饱和湿度）之百分比。

水分是化学反应的媒介，相对湿度是衡量空气中水蒸气饱和程度的一种量值，相对湿度大，表示潮湿，湿度过大能使药品吸湿而发生潮解、稀释、分解、发霉、变形等；相对湿度小，表示干燥，湿度过小可以促使药品风化。

（1）潮解 某些易溶于水的药品，能逐渐吸收潮湿空气中的水分，使其部分溶解呈现液状的现象。如氯化钙、水合氯醛、枸橼酸钠、硫代硫酸钠、氯化物、溴化物、盐类、干酵母等都易吸湿潮解，影响药品使用时剂量的准确程度，甚至使药品无法使用。

（2）稀释 某些具有吸水性的液体药品，能吸收潮湿空气中的水分，使其原有的浓度发生改变，影响其使用时剂量，如甘油、无水乙醇、浓硫酸、浓盐酸、乳酸、单糖浆等。

（3）分解　某些药品置于潮湿的空气中，药品吸收水分后容易发生分解变质。如碳酸氢钠吸湿后缓慢分解生成碳酸钠，并释放二氧化碳气体，使其碱性增强；阿司匹林吸湿后逐渐水解为醋酸和水杨酸。

（4）发霉　某些药品受潮吸湿后易滋生霉菌，造成发霉变质。如中药饮片、葡萄糖、胃蛋白酶以及某些生物制剂等。

（5）变形　药品吸湿受潮后，可使一些制剂的剂型发生形态改变。如片剂受潮后可因崩解剂的膨胀而使片形增大、疏松碎裂，或产生黏结、变硬造成不易崩解；糖衣片吸潮后可溶化粘连；胶囊剂受潮后可软化变形。

（6）风化　许多含有结晶水的药品在湿度过小的干燥空气中容易发生风化。如硫酸钠、硫酸锌、酒石酸锑钾、磷酸可待因、硫酸阿托品、盐酸奎宁、咖啡因等。药品风化后并不改变化学性质和疗效，但因失水后含量不定，可影响其使用剂量的准确性。

4. 光线　红外线有显著的热效应；紫外线能量较大，它能直接引起或促进（催化）药品的氧化、变色、分解等化学反应。

（1）变色　有些药品经光照射以后，可发生颜色改变。如磺胺类药物遇光渐变黄色，肾上腺素受光影响可逐渐变为红色至棕色，使疗效降低或失效。

（2）分解　有些药品受光线作用后，可发生分解。如过氧化氢溶液见光分解成水与氧气，氯化亚汞（甘汞）遇光能逐渐分解生成汞，变深灰色，汞升华对人体有剧毒。

（3）氧化　许多药品在有空气或氧气存在时，遇光能加速其氧化过程。如三氯甲烷在空气中见光后经氧化分解产生有毒的光气及氯化氢，维生素 A、维生素 D 在光、氧等的影响下，易于氧化失效。

5. 微生物和昆虫　微生物（细菌、霉菌、酵母菌）和昆虫很容易进入包装不严的药品内，它们的生长、繁殖是造成药品腐败、发酵、虫蚀等变质现象的一个主要原因。尤其是一些含有营养物质（如淀粉、糖、蛋白质、脂肪等）的制剂，如糖浆剂、片剂及一些中草药制剂，更易发生霉变和虫蛀。

6. 时间　储存时间较长是药品变质的重要原因，如抗生素、生物制品等，较长时间储存使有效成分含量下降或毒性增加。还有些性质不稳定的药品，如乳剂、水剂、栓剂等保管时间过长也会影响质量。

二、保管方法 微课

（一）一般保管方法

（1）一般药品都应按照药典“贮藏”项下规定的条件进行储存与保管，或根据药品的性质、包装、出入库规律及仓库的具体条件等因地制宜进行，从而确保药品质量正常、数量准确、储存安全。

（2）分类储存药品，做好货位编号及色标管理。

（3）药品堆放整齐，物距合理。药品实行分开摆放，药品与非药品、外用药与其他药品分开存放；中药材和中药饮片分库存放。拆除外包装的零货药品应当集中存放在零货区或零货柜，零货区货架上药品与非药品、外用药与其他药品分开存放。

（4）保持库房、货架的清洁卫生，定期进行扫除和消毒，做好防盗、防火、防潮、防霉、防污染、防虫、防鼠等工作。

（5）建立药品保管账（卡），记载药品进、出、存动态，按季度盘点并检查质量，保管账、卡、货相符。

（6）加强安全防护措施，确保仓库、药品和人身安全。

请你想一想

零售药店储存实施色标管理，待验区、退货区设置的颜色是什么？合格品区、发货区设置的颜色是什么？不合格品区设置的颜色是什么？

（二）药品的特殊保管方法

1. 性质不稳定药品的保管方法 影响药品质量的因素主要是阳光、空气、湿度、温度、时间。

（1）受光线影响而变质药品 凡遇光易引起变化的药品，可采用棕色瓶或用黑色纸包裹的玻璃器包装，以防止紫外线的透入，如银盐、过氧化氢溶液等。

见光容易氧化、分解的药物，必须保存于密闭的避光容器中，并尽量采用小包装，如肾上腺素、乙醚等。

需要避光保存的药品，应放在阴凉干燥、光线不易直射到的地方（门、窗可悬挂遮光用的黑布帘、黑纸，以防阳光照射）。

（2）易受湿度影响而变质的药品 易吸湿的药品，可用玻璃瓶软木塞塞紧、蜡封、外加螺旋盖盖紧。易挥发的药品，应密封，置于阴凉、干燥处。易风化药品也不宜储存于过于干燥和温度过高的环境，以免失去结晶水，影响剂量准确。

（3）易受温度影响而变质的药品 “室温”指 10 ~ 30℃；“阴凉处”或“凉暗处”是指不超过 20℃；“冷处”是指 2 ~ 10℃。一般药品储存于室温即可。通常，对多数药品贮藏温度在 2℃以上时，温度越低，对保管越有利。

（4）易串味的药品 应储存于凉处，与一般药品特别是吸附性药品要隔离存放，如药用炭、淀粉、滑石粉等药品由于表面积大具有吸附作用，极易串味。

2. 特殊管理药品的保管方法 根据我国有关法律、法规的规定，特殊管理药品是指麻醉药品、精神药品、医疗用毒性药品、放射性药品。

（1）麻醉药品和精神药品 麻醉药品和第一类精神药品必须严格实行专库（专柜）保管，二者可存放在同一专用库（柜）房内。专库（柜）必须执行双人双锁保管制度，仓库内须有安全措施，如报警器、监控器。报警装置应当与公安机关报警系统联网。建立麻醉药品、精神药品的专用账册，专人登记，定期盘点，做到账物相符，发现问题，立即报告当地药品监督管理部门。专用账册的保存期限应当自药品有效期满之日起不少于 5 年。

麻醉药品入库前，应坚持双人开箱验收、清点，双人签字入库制度。麻醉药品、第一类精神药品出库时要有专人对品名、数量、质量进行核查，并由双人复核，发货人、复核人共同在单据上盖章签字。

由于破损、变质、过期失效而不可供药用的品种，应清点登记，单独妥善保管，并列表上报药品监督管理部门，听候处理意见。如销毁必须由药品监督管理部门批准，监督销毁，并由监督销毁人员签字，存档备查，不能随便处理。

麻醉药品的大部分品种，特别是针剂遇光变质，药品库（柜）应注意避光，采取遮光措施。

第二类精神药品经营企业可储存于普通药品库中，应当在药品库房中设立独立的专库或者专柜储存第二类精神药品，并建立专用账册，实行专人管理，专用账册的保存期限应当自药品有效期满之日起不少于5年。

（2）医疗用毒性药品　必须储存于专用仓库或专柜加锁，并由专人保管。库内需有安全措施，如警报器、监控器，并严格实行双人、双锁管理制度。毒性药品的验收、收货、发货均应坚持双人开箱、双人收货、发货制度，并共同在单据上签名盖章。

毒性药品在建立收支账目、定期盘点，以及对不可供药用的毒性药品的销毁等方面的规定和要求与麻醉药品相同。

（3）放射性药品　应严格实行专库（柜）、双人双锁保管，专账记录。出库验发时要有专人对品种、数量进行复查。过期失效而不可供药用的药品，不得随便处理。

放射性药品的储存应有与放射剂量相适应的防护装置；放射性药品置放的铅容器应避免拖拉或撞击。

3. 贵细药品的保管方法　贵细药品是指货源较少或比较昂贵的药品或中药材、中药饮片。

贵细药品入库应双人逐件验收、称量，储存设专库实行双人双锁保管，库房有安全防盗设施。出库做到双人发货复核，有专账记录，每月盘点，做到账物相符。

4. 危险品的保管方法　危险品是指具有毒害、腐蚀、爆炸、燃烧、助燃等性质，对人体、设施、环境具有危害的剧毒化学品和其他化学品。

（1）危险品的主要特征及性状

1）易爆炸品　指受到高热、摩擦、冲击后能产生剧烈反应而发生大量气体和热量，引起爆炸的化学药品，如苦味酸、硝化纤维、硝酸铵、高锰酸钾等。

2）自燃及易燃烧的药品　如黄磷在空气中能自燃；金属钾、钠遇水后，以及炭粉、锌粉及浸油的纤维药品等极易燃烧。

3）易燃液体　指引燃点低，易于挥发和燃烧的液体，如汽油、乙醚、石油醚、乙醇、甲醇、松节油等。

4）极毒品及杀害性药品　氰化物（钾、钠）、亚砷酸及其盐类、汞制剂、可溶性钡制剂等。

5）腐蚀性药品　如硫酸、硝酸、盐酸、甲酸、冰醋酸、苯酚、氢氧化钾、氢氧化钠等。

（2）保管方法　此类药品应储存于危险品库内，不得与其他药品同库储存，并远离电源，专人负责保管。如少量危险品必须与其他药品同库短期储存时，亦应保持一定的安全距离，隔离存放。危险品应分类堆放，特别是性质相抵触的物品（如浓酸与强碱）。灭火方法不同的物品，应该隔离储存。

氧化剂保管应防高热、日晒，与酸类、还原剂隔离，防止冲击摩擦。钾、钠等金属应存放于煤油中；易燃品、自燃品应与热隔绝，并远离火源，存放于避光阴凉处。

危险品库内应有通风降温设备。堆垛应稳固，不宜过高、过密，垛与垛之间、垛与墙壁之间，应该留出一定的间距、通道和通风口，以减少隐患。

注意安全操作，搬运时应轻拿轻放，防止震动、撞击、摩擦、重压和倾倒。在室内禁用铁器开箱或敲打，不得穿钉鞋入库出库。金属容器应避免拖拉或撞击。收发货时，开箱、整装、打包等工作应另辟专室进行。

危险品的包装和封口必须坚实、牢固、密封，并应经常检查是否完整无损和无渗漏，出现异常情况必须立即进行安全处理。

危险品库应严禁烟火，不准进行明火操作，并应有消防安全设备（如灭火机、沙箱等）。

5. 效期药品的保管方法　药品的有效期是指药品在规定的储存条件下，能够保持质量合格的期限。有些药品因其性质或效价不稳定，尽管储存条件适宜，时间过久也会逐渐变质、失效。效期药品应按批号储存，按效期远近依次堆码，近效期的药品应挂示醒目的效期标志。

计算机系统应对库存药品的有效期进行自动跟踪和控制，自动生成效期报表。药品的有效期在六个月以内为近效期，计算机系统应能对近效期库存药品自动预警；要建立近效期药品月报制度和设置专用卡片；严格执行先进先出、近期先出、易变先出的原则，对有效期不到半年的药品不得验收入库；近效期药品每月应填《近效期药品催销表》上报给业务部和质量管理部。

对已过效期的药品应严格控制，及时移入不合格品库。采用计算机系统对库存过期自动锁定、停售。已过效期药品的处理、报损和销毁应按不合格药品的规定执行，手续齐全，记录完整。

6. 退货药品的保管方法　药品经营企业对销后退回的药品，凭销售部门开具的退货凭证收货，存放于退货药品库（区）。退货的危险品及有存储温度要求的药品按规定存入相应的库（区）内，并悬挂黄牌标识。

退货的药品由专人保管，并做好退货记录。

对所有退回的药品，应按采购药品的进货验收、检验的标准和验收操作进行验收，并将验收情况及时、如实登入《退货药品处理情况记录》。退货记录和凭证包括《退货通知单》《销后退货药品台账》《退货来函》等。退货记录至少保存5年。

销后退货药品经质管部确认为合格药品的，由保管人员记录后方可存入合格品库（区）内。不合格药品由保管人员记录后方可存入不合格品库（区）内。

7. 中药材、中药饮片的保管与养护 按照不同品种养护目的的不同和季节的变化，企业应在养护过程中采取有针对性的合理措施。中药饮片库房一般要求干燥通风，避免日光直射，室内温度不超过20℃，相对湿度为35%～75%，饮片含水量控制在13%以下（特殊饮片除外）。

为防止霉变腐败，可采取晾晒、通风、干燥、吸湿、熏蒸、盐渍及冷藏等方法。为防止虫害，可采取暴晒、加热、冷藏、药物熏蒸等方法。为防止药性挥发，可采取密封、降温等方法。为防止变色、泛油，可采取避光、降温等方法。对包装严密的中药饮片，不宜采用熏蒸、加热等方法，应采用冷藏、避光等有效的养护措施。

你知道吗

家庭药品保管

许多家庭会购买一些常用药品，如果不注意科学合理地保管药品，就可能会造成一些药品过期、变质。因此，科学保管家庭药品非常重要，按照以下操作可以减少不必要的药品损耗。

（1）保留药品原包装 药品最好保留原包装，这样便于识别，便于掌握用法、用量。

（2）建立药品档案 建一张药品档案卡，将药品分类登记，登记内容包括名称、用途、用法、用量、注意事项、失效期、保管方法等。

（3）按正确保管方法保管家庭药品 注意避光、控温、防潮等。

（4）注意失效期或变质 经常查看药品是否超过有效期或变质。

（5）防意外 将药品放在安全可靠的地方，不要让儿童拿到，以免其偷服、误服而发生中毒。

三、门店防损

为避免商品保管不当导致损耗，需要做到以下几点。

1. 注意门店的日晒 对于有避光要求的药物不要放在太阳下直晒，以免加速药物的变质。

2. 注意门店的温度 门店的温度应适宜，不宜过高，也不宜过低，因有些药物高温下易变质，对于低温保存的药物，需放置在冷藏柜中。

3. 注意药店的湿度 门店湿度过大，有些药品易受潮；湿度过低，有些药品易风化，两者都会造成药品的损耗，相对湿度要求为35%～75%，南方梅雨季节相对湿度多超过75%，需做好防潮准备。

4. 遵循先进先出原则 如果未按先进先出原则操作，容易出现门店药品大批量的近期及过期现象，所以在售卖药品时，需先销售保质期短的药物，减少药品的损耗。

实训四 模拟训练药品验收

岗位情景模拟

一、实训目的

全面掌握来货验收操作程序。

二、实训准备

1. 实训场地 模拟待验区。

2. 实训材料 工作服、若干药品、随货同行单（两联）、药品检验报告书、计算机、各种记录表格（药品验收记录表、质量验收拒收报告单等）等。

三、实训指导

GSP 对药品验收的要求如下。

1. 收货人员对符合收货要求的药品，应当按品种特性要求放于相应待验区域，或者设置状态标志，通知验收。冷藏、冷冻药品应当在冷库内待验。

2. 验收药品应当按照药品批号查验同批号的检验报告书。供货单位为批发企业的，检验报告书应当加盖其质量管理专用章原印章。检验报告书的传递和保存可以采用电子数据形式，但应当保证其合法性和有效性。

3. 企业应当按照验收规定，对每次到货药品进行逐批抽样验收，抽取的样品应当具有代表性。

（1）同一批号的药品应当至少检查一个最小包装，但生产企业有特殊质量控制要求或者打开最小包装可能影响药品质量的，可不打开最小包装。

（2）破损、污染、渗液、封条损坏等包装异常以及零货、拼箱的，应当开箱检查至最小包装。

（3）外包装及封签完整的原料药、实施批签发管理的生物制品，可不开箱检查。

4. 验收人员应当对抽样药品的外观、包装、标签、说明书以及相关的证明文件等逐一进行检查、核对；验收结束后，应当将抽取的完好样品放回原包装箱，加封并标示。

5. 特殊管理的药品应当按照相关规定在专库或者专区内验收。

6. 验收药品应当做好验收记录，包括药品的通用名称、剂型、规格、批准文号、批号、生产日期、有效期、生产厂商、供货单位、到货数量、到货日期、验收合格数量、验收结果等内容。验收人员应当在验收记录上签署姓名和验收日期。

中药材验收记录应当包括品名、产地、供货单位、到货数量、验收合格数量等内容。中药饮片验收记录应当包括品名、规格、批号、产地、生产日期、生产厂商、供货单位、到货数量、验收合格数量等内容，实施批准文号管理的中药饮片还应当记录批准文号。

验收不合格的还应当注明不合格事项及处置措施。

7. 企业应当建立库存记录，验收合格的药品应当及时入库登记；验收不合格的，不得入库，并由质量管理部门处理。

8. 企业按本规范进行药品直调的，可委托购货单位进行药品验收。购货单位应当严格按照本规范的要求验收药品，并建立专门的直调药品验收记录。验收当日应当将验收记录相关信息传递给直调企业。

四、实训方法

6 人一组进行训练，各小组按验收流程操作，教师进行现场指导、点评。

五、实训步骤

1. 验收员接货 验收员接过收货员交接的随货同行单和同批号药品检验报告书，到待验区进行验收。

2. 验收过程

（1）单据与实货核对　首先清点大件数量，然后根据随货同行单逐一核对品名、规格、数量、生产批号、有效期至、生产企业、批准文号。

（2）检查同批号药品检验报告书　品名、规格、批号、检验结论、检验报告书印章。

（3）样品检查　按抽样原则对到货药品进行逐批抽取样品，进行包装质量检查、产品合格证、标签说明书、药品外观性状检查。

（4）封箱贴签　验收结束后，药品验收人员将抽样检查后的完好样品放回原包装，进行封箱，并在抽验的整件包装上标明抽验标志。

3. 填写验收记录

（1）验收类型分为一般药品验收和特殊管理药品验收，根据药品特性选择验收记录。

（2）记录、填写“有效期至”“批号”验收结论，验收员签字。

（3）如果是多批次的药品入库，则需要分批填写。

（4）如果在验收时发现不合格产品，确认为拒收，则如实填写“合格数量”和“拒收数量”。

4. 验收结果的处理

（1）合格，验收员通知保管员入库，把随货同行单起交给保管员。

（2）不合格，根据不同情况进行拒收处理。

（3）填写药品拒收报告单。

5. 操作要点和注意事项

1. 验收是对购进药品抽样和销后退回药品进行逐批验收。

2. 药品质量检查验收包括：药品外观性状检查和药品包装、标签、说明书及标识的检查。

3. 如果属于特殊管理药品，需要双人验收，并逐件验收至每最小包装；如果是蛋白同化制剂和肽类激素（胰岛素除外），需要专人验收。

4. 验收合格与不合格都要填写验收记录。

六、考核方式

根据现场表现，教师按验收操作评分细则进行打分，学生之间相互评价，并点评问题。

序号	配分等级	评分标准	得分
1	20	合格证明文件核查	
2	10	运输包装检查	
3	20	开箱抽样	
4	10	最小包装检查	
5	10	说明书检查	
6	10	药品还原、贴签封箱	
7	20	制作验收记录、填写拒收单	
合计配分	100	合计得分	

目标检测

一、选择题（1～9 单选题，10～12 多选题）

1. 从事中药材、中药饮片验收工作的人员应当具有（ ）。

A. 中药学专业中专以上学历或者具有中药学中级以上专业技术职称

B. 具有药学或者医学、生物、化学等相关专业中专以上学历或者具有药学初级以上专业技术职称

C. 中药学专业大专以上学历或者具有中药学中级以上专业技术职称

D. 具有药学或者医学、生物、化学等相关专业大专以上学历或者具有药学初级以上专业技术职称

2. 药品验收的一般流程包括（ ）。

A. 检查运输工具和运输状况、核对随货同行单、检查药品外包装与核对药品实物、单据签字、填写收货记录、码放药品、交接单据

B. 单据和货物核对查验、检验合格证明文件、抽取样品、检查样品的外观包装

标签说明书、填写验收记录和入库交接等环节

C. 核对入库药品信息、按验收结论及存储条件选择适宜的库区和货位

D. 拣货、复核、填写出库复核记录、转移至发货区、出库

3. 验收员按照随货同行单再次核对药品实物，并检查随货同行单是否加盖（　　）。

A. 供货单位“入库专用章”原印章

B. 供货单位“出库专用章”原印章

C. 供货单位“收货专用章”原印章

D. 供货单位“验收专用章”原印章

4. 对到货的同一批号的整件药品，整件数量为80，应抽样检查的件数是（　　）。

A. 3　　B. 4　　C. 5　　D. 6

5. 下列情况中，除（　　）外，均应开箱检查至最小包装。

A. 外包装及封签完整的原料药和实施批签发管理的生物制品

B. 破损、污染、渗液、封条损坏等包装异常药品

C. 零货、拼箱药品

D. 无完好外包装的销后退回药品

6. 药品验收中常见的异常情况有（　　）。

A. 供货单位对随货同行单（票）与采购记录、药品实物不相符

B. 运输条件不符

C. 药品外包装出现破损、污染、标识不清等情况

D. 药品合格证明文件不全或与到货药品不符

7.《中华人民共和国药品管理法实施办法》规定，医疗用毒性药品的标识应为（　　）。

A. 白底绿字　　B. 白底黑字

C. 黑底白字　　D. 白底红字

8. 验收员应在（　　）待验区内完成冷链药品的验收。

A. 冷库

B. 常温库

C. 阴凉库

D. 冷库、常温库、阴凉库三个库区均可

9. 验收员查看药品的最小包装的标签、说明书后，对片剂进行外观检查时需要注意（　　）。

A. 有无漏粉、漏液、黏软变形和霉变生虫等

B. 有无受潮而外观不透明或软化变形、有无酸败等

C. 有无漏气、漏液、能否喷射等

D. 有无裂片、松片、花斑、变色、粘连和脱衣等

10. 以下选项中属于验收时不合格的情况是（　　）。

A. 药品说明书的内容不符合药品监督管理部门批准

B. 整件包装中无出厂检验合格证

C. 最小包装的封口不严、有破损、污染或渗液

D. 药品外观性状不符合要求

11. 以下选项属于影响药品质量的外在因素是（　　）。

A. 空气　　B. 药物的相对密度

C. 温度　　D. 微生物

12. 保管过程中温度过高，药物易发生（　　），导致变质。

A. 加速变质　　B. 加速挥发与风化

C. 破坏剂型　　D. 冻破容器、药品污染

二、简答题

1. 简述验收抽样时遇到哪些情况需要加倍抽样进行再检查？

2. 简述受光线影响而变质药品的保管方法。

书网融合……

微课　　划重点　　自测题

项目五 药品陈列与养护

学习目标

知识要求

1. **掌握** 药品陈列流程；重点位置的陈列标准；药品养护的操作内容。
2. **熟悉** 药品陈列的原则、技巧、注意事项；常见的药品养护措施。
3. **了解** 药品陈列、养护的概念。

能力要求

1. 能按照要求完成药品陈列。
2. 能完成药品养护的常规操作。

任务一 药品陈列

PPT

岗位情景模拟

情景模拟 某药店新购进一批药品，有阿卡波糖片、枸橼酸铋钾胶囊、健胃消食片、止咳糖浆、六味地黄丸、感康、复方氨酚烷胺片、阿莫西林胶囊、罗红霉素胶囊、速效救心丸、胃苏颗粒、伤湿止痛膏、妇炎洁、龙牡壮骨颗粒、钙尔奇、复方大青叶片、维生素C银翘片、维生素C片、维生素C泡腾片、云南白药创可贴、复方阿胶浆、东阿阿胶等数十个品种。验收完后，店长让实习生小李将药品尽快上架。小李按照以前学到的知识，很快就将药品依据功能主治、剂型、销售频次的不同陈列到了货架上。

讨论 1. 药品陈列时分类的依据是什么？

2. 为什么热销的药品大都陈列在顾客触手可及的地方？

3. 为什么某些廉价的常用药被陈列在不显眼的位置？

药品陈列是指在遵守相关法律法规的前提下，充分利用门店资源，合理布局、科学分类，通过调整货架摆放顺序、药品摆放位置以及对药品堆码方式艺术造型，以达到提升产品形象、突出产品特点、吸引顾客注意力、激起顾客购买欲望并最终提升销售的目的，药品陈列有以下功能。

1. 传递药品信息，方便顾客购药 药品陈列具有传递药品信息的功能。整齐美观、重点突出的陈列可以传递给顾客更多的药品信息。这样不仅能够提高顾客选购药品的主动性，而且还可以减少顾客咨询时间，缩短交易过程，提升工作效率。

2. 引导顾客消费，促进药品销售 “优秀的陈列是无声的销售员”。优秀的陈列能够通过视觉冲击、文字诱导，很大程度上激起顾客购买欲望，达成销售目的。良好的陈列一般会有以下特点。

（1）陈列位置醒目、陈列面多而整齐，能够第一时间抓住顾客视线。

（2）陈列位置不高不低，方便顾客或店员取拿。

（3）类似药品放在一起，便于顾客比较、选择。

（4）价格清晰，方便顾客衡量。

（5）陈列位置利于药品养护。

不良的陈列布局，往往不能方便顾客获取药品信息和选择药品，妨碍药品销售。因此，不良陈列等同于无陈列。

3. 提升药店形象，增强药店竞争力　科学合理的药品陈列对提升药店形象具有重要作用。杂乱无章、毫无美感的陈列会使顾客对该药店的专业性、药品的质量产生疑问；主次分明、整洁美观的陈列则会给顾客留下经营有方、认真待客的印象。陈列也有美化销售环境的效果，富有艺术性和感染力的陈列将大大增加顾客的视觉美，进而提高药店的形象与档次。

陈列可以增强药店的销售竞争力。药品陈列具有丰富的表现力和强大的吸引力，陈列得好，不仅能获得顾客的信任，而且能引起顾客的购买欲望，达成销售。因此，在越来越饱和的市场竞争中，药品陈列已经成为提升药店竞争力的一项重要内容。

一、药品陈列的原则

1. 法定原则　药品经营单位要严格按照《药品经营质量管理规范》对药品陈列的要求来管理药品。

（1）按剂型、用途以及储存要求分类陈列，并设置醒目标志，类别标签字迹清晰、放置准确。

（2）药品放置于货架（柜），摆放整齐有序，避免阳光直射。

（3）处方药（Rx）与非处方药（OTC）分区陈列，并有处方药、非处方药专用标识。

（4）处方药不得采用开架自选的方式陈列和销售。

（5）外用药与其他药品分开摆放。

（6）拆零销售的药品集中存放于拆零专柜或专区。

（7）第二类精神药品、毒性中药品种和罂粟壳不得陈列。

（8）冷藏药品放置在冷藏设备中，按规定对温度进行监测并记录，并保证存放温度符合要求。

（9）中药饮片斗前写正名正字；装斗前应当复核，防止错斗、串斗；应当定期清斗，防止饮片生虫、发霉、变质；不同批号的饮片装斗前应当清斗并记录。

（10）经营非药品应当设置专区，与药品区域明显隔离，并有醒目标志。

2. 清洁卫生原则　是指店内地面、货架、药品包装等都要清洁卫生。店内地面干净，无灰尘，无水迹；货架表面无灰尘，货架上无药品外的其他残留物，货架上无铁锈等斑痕；药品在保质期内，外包装完好，表面无灰尘、无污迹；其他陈列物表面清洁，陈列整齐。

清洁卫生对药店形象塑造是极为重要的，洁净的店面和整齐的商品能使顾客有赏心悦目的感觉，而脏乱的店面和混乱驳杂的商品则让顾客产生陈旧、管理混乱、档次低的感觉。因此，药品经营单位一定要做好店面的清理、清扫工作，保持药品外观清洁，及时更换损坏品、瑕疵品或到期品，不能任其蒙尘而有损店面、品牌形象。总之，要保证陈列的药品能以最好的面貌（新、净、齐）出现在顾客面前，以维护品牌形象，刺激顾客的购买欲望。

3. 盈利原则 好的陈列必须能有助于增加销量，不能增加销售的陈列绝不是优秀的陈列。店内主推商品、高毛利商品，必须占据好的陈列位置。该位置的要求是顾客流动量要大、视线要容易触及，满足条件的是货架端头、堆头、货架最上两层。陈列时要根据药品包装的大小、形状、材质等科学合理地分配空间、艺术造型，尽可能地使顾客第一眼就能注意到。

在销售过程中，除顾客指名要购买的药品外，顾客看不到的药品，是不会考虑购买的。因此，主推商品及畅销新产品必须占所有陈列空间70%以上的面积，每个类型的产品要连续4盒以上并排摆放，才能取得较好的视觉效果。

4. 易见易取原则 易见易取是药品要陈列在顾客容易看到、拿到的位置，这样便于顾客挑选药品。其要点为：药品正面面向顾客，不被其他药品挡住视线；货架最底层不易拿到的药品要倾斜陈列或前进陈列；货架最上层不宜陈列得过高，不宜陈列太重、易碎的药品；整箱药品不要上货架，中包装药品上架前须全打码上架；对卖场主推的新品和DM单上宣传的药品突出陈列——陈列在端架、堆头或黄金位置，让顾客容易看到药品，从而起到最好的陈列效果。陈列器具、装饰品以及药品POP不要影响店内购物顾客的视线，也不要影响店内照明光线。

中等身材的顾客站立时自然注视、伸手可及的范围，即从地面开始60～180cm的范围，被称为药品有效陈列范围，在此空间陈列重点药品是增加销售额的关键。反之，60cm以下、180cm以上，是顾客难以接触的空间，大多进行非重点药品的陈列。药店靠墙单面货架一般高220cm左右，最佳陈列范围是120～170cm，用来陈列主推药品或高毛利药品。现在药店内大多数货架是开放式货架，高度一般为135cm左右，最容易注视、接触的范围是80～120cm的空间，即货架第一、二层，称之为黄金陈列带。黄金陈列带一般用来陈列主推药品、畅销药品或季节性药品，瞄准的是增加销售的目标。在黄金陈列带的上下，一般用来陈列次推药品或一般药品。

药店封闭式玻璃柜台高度一般为90～100cm，中间用两片玻璃隔板隔成三段，这种柜台一般用来陈列贵重药品，比较适宜采用堆码陈列或“排队”陈列的方式。玻璃柜台上层最易获取顾客视线，用来陈列主推药品和高毛利药品，第二层位置用来陈列一般药品，下层位置较难被顾客看见，一般陈列冷背药品。陈列时要将药品商标、图案面向顾客。贵重药品在陈列时要合理进行艺术造型或辅助装饰，突出药品的高端品质。

5. 先进先出原则　所有药品都有有效期，超出有效期即被定为劣药，是不允许销售的，因此药品必须在有效期内销售完。顾客自主取药总是会拿取最前排的药品，为了保持药品整体有相对好的效期，在补充药品时应依照先进先出的原则来进行——将原药品或近效期药品放在最前排，便于销售。

6. 关联性原则　药店自选区（OTC 和非药品区）非常强调商品之间的关联性。如感冒药区常和清热解毒药、消炎药、止咳药相邻，皮肤科用药和皮肤外科用药相邻，妇科药和儿科药相邻，维生素类和钙制剂类放在一起等。在顾客消费时能产生连带性，其目的是使顾客购买商品 A 后，也顺便购买陈列在旁边的 B 商品或者 C 商品。这样不仅增加了销售量，也方便了顾客购物。

7. 满货陈列原则　满货陈列就是将药品在货架上的陈列区域摆满。这种陈列产生“多就是美”的视觉美感及“便宜”“丰富”的心理暗示，从而激起顾客的购买欲望。满货陈列多适用于特价药品、季节性药品、新上市的药品、广告媒介大量宣传的药品等。陈列时，如遇到药品数量不足的情况，首先要保证第一排摆满，另外也可在适当位置用空的展示盒填充，设法使陈列量显得丰富。

8. 纵向陈列原则　纵向陈列是与横向陈列相对而言的，是指同种药品跨越不同层面从上往下纵向陈列。相较于横向陈列，其优点为：顾客在挑选药品时的视线往往上下移动较横向移动方便，所以纵向陈列既方便顾客，又能满足药品的促销效果；货架的不同层次对药品的销售影响很大，垂直陈列可使各药品平等享受到货架不同的层次，不至于某药品占据好的层次而销量很好，而其他药品在比较差的层次销量很差。

你知道吗

人的视觉上下垂直移动方便，其视线是上下夹角 25°。顾客在离货架 30～50cm 距离挑选商品，就能清楚地看到 1～5 层货架上陈列的商品。而人视觉水平移动时，就要比上下垂直移动差得多，因为人的视线左右夹角是 50°，当顾客距货架 30～50cm 距离挑选商品时，只能看到横向 1m 左右距离内陈列的商品，这样就会非常不便。实践证明两种陈列所带来的效果不一样。

9. 主辅结合原则　药店药品种类繁多，根据周转率和毛利率的高低可以划分为以下四类药品：①高周转率、高毛利的药品，这类药品一般是店内主推品种，需要在店内最显眼的位置进行量感陈列。②高周转率、低毛利的药品，如感康、999 感冒灵等广告药品，这类药品需要控制其销量。③低周转率、高毛利药品，这类药品需要提升销量。④低周转率、低毛利的药品，这类药品将被淘汰。

主辅陈列主要目的是用高周转率的药品带动低周转率、高毛利药品的销售。例如将感康、复方氨酚烷胺片陈列在一起，二者同属于感冒药，只是制造商不一样，感康品牌大，顾客购买频率高，属于高周转率药品，但其毛利非常低，所以要推出一些同类替代药品以增加卖场销售毛利。将复方氨酚烷胺片等同类药品与感康相邻陈列，且陈列面大于感康，不仅使店员推销时有主推方向，又可以增厚利润。

10. 季节性原则 很多药品的销售都有季节性。四季变化，门店的商品展示也要有变化。在陈列时，应随季节不同而体现不同的主题：春季宜以防流感、清肠、排毒、瘦身为主；夏季的主题便是清热解毒、防暑降温、防晒止痒、补水保湿等；秋季的主题应是滋补与防干燥；而护肤、防冻、保暖则是冬季的主题。不同季节，只要选对商品，对顾客自会有吸引力。

> **请你想一想**
>
> 在药品陈列工作中，上述原则哪些是必须遵守的？哪些是选择性遵守的？这些原则成立的条件分别是什么？

二、药品陈列流程与技巧

（一）药品陈列的流程

药品陈列从根本上讲是一种具有展示、促销功能的药品存储方法，操作单元就是：将某药品以某种形式陈列在某位置。现在的药店大多采用电脑软件管理库存，因此相较于原来的陈列，在操作上有新的变化。

1. 首营品种第一次上架陈列时，首先要明确其属性（功效分类、剂型等），确定其陈列位置，在电脑上分配货位，录入信息（品名、批号等），后续操作与在售药品一致，根据陈列位置和商品外观选择适当的陈列形式按照先进先出原则进行陈列。

2. 在售药品新货上架陈列可按照如下流程操作。

（1）调整陈列位置，撤下原商品。

（2）清洁货架、商品卫生。

（3）查看原有药品与上架药品有效期、批号，然后根据先进先出的原则，采用适宜的形式将药品陈列到相应位置上。

（4）陈列完成后，清洁现场卫生，并再次检查商品价签信息是否与商品相符，药品陈列流程如图 5-1 所示。

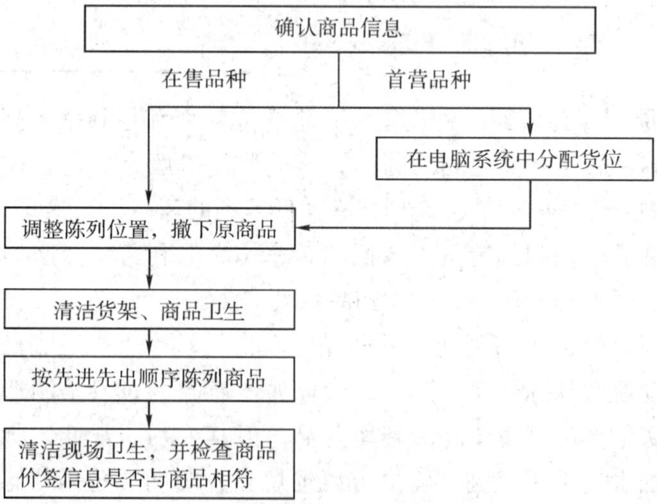

图 5-1 药品陈列流程图

3. 在售药品调整货位或更换陈列方式与在售药品新货上架陈列流程一致。

（二）陈列的基本知识与技巧

1. 陈列点　即陈列位置，只有将药品以适当的形式陈列在适当位置，才能最大限度地提升品牌形象，提高销量。以开放式货架陈列为例，以下位置为较好的陈列点：①顾客进店，第一眼看到的位置，即店内正对门口的位置；②客流量最大的通道两边；③正对卖场光源，光线充足的位置；④各个方向不阻挡视线的位置；⑤同类药品的中间位置；⑥顾客易拿取的位置；⑦热销品牌药品周边位置；⑧收银台边的位置；⑨店员经常站立的位置旁边。

2. 陈列面　是指药品面向顾客的单侧外包装面（一般指药品外包装的正面）。通过市场调查表明，销售额可随着陈列面增大而增加。陈列面数分别为 2、3、4、5 倍时，销售量相应增加 5%、30%、60%、100%。药品陈列面越大、越多，吸引的顾客就会越多，药品被购买的概率就越大。

3. 二次陈列　是指同一药品在店内不同区域陈列两次或两次以上。例如，钙剂一般陈列在矿物类药中，也可在儿童、老年人用药区域再次陈列，这样就增加了展示机会，促进了销量。

4. 花车、堆头陈列　花车是药店用来临时展示促销的折叠车；堆头又称地堆或堆垛，是商超常见的一种陈列式促销形式，很早以前就被引入到药店陈列中来。花车、堆头陈列相似，其作用有两点：一是为了促进销量，二是为了展示形象。顾客走进药店，花车、堆头往往是第一眼缘的选择对象。花车、堆头陈列主要在于增加陈列面，吸引顾客注意，一般都伴有特价促销活动。这种陈列方式可以最大限度地展示促销活动内容和促销赠品。有时是一个品牌产品单独陈列，有时会是几个品牌的组合陈列。花车、堆头陈列一般应用于特价促销、季节性促销、节庆促销、新上市药品展示促销等。

5. 端头陈列　所谓端头是指药店内双面货架两头的端头货架。端头是顾客流量最大，往返频率最高的地方，一般用来陈列要推荐给顾客的新药品或利润高的药品。从顾客视角上说，可从三个方面看到陈列在这一位置的药品，因此端头是药品陈列极佳的黄金地段，是卖场中最能吸引顾客的位置。端头陈列的商品可以是单一品种商品，也可以是组合商品，后者效果更佳。在美国曾进行过一项调查，调查资料显示：将单一的商品陈列改为组合商品陈列，销售额会大大提高。

6. 主题陈列　是在陈列时围绕一个主题来布置。其陈列常分为节日陈列（以节日为主题）、事件陈列（促销、特价、厂家活动）、场景陈列（诱发顾客购买行为，吸引过往人群的注意力，如养生、补血、减肥）等。在进行主题陈列设计时，首先要保证顾客第一眼就能知道活动主题是什么，有什么优惠活动；其次要合理使用海报、爆炸贴、装饰品来烘托气氛；第三是要注意陈列色调要符合主题，例如补血主题要以红色色调为主。

7. 悬挂陈列　是指将小包装或轻便的药品悬挂在货架端头、收银台或其他客流量较大区域的一种陈列方式。它能使顾客从不同角度直接看到或触摸到药品。如今许多OTC药品或保健品已有便于悬挂的包装上市。悬挂陈列能使药品产生很好的立体感效果，并且能增添卖场的陈列方法。季节性小包装商品经常进行悬挂陈列。

8. 死角陈列 是指将生活中的必需药品、常用药品、品牌产品，陈列在药店各个死角，使顾客必须走遍全部卖场才能取到，以此来提高全部药品的销售机会。

9. 堆叠陈列法与阶梯陈列法 堆叠陈列法是将药品堆叠起来，使其陈列面变大、变高，以突出其形象。阶梯陈列法与堆叠陈列法相似，是以阶梯造型陈列药品，增强其层次感。阶梯陈列分为单品种陈列和多品种陈列，多用于货架顶层陈列和配合花车、堆头陈列。陈列时小型、便宜的、暗色系、季节性、常用药品置于前方，大型、贵重、亮色系药品置于后列。

10. 空盒造型陈列 为了提高产品关注度，可以用透明胶将空盒黏连成不同的形状，如彩虹形、字母形，然后置于货架端头，既不占货架的面积，又可以更加突出地吸引顾客注意，充分加大陈列面。但选择空盒展示所需的药品并不是随意的，而应该有针对性地选择一些热销品种。这种独特的陈列是一种巧妙而有效的产品推介方法，效果也比较明显。要注意的是，空盒和实物应放在一起或者两者的距离很近，很容易看到的地方。

空盒造型还经常应用于沿街橱窗的陈列展示，但要注意经常更换，避免日晒褪色影响产品、药店形象。

三、药店陈列的标准

（一）处方区陈列标准

1. 靠墙货架陈列标准 ①严格遵守GSP，不得陈列危险商品；②所有药品立式陈列，药品之间不留缝隙，并与相应价签对齐；③将主推药品和畅销药品放于中间层顾客最易看到的位置。

2. 封闭式玻璃柜陈列标准 ①每组柜台上所陈列的药品大小、品类与色系应相近，采用平铺陈列的方式，第一层满层陈列，其他层不得少于层板宽度的三分之二，尽量不留空位。②主推药品和畅销药品放于第一层，利于顾客购买。③柜台拐角处是柜台陈列的黄金位置，要做好艺术造型。④价签要明显且与药品对应。

（二）开放式货架陈列标准 微课

1. 货架上段第一、二层为黄金陈列位，适合陈列希望顾客注意到的商品，如主推商品、高毛利商品；货架中间层适合陈列价格适中、销量稳定但利润较少的商品；货架最底层一般放置滞销商品、体积较大的商品，也可放置低价高销量的商品，如大袋板蓝根颗粒、维生素C银翘片、干酵母片、创可贴等。货架上商品陈列位置尽量不要摆放空的广告药盒（图5-2）。

2. 货架最上层可采用阶梯陈列或立式陈列，中间几层一般采用立式陈列，下层多

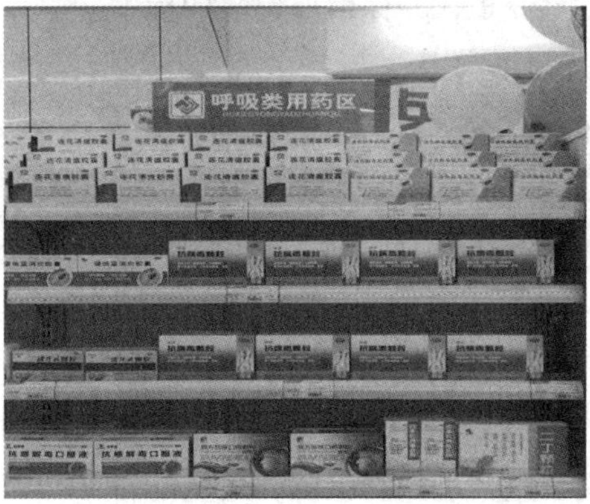

图 5-2　开放式货架陈列图

采用平铺陈列。陈列方法选择的依据是顾客正常站立不需要抬头或下蹲就可看到药品陈列面。以下为几种陈列方式的要求。

（1）阶梯陈列　首层陈列品种数量为 3～4 个，每个品种给予 2～3 个排面，每个排面做 3 个阶梯面（包装特大的可以做 2 个阶梯面），每个阶梯面的商品厚度以 2～3 个商品为标准，每一层阶梯面横向高度必须一致、深度必须一致，第二、三层阶梯面可在商品底下用空盒或纸皮、硬板垫高（除口服液不可倒放外，其他单品量大的可直接用商品来垫）形成阶梯。首层商品的阶梯陈列最高层以不遮挡绿色分类标牌为原则，如果过高，则需将各层层板依次向下移动。

（2）立式陈列　陈列深度至少占货架面宽的 1/3，商品高度与上层层板的距离为 3～4 指宽。

（3）平铺陈列　可将货架层板打斜将商品进行平铺陈列，陈列深度为货架面宽的 2/3 为宜。

3. 货架端头是货架上最显著的位置，尤其是正对入口的端头更是整个店最有价值的陈列位。因此，端头一般都被主推商品所占据。端头货架陈列应符合以下要求。

（1）端头陈列要做到三面陈列（端头侧面是卡板的除外），尤其要注意侧面，要保证从三个方向无视线死角。

（2）端头陈列品种不宜过杂，最好是一个主题下两种商品的组合。

（3）端头商品一定要有明显的价格标签，且标签要上下左右对齐。

（4）端头陈列一般采用纵向陈列、前进陈列的方式，底层可视情况采用平铺陈列。

（5）要合理利用气球、爆炸贴等陈列道具装饰，起到活跃气氛、突出信息的作用，但切忌“喧宾夺主”（图 5-3）。

图 5-3　端头陈列

4. 拆零药品存放于拆零专柜，并保留原包装的标签。

（三）花车、堆头陈列标准

1. 花车、堆头一般陈列在出入口、空旷地带等醒目位置，但要注意不能影响行人通过。

2. 一个花车、堆头上陈列的商品一般不超过5种，否则会让顾客眼花缭乱，影响促销效果。

3. 同一花车、堆头上的商品色系应相近，陈列要丰富，正面朝外，摆放整齐，且上方药品高度要一致。

4. 花车、堆头陈列应注重营造购物氛围，适量配备POP海报、爆炸贴等道具。

5. 堆头商品的陈列高度一般在80~120cm。

6. 同一花车、堆头陈列多种不同价格的商品时，每种商品都必须有正确、明显的价格标识。同时，要注意价格标识与POP、爆炸贴相一致。

7. 堆头底下要有木卡板或塑料垫板垫底，不得让药品直接接触地面。

因堆头多是在“交通要道”上，因此应在非营业时间进行更换。陈列完成后做好现场清洁工作，对于部分需要留存的纸箱应存放在周转仓内的指定位置。堆头需根据市场、季节、促销变化及时更换品种，避免所陈列的商品长期不变。

（四）收银台区陈列标准

收银台是顾客最后停留的地方，同样也是给顾客展示药店服务质量的最后一关。在收银台外围陈列一些常用的小商品，既可以满足顾客的需求，也能促进店内销售。收银台商品陈列不同于卖场货架陈列，有其自身的特点。

1. 收银台陈列的商品要求体积小、轻便、包装漂亮、新奇、高毛利、高周转，是顾客冲动性购买的商品。如创可贴、咽喉糖、咽炎含片、风油精等。

2. 收银台陈列必须考虑季节因素，季节不同，收银台展示的商品也要有变化，以挖掘顾客的潜在需求。比如一年四季都可以陈列枇杷糖，维生素C泡腾片、咀嚼片或含片，春夏可以陈列金银花露、防晒霜，秋冬可以陈列护手霜、枸杞、黄芪等。

3. 每个端架陈列商品品种以10~20个为佳。

4. 收银台位置特殊，店员收银时视线有遮挡，容易损耗，因此这些商品单价不宜太高。如有高价易损耗商品陈列，则需要特别关注。

（五）中药饮片陈列标准

中药饮片一般存放在药斗柜中，部分精品饮片可陈列在中药饮片区的柜台上。斗柜排序（斗谱）一般根据药店使用的中药频率以及中药的性质排列，尽量做到便于调配，便于记忆，便于统计盘点。每个药斗内分为2~3个小格，可将治疗作用相近的、处方中常开的药排列在一个斗内。为方便取药，减轻劳动强度，使用频率较高的品种宜放在中间或者离调剂人员较近位置的药斗内；使用频率较低的中药则放在上层药斗内或较偏僻的柜子内；质重的药如矿石类药物等可放入下层药斗内；粉末状，芳香类中药（含挥发油）及炒炭类饮片，宜用瓶类器皿加盖放置；全草类或较轻的常用品种应放在下层大药斗或柜台抽屉内。

因中药中存在一些既是食品又是药品的品种，如山药、山楂、麦芽等。为了规范这类药品的管理，原国家卫计委认定了110味药食同源的品种，这些品种既可按照食品又可按照药品进行管理。

药食同源中药饮片，可陈列在非药品区。该类品种多包装为精品饮片，采用罐装、袋装或盒装。罐装饮片多为一个系列，适合采用阶梯堆头或精品柜的方式陈列；如果陈列在货架上，多选择端头陈列。袋装饮片多适合采用挂钩悬挂陈列或用篓筐陈列，但要注意做好分类。盒装饮片可根据其分类采用相应的陈列方式即可。

药食同源中药饮片若明确标注OTC，如阿胶、鹿角胶等，则必须陈列在OTC区或存放在中药饮片区。

此外，用于中药饮片处方调配的小包装饮片，则无论是否为药食同源品种，都应按照中药饮片进行管理，存放在中药饮片区域。

不属于上述情况的饮片，按照中药饮片进行管理，存放在中药饮片区。

你知道吗

原国家卫计委认定的110种药食同源中药

丁香、八角茴香、刀豆、小茴香、小蓟、山药、山楂、马齿苋、乌梢蛇、乌梅、木瓜、火麻仁、代代花、玉竹、甘草、白芷、白果、白扁豆、白扁豆花、龙眼肉、决明子、百合、肉豆蔻、肉桂、余甘子、佛手、杏仁、沙棘、牡蛎、芡实、花椒、赤小豆、阿胶、鸡内金、麦芽、昆布、枣、罗汉果、郁李仁、金银花、青果、鱼腥草、姜、枳椇子、枸杞子、栀子、砂仁、胖大海、茯苓、香橼、香薷、桃仁、桑叶、桑葚、橘红、桔梗、益智仁、荷叶、莱菔子、莲子、高良姜、淡竹叶、淡豆豉、菊花、菊苣、黄芥子、黄精、紫苏、紫苏子、葛根、黑芝麻、黑胡椒、槐米、槐花、蒲公英、蜂蜜、榧子、酸枣仁、鲜白茅根、鲜芦根、蝮蛇、橘皮、薄荷、薏苡仁、薤白、覆盆子、藿香、人参、山银花、芫荽、玫瑰、松花粉、油松、粉葛、布渣叶、夏枯草、当归、山柰、西红花、草果、姜黄、荜茇、党参、肉苁蓉、铁皮石斛、西洋参、黄芪、灵芝、天麻、山茱萸、杜仲叶。

在药店销售同质化、网络化的今天，陈列的目的不再仅是为了让顾客能快速地完成药品选购。市场对药店的更高要求是：让顾客有更好的购物体验。因此，在药品陈列过程中要始终贯彻的一个理念就是：为顾客着想。要用换位思考的方式，尽量满足顾客的合理要求，让顾客购物确实有“宾至如归”的感觉。

四、药品陈列的注意事项

1. 安全稳固　要“上小下大、上轻下重”，即上单品、下中包装，中包装药品必须全部打码后才上架，整箱药品不上货架，以增加安全感及视觉美感。

2. 保证质量 陈列药品应避免阳光直射，需避光、密闭储存的药品不应陈列，货架上不能摆放过期药品。

3. 按期检查 陈列药品，应按月进行检查，并做好质量检查记录，发现质量问题及时下架，并尽快向质量负责人报告；拆零药品应集中存放于拆零专柜，并保留原包装的标签；易被盗药品应陈列在视线易及或可控位置。

你知道吗

陈列速记顺口溜

遵守法规是前提，店面整洁是基础；商品摆放整且齐，上轻下重防倒覆；分类之中再分组，货位固定不模糊；纵向陈列是秘诀，靠前陈列量要足；正面朝外勿倒置，价签商品要相符；能竖不躺上下齐，左低右高分清楚；显而易见好位置，伸手可取好高度；先进先出好效期，关联陈列好服务；促销商品做端头，陈列道具是辅助；黄金位置放主推，品牌商品设主辅；收银台边“小、轻、新”，贵重商品防窃徒；跟随季节做调整，便民增量好布局。

PPT

任务二 药品养护

岗位情景模拟

情景模拟 小李在一家药店实习，店长安排她对部分陈列药品进行例行检查。在检查过程中，小李发现货架最底层的一盒枇杷糖浆发霉了。经查该药品包装有破损，因夏季天气炎热，又受到污染，因此出现霉变现象。

讨论 1. 糖浆剂保管养护的关键是什么？

2. 药品养护重点品种确认的依据是什么？

一、概念和要求

（一）基本概念

药品的性能与其化学成分、结构、剂型等密切相关。和其他商品一样，在不同的光照、温度、湿度等自然条件的影响下，药品能够保持质量稳定的时限是不同的，即在不同贮藏条件下，药品的保质期不同。因此，为了保证药品质量安全，必须采取必要的药品养护。

药品养护是指根据药品储存的特性要求，采取科学、合理、经济、有效的手段和方法，通过控制调节药品的储存条件，对储存过程中的药品质量进行定期检查，达到有效防止药品质量变异、确保储存药品质量的目的。

药品养护的各项工作内容都以保证药品储存质量为目标。其主要工作内容有：检查控制在库药品的储存条件，对药品进行定期质量检查，对发现的问题及时采取有效的处理措施。

药品养护是一项涉及质量管理、仓储保管、业务经营等方面的综合性工作，按照工作性质及岗位职责的不同，要求各相关岗位必须相互协调与配合，保证药品养护工作的有效开展。

质量管理人员负责对药品养护人员进行业务指导，审定药品养护工作计划，确定重点养护品种，对药品养护人员上报的质量问题进行分析并确定处理措施，对养护工作的开展情况实施监督考核。

药品养护人员负责对药品进行养护：建立药品养护档案，制定药品养护计划，针对药品的储存特性采取科学有效的养护方法；定期检查药品储存条件及库存药品质量，定期汇总、分析和上报药品养护质量信息，按月填报《近效期药品催销表》；负责养护储存仪器设备的管理工作。

你知道吗

重点养护品种

不同药品对储存环境的要求是不同的。由于药品储存质量主要受储存环境和药品自身特性两方面制约，因此在实际工作中会把一些性状特殊、储存条件苛刻、易变质或有特殊监管要求的品种确定为重点养护品种，采取有针对性的方法对其进行养护。

重点养护品种范围一般包括：对储存条件有特殊要求的品种，如冷藏药品、特殊管理药品；近效期药品；效期短的药品；近期发生过质量问题的药品；易变质的药品，如中药材和中药饮片等；药监部门重点监控的品种。具体品种应由质量管理人员按年度确认、调整及实施。

（二）药品养护的要求

1. 设施设备的要求　根据GSP的规定，药品养护应配备以下设施设备。

（1）药品与地面之间有效隔离的设备。

（2）避光、通风、防潮、防虫、防鼠等设备。

（3）有效调控温湿度及室内外空气交换的设备。

（4）自动监测、记录室内温湿度的设备。

（5）验收、发货、退货的专用场所。

（6）待检验药品和不合格药品专用存放场所。

（7）经营特殊管理药品要有符合国家规定的储存设施。

（8）经营中药材、中药饮片的，应当有专用的库房和养护工作场所。

（9）经营冷藏、冷冻药品的，应当配备与其经营规模和品种相适应的冷藏、冷冻设施设备，要求风冷制冷。

2. 药品储存要求

（1）按包装标示的温度要求储存药品，包装上没有标示具体温度的，按照《中国药典》规定的贮藏要求进行储存。《中国药典》（2020 年版）贮藏项下的规定，系为避免污染和降解而对药品贮存与保管的基本要求。

1）遮光　指用不透光的容器包装，例如棕色容器或黑纸包裹的无色透明、半透明容器。

2）密闭　指将容器密闭，以防止尘土及异物进入。

3）密封　指将容器密封以防止风化、吸潮、挥发或异物进入。

4）熔封或严封　指将容器熔封或用适宜的材料严封，以防止空气与水分的进入并防止污染。

5）阴凉处　指温度不超过 20℃。

6）凉暗处　指避光并不超过 20℃。

7）冷处　指 2～10℃。

8）常温　指 10～30℃，除另有规定外，贮藏项下未规定贮藏温度的一般按常温操作。

（2）储存药品的相对湿度范围为 35%～75%。

（3）药品按质量状态实行色标管理：合格药品为绿色，不合格药品为红色，待确定药品为黄色。

（4）储存药品应当按照要求采取避光、遮光、通风、防潮、防虫、防鼠等措施。

（5）搬运和堆码药品应严格按照外包装标示要求规范操作，堆码高度符合包装图示要求，避免损坏药品包装品。

（6）药品与房屋内墙、顶、温度调控设备及管道等设施间距不小于 30cm，与地面间距不小于 10cm。

（7）特殊管理的药品应当按照国家有关规定存放。

3. 对药品养护人员要求　养护人员应当根据库房条件、外部环境、药品质量特性等对药品进行养护。

（1）按照制定的药品养护计划对库存药品的外观、包装等质量状况定期进行检查，并建立药品养护记录；对储存条件有特殊要求的或者有效期较短的品种应当进行重点养护。

（2）检查并改善储存条件、防护措施、卫生环境。

（3）对药品储存场所温湿度进行有效监测、调控。

（4）发现有问题的药品应当及时在计算机系统中锁定和记录，并通知质量管理部门处理。

（5）对中药饮片按其特性采取有效方法进行养护并记录，所采取的养护方法不得对药品造成污染。

（6）定期汇总、分析、上报养护信息。

二、药品养护实务

（一）建立药品养护档案

药品零售企业应根据自身实际情况，本着“以保证药品质量为前提，以服务业务经营需要为目标”的原则，为所有品种建立药品养护档案，针对重点养护品种，建立药品重点养护品种档案，这样才能为药品养护工作提供系统、全面的管理依据，从而不断提高药品养护的技术水平。药品养护档案是记录药品养护信息的档案材料，其内容包括：温湿度监测和调控记录，检查中有问题的药品的记录以及对养护工作情况的定期汇总和分析等。具体到门店药品养护，其养护档案细化为：药品陈列环境及存放条件检查记录、门店温湿度记录、冷藏设备运行温湿度记录、陈列药品检查记录、近效期药品检查记录、拆零药品检查记录、易变质药品检查记录、不合格药品报告单等。

（二）药品养护操作内容

1. 药品养护以“预防为主，消除隐患”为原则，开展在库储存药品养护工作，防止药品变质失效，确保储存药品的安全、有效。

2. 根据药品质量特性对药品进行合理储存。按包装标示的温度要求储存药品，包装上没有标示具体温度的，按照《中国药典》（2020年版）规定的贮藏要求进行储存。

3. 药品养护人员要依据陈列药品的流动情况和“三三四”原则制定药品养护计划，对在库药品逐一养护检查，并做好养护记录。一般品种按季度检查养护，按照“三三四”原则进行药品巡检（即在库药品每季度要全部养护一次，第一个月养护总库存的30%，第二个月养护总库存的30%，第三个月养护总库存的40%）。重点养护品种每月养护一次，并做好养护检查记录。现代药店多采用计算机系统管理，药品养护人员可按照系统自动生成的养护计划进行养护。药品养护检查的主要内容如下。

（1）检查所有药品的储存和陈列摆放是否符合其质量标准中储藏项的规定。

（2）检查储存和陈列药品的外观质量是否符合法定质量标准规定，是否发生变化或是否存在异常情况。

（3）检查营业场所温湿度是否符合规定要求。每天上午10点，下午3点各记录一次温湿度。营业场所环境温度按常温（10～30℃）管理，相对湿度为35%～75%；储存冷藏药品温度范围为2～10℃，一般设定为5℃左右，湿度不作要求。发现温湿度超出规定范围，应及时采取调控措施并予以记录。

（4）检查营业场所是否满足防尘、防潮、防霉、防污染以及防虫、防鼠等要求。

（5）检查养护用设备、仪器等是否运行良好，建立设备管理档案和计量器具检定记录。尤其要对空调系统、温湿度自动监测系统进行检查、维护，保证设备正常运行，确保温湿度控制在规定的温度范围内。

药品养护检查应填写相关项目的记录表，包括药品陈列环境及存放条件检查记录、门店温湿度记录、冷藏设备运行温湿度记录、陈列药品检查记录、近效期药品检查记录、拆零药品检查记录、易变质药品检查记录、不合格药品报告单等。

4. 养护检查中发现药品有质量异常时，养护员应立即在计算机系统中锁定并将药品撤柜，放置明显标志，填写《药品质量复查通知单》报告质量管理员进行确认。质量管理员不能确认的，报总部质管部或当地药品检验所。

5. 药品养护人员应每月填报《近效期药品催销表》，报公司主管领导、采购部、质管部。质量负责人督促营业员按照“先进先出、近期先出”的原则进行销售；养护员每月对近效期商品进行核查，在《近效期药品催销表》上如实记录已售、退货结论。

6. 结合经营品种的变化，定期分析数据、调整重点养护品种目录。

7. 药品养护记录每季度汇总一次，分析养护信息，形成养护报告，以便质管部和其他部门及时、全面地掌握储存药品质量信息，合理调节库存药品数量，保证药品质量。

> **请你想一想**
>
> 对近效期药品，需要进行哪些养护操作？为什么？

三、药品养护措施

1. 药品温湿度管理 温度和湿度是影响药品质量的重要因素，对温湿度进行控制和监控是药品养护的最基本的内容。温湿度管理不当，会促使药品发生分解、熔化、变形、冻结、潮解、发酵、酸败、生霉、虫蛀等变化，所以应该按照温湿度管理制度，严格控制药品储存陈列环境的温湿度，这是防止药品变质的基本条件，是做好药品养护的关键一步。

（1）降温措施

1）通风降温 空气是从压力大的地方向压力小的地方流动，气压差越大，空气流动就越快。通风就是利用室内外空气温度不同而形成的气压差，使室内外空气对流达到调节室内温湿度的目的。

2）设备降温 阴凉库的降温措施主要是利用空调降温，调节至适宜温度，温度一般可控制在20℃以下，以适应需在阴凉处保存的药品的储存温度。冰箱等冷冻设备多半是利用压缩式制冷机来制冷，可以随意调节至所需要的温度，并能自动控制，一般不需手动调节。

（2）保温防冻措施 店内一般都有暖气或空调。暖气取暖应使药品离供暖管道或散热器有不少于30cm的距离，并注意暖气管、暖气片有无漏水情况。空调制热也要注意暖风不能直吹药品，防止局部过热。

（3）干燥防潮措施

1）通风降潮 利用空气对流，达到降潮的目的。自然通风必须是室外天气晴朗，空气干燥，才能采用，在梅雨季节或阴雨连绵、室外空气含湿量高时则不宜采用。只有当室外绝对湿度低于室内时，才可开启门窗进行通风；反之，则应紧闭门窗，不能通风。

2）空调或降湿机除湿　当室内外空气湿度都很高，不能利用通风降潮时，可以采用空调或降湿机除湿来保持室内恒定的相对湿度。

3）吸湿剂降潮　当室内外空气湿度都很高又无法使用空调或降湿机时，可以采用吸湿剂来吸收空气中多余的水分，以达到降湿的目的。常用的吸湿剂有生石灰、氯化钙、硅胶、钙镁吸湿剂、活性炭等。

（4）增湿措施　若室内湿度过低，可采取以下方法增加湿度。

1）在地面上用喷壶洒水，拖地。

2）可采用压缩喷雾器装水喷雾或用加湿器产生蒸汽加湿。

3）在室内设置盛水容器，贮满清水，使其自然蒸发；亦可采用悬挂湿纱布、湿毛巾等方法。

2. 常见剂型药品的养护要点

（1）片剂的储存养护要点　片剂辅料成分中的淀粉等易吸湿，进而使片剂发生质量变化，产生碎片、潮解、粘连、发霉等现象，因此其养护要点主要是防潮。某些片剂的活性成分对光线敏感，受光照射而变质，因此应采取避光保存。如异烟肼片、硫酸亚铁片等。

（2）胶囊剂的储存养护要点　胶囊在受热、吸潮以后容易粘连、变形或破裂。因此，胶囊剂的养护要点主要是控制温湿度，最佳贮存条件是阴凉库（以包装上标明的储存温度为准），相对湿度35%～75%。有色胶囊应避光保存，以免出现变色、色泽不均匀等变质现象。

（3）颗粒剂的储存养护要点　颗粒剂应密封，置干燥处贮存，防止受潮。

（4）糖浆剂的储存养护要点　糖浆剂系指含有原料药物的浓蔗糖水溶液。糖浆剂受热、光照等因素，均易产生霉败和沉淀，最好贮存于阴凉库（以包装上标明的储存温度为准），并注意避免日光直射，库内相对湿度亦按35%～75%进行控制。

（5）丸剂的储存养护要点　丸剂系指原料药物与适宜的辅料制成的球形或类球形固体制剂。丸剂应密封贮存，防止受潮、发霉、虫蛀、变质。一些丸剂中糖分含量较高，在养护过程中要重点注意防潮。

（6）软膏剂、乳膏剂的储存养护要点　软膏剂系指原料药物与油脂性或水溶性基质混合制成的均匀的半固体外用制剂。乳膏剂系指原料药物溶解或分散于乳状液型基质中形成的均匀半固体制剂。除另有规定外，软膏剂应避光密封贮存。乳膏剂应避光密封置25℃以下贮存，不得冷冻。

（7）栓剂的储存养护要点　栓剂系指原料药物与适宜基质等制成供腔道给药的固体制剂。栓剂一般存放于常温库，相对湿度35%～75%。栓剂在温度过高时会熔化变形，温度过低或太干燥时会干裂，影响质量。

（8）注射剂的储存养护要点　注射剂的最佳储存条件是凉暗处（以包装上标明的储存温度为准），相对湿度35%～75%。其中水针剂应注意防冻（温度低于0℃以下时容易冻裂受损），粉针剂应注意防潮。大部分注射剂都怕日光照射，日光中的紫外线能加速药品的氧化分解。注射剂在储存中，澄明度会起变化，如中草药注射剂久贮会发生氧化、聚合等反应，逐渐变浑浊或产生沉淀；西药制剂中的某些含盐类注射剂久贮会侵蚀玻璃，造成脱片，影响澄明度，因此养护中应加强澄明度检查。

（9）口服溶液剂、口服混悬剂、口服乳剂的储存养护要点　口服溶液剂、口服混悬剂、口服乳剂等应避光、密封贮存。口服乳剂可能会出现相分离的现象，但经振摇应易再分散。口服混悬剂应分散均匀，放置后若有沉淀物，经振摇应易再分散。

3. 重点养护品种的保管及养护　对光照易变质的品种应置于遮光容器内，在阴凉干燥的暗处存放，防止日光照射；对于受热易变质的品种和易挥发的品种，应密闭置于阴凉处或冷藏库内贮存；对于易风化的品种，不宜贮存于干燥处，以免失去结晶水，影响剂量的准确性；对于怕冻的品种，在低温下易变质的品种，以及容器易被冻裂的品种，应在0℃以上的仓库保存；对于易吸潮引湿的品种和易霉变虫蛀的品种，应在干燥的阴凉处保存，梅雨季节应采取防潮措施。

4. 中药饮片养护　中药饮片要按其特性分类存放，药斗要做到一货一斗，不得错斗、串斗。饮片装斗要坚持“先进先出，先产先出”的原则：装斗前应先倒出药斗内残存的饮片，清扫斗内的灰尘与死角，并将饮片过筛。将新进的饮片装斗后，再将原剩下的饮片装在上面，以便推陈出新，保证质量。新进饮片装斗前要填写《清斗记录》，按要求真实、准确记录相关项目。养护员每月检查药斗内饮片质量，防止发生生虫、霉变、走油、结串、串药等现象。夏季，对易变质饮片要每天检查，如有变化要及时采取相应的养护措施，并如实填写《中药饮片检查记录》。

对易变质中药可采取以下养护措施。

（1）易生虫品种　保管过程中除了要勤检查以外，还必须从杜绝害虫来源、控制其传播途径、消除繁殖条件等方面着手，才能有效地保证其不受虫害。因此这类药材，如党参、黄芪、甘草等，除了要控制好温湿度外，还可以采取密封冷藏、药物熏蒸、对抗同储、暴晒等适当的养护措施，以保证药材不虫蛀。

（2）易走油发霉药材　药材少油发霉，会影响药效，甚至产生有毒物质。这类药材的储存，最忌闷热。如牛膝、天冬、白术等保管不善，都可产生走油或霉变，故应置于通风干燥处，严防潮湿。防止霉变腐烂，可采取晾干、通风、干燥、吸湿、盐渍及冷藏等方法。防走油可用避光，降温方法。

（3）易变色及散失气味药材　部分花、叶、全草及果实种子类药材，由于所含的色素、叶绿素及挥发油等，受温度、湿度、空气、阳光等的影响，易失去原有的色泽和气味，如莲须、红花、丁香等。在贮存保管中应根据药材的不同性质以及具体条件，进行妥善养护。贮存场所要干燥阴凉，严格控制库的温、湿度。贮存时间不宜过长，并要做到先进先出。最好单独堆放，以免与其他有特殊气味的药材串味。防变色，可采取避光、降温等方法。

（4）易融化、怕热药材　主要指熔点比较低，受热后容易粘连变形或使结晶析出的一些药材，如阿胶、儿茶、樟脑等。这类药材必须保存在干燥阴凉处，最好密封保存。

（5）易潮解、风化药材 含有盐类物质的结晶体药材，在潮湿的地方或空气中湿度大都会受影响而逐渐融化。当开始融化时，一般称为“返潮”或潮解，如芒硝、大青盐等。这类药材选择阴凉、避风和避光处保存，最好密封保存。

（6）贵细药材 在贮存中，由于成分性质不同，可发生各种不同变异现象，如人参易生虫、麝香易受潮走味等。所以对贵重药类应专柜、专库、专账、专人负责保管。一般用固定的箱、柜、缸、坛等密闭后，贮存在干燥、阴凉、不易受潮受热的地方贮藏。

实训五 药品陈列及日常养护

一、实训目的

1. 掌握药品陈列与养护的要点。
2. 能熟练完成药品陈列和养护检查操作。

二、实训准备

1. 实训场地 模拟药房。

2. 实训材料 工作服、实训工具、各种记录表格等。

三、实训指导

1. 药品外包装上有通用名、批准文号、分类标记、功效等内容，这是在陈列商品时常用的分类依据。常见产品批准文号有药品、保健食品、医疗器械等；常见分类标记有非处方药（OTC）、外用药、麻醉药品、毒性药品、放射性药品等。陈列时要能够在药品包装上找出批准文号和分类标记，把商品进行必要的分类。

2. GSP 对药品陈列的要求

（1）非药品与药品分开陈列，挂“非药品区”绿牌。

（2）处方药（Rx）与非处方药（OTC）分区陈列，分别挂“处方药区”绿牌和“非处方药区”绿牌。

（3）在处方药区和非处方药区，都要做到药品按剂型和用途分类陈列。口服药与外用药分开，注射剂分开。在以上分类基础上，再按照功效应用进行分类，如消化系统用药、呼吸系统用药、妇科用药、儿科用药、滋补养生类等。各分类柜台或货架都要张贴或悬挂绿色标志。

（4）处方药不得采用开架自选的方式陈列和销售。

（5）拆零销售的药品集中存放于拆零专柜或专区，须保留原包装标签，并张贴或悬挂绿色标牌。

（6）冷藏药品放置在冷藏设备中，温度控制在2～10℃。

（7）危险品不得陈列，必须陈列时可使用空包装盒代替。

（8）中药饮片装斗前应当复核，防止错斗、串斗；装斗时要依据“先进先出，先产先出”的原则。

（9）不合格药品存放到不合格药品柜（张贴红色标识）；未验收药品存放于待验区（挂黄色标牌）。

3. 药品正面面向顾客，不被其他药品挡住视线；货架最底层不易拿到的药品要倾斜陈列或前进陈列；货架最上层不宜陈列得过高，不宜陈列太重、易碎的药品；整箱药品不要上货架，中包装药品上架前须全打码上架；对卖场主推的新品和DM单上宣传的药品突出陈列——陈列在端架、堆头或黄金位置。陈列器具、装饰品以及药品POP不要影响店内购物顾客的视线，也不要影响店内照明光线。

4. 药品养护要按养护计划和药品养护管理程序，对在库药品逐一养护检查，并做好养护记录。一般品种按季度检查养护，按照“三三四”原则进行药品巡检（即在库药品每季度要全部养护一次，第一个月养护总库存的30%，第二个月养护总库存的30%，第三个月养护总库存的40%）。重点养护品种每月养护一次，并做好养护检查记录。

5. 药品营业场所环境温度按常温（10～30℃）管理，相对湿度为35～75%，储存冷藏药品温度范围为2～10℃。每天上午10点，下午3点各记录一次温湿度。发现温湿度超出规定范围，要及时采取调控措施并予以记录。

6. 做好养护设备的保养工作和计量器具的检定，建立设备管理档案和计量器具检定记录。尤其要对空调系统、温湿度自动监测系统进行检查、维护，保证设备正常运行，确保温湿度控制在规定的范围内。

7. 养护检查的内容

（1）检查储存和陈列药品的外观质量是否发生变化或是否存在异常情况。

（2）检查储存和陈列药品的外观质量是否符合法定质量标准规定。

（3）检查营业场所温湿度是否符合规定要求，以及所有储存药品的储存和陈列药品的摆放是否符合其质量标准中储藏项的规定。

（4）检查营业场所是否满足防尘、防潮、防霉、防污染以及防虫、防鼠等要求。

（5）检查养护用设备、仪器等是否运行良好。

（6）做好养护检查记录。

8. 养护检查中质量异常问题的处理。陈列养护检查中发现药品有质量异常时，养护员应立即将药品撤柜，在计算机系统中锁定，设置“暂停发货”标识牌，并填写《药品质量复查通知单》报告质量管理员进行确认。质量管理员不能确认的报总部质管部或当地药品检验所。

9. 营业员应每月填报《近效期药品催销表》，并对近效期商品进行核查，在《近效期药品催销表》上如实记录已售、退货结论。

四、实训方法

6人一组进行训练，各小组按预备、陈列、养护、总结轮流操作，教师进行现场指导、点评。

五、实训步骤

1. 班前准备　个人仪容仪表、柜台卫生、整理药品及货架、检查药品价格标签、检查养护器具设备等。

2. 货架陈列　提前挑选药品40种（尽可能涵盖各大分类），保健食品5种，医疗器械5种，共计50种商品装入收纳箱。要求在规定时间内完成药品上架陈列。

3. 养护检查　对30种指定药品（尽可能涵盖各种常见剂型；包含冷藏药品、近效期药品品种等）进行养护检查，并填写相应表格（门店温湿度记录、冷藏设备运行温湿度记录、陈列药品检查记录、近效期药品检查记录、拆零药品检查记录等）。

4. 总结陈述　实训完成后每组选派一名代表，对实训过程中发现的问题和积累的经验进行总结陈述，教师现场分析点评。

5. 记录并清场　客观真实地填写原始记录并及时清场。

六、考核方式

根据现场表现，教师评价打分，学生之间相互评价，按照5∶5比例计算项目积分，实训过程考核评分表见表5-1。

表5-1　实训过程考核评分表

项目要求	考核要求	分值	得分
班前准备	仪容仪表得体，场地干净整洁，货架、药品、价签整齐有序，能够完成销售设备、养护设备的检查校正	30	
货架陈列	能按规定时间完成商品陈列；商品分类正确无误；货架陈列整齐有序；陈列方式选择得当；符合GSP管理规定；能突出商品特点，吸引顾客注意力	30	
养护检查	能在规定时间内完成养护检查；符合GSP要求；能够完成各类表格的填写；熟悉各类剂型养护要点；对检查出的问题处理得当	30	
职业素养	服务质量优秀、营业结束规范	10	

目标检测

一、选择题

1. 药品陈列的有效陈列范围是从地面开始向上（　　）。

A. 60～80cm　　B. 60～180cm　　C. 80～120cm　　D. 80～180cm

2. 根据 GSP 要求，下列药品可以陈列的是（　　）。

A. 精神药品　　B. 毒性中药　　C. 罂粟壳　　D. 野山参

3. 以下说法不正确的是（　　）。

A. 处方药与非处方药应分柜摆放

B. 内服药与外用药应分开存放

C. 拆零药品分散到各自类别中陈列

D. 特殊管理药品应按国家有关规定存放

4. 根据陈列要求，下列药品适合陈列在货架中层的是（　　）。

A. 滞销药品　　B. 主推药品

C. 利润较少药品　　D. 低价高销量药品

5. 下列说法不正确的是（　　）。

A. 堆头陈列品种并不是越多越好，一般不超过 5 个品种

B. 堆头陈列商品高度一般应在 80～120cm

C. 堆头陈列很醒目，不需要 POP 海报提示

D. 堆头陈列一般设置在出入口等位置

6. 下列说法错误的是（　　）。

A. 药品卖场温度应控制在 10～30℃

B. 冷藏柜温度应控制在 2～10℃

C. 阴凉处温度是 10～20℃

D. 药品卖场相对湿度范围为 45%～75%

7. 药品养护检查过程中发现质量异常药品，下列操作不正确的是（　　）。

A. 立即将药品撤柜

B. 为避免损失，尽快将药品销售出去

C. 放置明显标志

D. 填写《药品质量复查通知单》报告质量管理员进行确认

8. 对重点养护品种理解不正确的是（　　）。

A. 重点养护品种是由质量管理部门确认的

B. 重点养护品种一般剂型特殊或储存条件苛刻，容易产生质量问题

C. 重点养护品种每月检查养护一次

D. 重点养护品种是不能变更的

9. 下列不属于药品养护人员职责的是（　　）。

A. 建立药品养护档案，制定药品养护计划

B. 定期检查药品储存条件及库存药品质量

C. 定期汇总、分析和上报药品养护质量信息

D. 负责确认重点养护品种

10. 以下中药养护措施错误的是（　　）。

A. 芒硝密封保存

B. 人参在夏季可储存在冷藏柜

C. 麝香储存在普通药斗中

D. 阿胶应存放在干燥阴凉处

二、简答题

1. 药品陈列的原则有哪些？

2. 某药店计划开展一次“滋补膏方节”促销活动，想设立一个阿胶类产品花车，请给出陈列建议。

3. 药店新进一批止咳糖浆，该如何储存养护？

书网融合……

微课　　划重点　　自测题

项目六 处方认知与调配

学习目标

知识要求

1. **掌握** 处方的概念、分类、结构及书写规范；处方审核、调配、复核、发药等处方调配程序及注意事项。
2. **熟悉** 处方常见的缩写词。
3. **了解** 中药饮片特殊煎煮要求；处方管理的规定。

能力要求

1. 能识别处方的类别和处方常见缩写词的含义，并进行处方调配的质量管理。
2. 会审核处方并判断不合格处方存在的问题。

PPT

任务一 处方认知

岗位情景模拟

情景模拟 患者，男，31岁，发热39℃去看门诊，经体格检查和血常规检查，医生诊断为感冒发热并伴有感染，开具治疗处方如下：

Rp.

阿莫西林胶囊 0.25g × 50片

Sig. 0.5g tid. po.

对乙酰氨基酚片 0.25g × 10片

Sig. 0.25g tid. po.

讨论 1. 根据处方中缩写词说明每种药品的使用方法是什么？

2. 患者服用解热药物时，药师需进行哪些用药教育？

一、处方的概念和意义 微课

（一）处方的概念

广义的处方是指医疗活动中关于药品调配的重要书面文件。狭义的处方是指《处方管理办法》中规定的处方，即由注册的执业医师和执业助理医师（以下简称医师）在诊疗活动中为患者开具的、由执业药师或取得药学专业技术职务任职资格的药学专业技术人员（以下简称药师）审核、调配、核对，并作为患者用药凭证的医疗文书，包括医疗机构病区用药医嘱单。

（二）处方的意义

处方具有法律性、技术性和经济性。

1. 法律性　医师具有诊断权和开具处方权，但无调配处方权；药师具有审核、调配处方权，但无诊断权和修改处方权。因开具处方或调配处方所造成的医疗差错或事故，医师和药师分别负有相应的法律责任。

2. 技术性　开具或调配处方均须由经过医药院校系统专业学习，并经资格认定的技术人员担任。医师对患者作出明确的诊断后，在安全、有效、经济的原则下开具处方。药师对处方进行审核，按医师处方准确、快捷调配，并将药品发给患者，同时进行用药指导。

3. 经济性　处方是药品消耗及药品经济收入结账的凭证和原始依据，也是患者在治疗疾病过程中用药报销的真实凭证。

二、处方的分类

1. 按性质不同分类　可分为法定处方、医师处方和协定处方。

（1）法定处方　是指《中国药典》等国家药品监督管理部门颁布的标准中收载的处方，具有法律的约束力，在制备相关制剂时应照此规定。

（2）医师处方　是指医师为患者诊断、治疗和预防用药所开具的处方。

（3）协定处方　是指医生和药师根据临床医疗需要，结合本院用药实践，整理选定的一批处方。它适合大量配制和制备，便于控制药品的品种和质量，可以提高工作效率，减少患者取药等候时间。每个医院的协定处方仅限于在本单位使用。

2. 按需要不同分类　可分为普通处方、急诊处方、儿科处方、麻醉药品和第一类精神药品处方及第二类精神药品处方。印刷用纸根据需要用颜色区分，并在处方右上角以文字注明。

（1）普通处方　印刷用纸为白色。

（2）急诊处方　印刷用纸为淡黄色，右上角标注“急诊”。

（3）儿科处方　印刷用纸为淡绿色，右上角标注“儿科”。

（4）麻醉药品和第一类精神药品处方　印刷用纸为淡红色，右上角标注“麻、精一”。

（5）第二类精神药品处方　印刷用纸为白色，右上角标注“精二”。

三、处方的结构和书写规范

（一）处方的结构

1. 前记　包括医疗机构全称、费别、患者姓名、性别、年龄、门诊号或住院号、科别、临床诊断、开具日期等，并可添加特殊要求的项目。麻醉药品、第一类精神药品和毒性药品处方还应包括患者身份证编号，代办人姓名及其身份证编号。

2. 正文 以“Rp”或“R”（意为“请取”）标示，分列药品名称、剂型、规格、数量、用法用量等。

3. 后记 包括医师以及审核、调配、核对、发药的药师签名或者加盖专用签章，并注明药品金额。

目前大部分医疗机构已使用计算机开具电子处方，《处方管理办法》规定医师利用计算机开具、传递普通处方时，应当同时打印出纸质处方，其组成与手写处方一致；打印的纸质处方经签名或者加盖签章后有效。普通处方示例如图6－1所示。

×××医院处方笺 普通

费别：□公费 □自费 □医保 □其他　医疗卡号：　处方编号：

姓名________ 性别 □男 □女 年龄______岁

门诊/住院号______ 科别____ 开具日期____年__月__日

临床诊断________ 住址/电话______________

Rp

序号 药品通用名称 数量 规格
sig：用法用量

序号 药品通用名称 数量 规格
sig：用法用量

序号 药品通用名称 数量 规格
sig：用法用量

医师签章______　药品金额______

调配药师/士______ 审核药师______ 核发药师/士______

图6－1 普通处方示例

（二）处方书写规范

1. 患者一般情况、临床诊断应填写清晰、完整，并与病历记载相一致。

2. 每张处方限于一名患者的用药。

3. 字迹清楚，不得涂改，如需修改，医师应当在修改处签名并注明修改日期。

> **请你想一想**
>
> 下列药品名称中，哪些符合处方药品名称书写的规定？
>
> 扑尔敏　康泰克　泰诺林　对乙酰氨基酚缓释片　格华止斯达舒胶囊　维U颠茄铝胶囊Ⅱ　降压1号

4. 药品名称应当使用药品通用名，即由国家药典委员会按照《药品通用名称命名原则》组织制定并报国家药品监督管理部门备案的药品法定名称。医疗机构或者医师、药师不得自行编制药品缩写名称或者使用代号；书写药品名称、剂量、规格、用法、用量要准确规范，药品用法可用规范的中文或英文、拉丁文的缩写体书写，常用外文缩写词如表 6－1 所示，但不得使用“遵医嘱”“自用”等含糊不清字句。

表 6－1　处方常用缩写词

项目	处方书写缩写词	中文含义	处方书写缩写词	中文含义
给药次数	qd.	每日 1 次	qm.	每晨 1 次
	bid.	每日 2 次	qn.	每晚 1 次
	tid.	每日 3 次	qod.	隔日 1 次
	qid.	每日 4 次	q4h.	每 4 小时 1 次
给药时间	am.	上午	ac.	饭前
	pm.	下午	pc.	饭后
	St.	立即	hs.	睡前
	prn.	必要时	sos.	需要时
给药途径	po.	口服	ext.	外用
	id.	皮内注射	OD.	右眼
	i. h.	皮下注射	OL.	左眼
	im.	肌肉注射	OU.	双眼
	iv.	静脉注射	iv. gtt.	静脉滴注
其他	GS	葡萄糖注射液	NS	生理盐水
	Vit.	维生素	Dil.	稀释

5. 患者年龄应当填写实足年龄，新生儿、婴幼儿写日、月龄，必要时要注明体重。

6. 西药和中成药可以分别开具处方，也可以开具一张处方，中药饮片应当单独开具处方。

7. 开具西药、中成药处方，每一种药品应当另起一行，每张处方不得超过 5 种药品。

8. 中药饮片处方的书写，一般应当按照“君、臣、佐、使”的顺序排列；调剂、煎煮的特殊要求注明在药品右上方，并加括号，如布包、先煎、后下等；对饮片的产地、炮制有特殊要求的，应当在药品名称之前写明。

9. 药品用法用量应当按照药品说明书规定的常规用法用量使用，特殊情况需要超剂量使用时，应当注明原因并再次签名。

10. 除特殊情况外，应当注明临床诊断。

11. 开具处方后的空白处划一斜线以示处方完毕。

12. 处方医师的签名式样和专用签章应当与院内药学部门留样备查的式样相一致，不得任意改动，否则应当重新登记留样备案。

13. 药品剂量与数量用阿拉伯数字书写。剂量应当使用法定剂量单位：重量以克（g）、毫克（mg）、微克（μg）、纳克（ng）为单位；容量以升（L）、毫升（ml）为单位；国际单位（IU）、单位（U）；中药饮片以克（g）为单位。片剂、丸剂、胶囊剂、颗粒剂分别以片、丸、粒、袋为单位；溶液剂以支、瓶为单位；软膏及乳膏剂以支、盒为单位；注射剂以支、瓶为单位，应当注明含量；中药饮片以剂为单位。

你知道吗

服药时间

1. 每日 3 次　尽可能每 8 小时服药 1 次，以保持血药浓度平稳，疗效稳定。

2. 空腹　一般指餐前 1 小时或餐后 2 小时。

3. 睡前　一般指睡前 15～30 分钟。

4. 饭前　饭前 30～60 分钟。

5. 饭后　饭后 15～30 分钟。

四、处方的管理

（一）处方限量的规定

1. 处方开具当日有效，特殊情况下需延长有效期的，由开具处方的医师注明有效期限，但有效期最长不得超过 3 日。处方一般不得超过 7 日用量；急诊处方一般不得超过 3 日用量；对于某些慢性病、老年病或特殊情况，处方用量可适当延长，但医师应当注明理由。

2. 麻醉药品、精神药品、医疗用毒性药品、放射性药品的处方用量应当严格执行国家有关规定，其中零售药店不得经营麻醉药品和第一类精神药品，经批准后方可经营第二类精神药品。

（二）处方保存的规定

普通处方、急诊处方、儿科处方保存期限为 1 年，医疗用毒性药品、第二类精神药品处方保存期限为 2 年，麻醉药品和第一类精神药品处方保存期限为 3 年。

（三）处方调配的规定

1. 处方经药师审核后方可调配；对处方所列药品不得擅自更改或者代用，对有配伍禁忌或者超剂量的处方，应当拒绝调配，但经处方医师更正或者重新签字确认的，可以调配；调配处方后经过核对方可销售。

2. 调配处方应严格按照规定的程序进行，必须坚持“四查十对”，即查处方，对科别、姓名、年龄；查药品，对药名、剂型、规格、数量；查配伍禁忌，对药品性状、用法用量；查用药合理性，对临床诊断，以保证调配准确无误。

3. 处方审核、调配、核发人员应当在处方上签字或盖章，并按照有关规定保存处方或其复印件。

4. 调配毒性药品，应凭盖有医生所在医疗机构单位公章的处方，每次处方剂量不得超过 2 日剂量。

5. 调配近效期药品应当向顾客告知有效期。

6. 调配中药饮片应做到计量准确，并告知煎服方法及注意事项；提供中药饮片代煎服务，应当符合国家有关规定。

PPT

任务二　处方调配

岗位情景模拟

情景模拟　患者，女，26岁，因出现头疼、流鼻涕、打喷嚏、咽痛等感冒症状去看门诊，经体格检查和血常规检查，医生诊断为感冒，开具处方如下：

Rp.

感灵颗粒（999）　10g × 9袋

Sig. 10g　tid.　po.

泰诺林　0.65g × 18片

Sig. 0.65g　tid.　po.

讨论　1. 该处方书写是否规范？

2. 该处方用药是否合理？

一、处方审核

处方审核是指药师运用专业知识和实践技能，根据相关法律法规、规章制度与技术规范等，对医师在诊疗活动中为患者开具的处方，进行合法性、规范性和适宜性审核，并作出是否同意调配与发药决定的药学技术服务。

（一）合法性审核

1. 处方开具人是否根据《执业医师法》取得医师资格，并执业注册。

2. 处方开具时，处方医师是否根据《处方管理办法》在执业地点取得处方权。

3. 麻醉药品、第一类精神药品、医疗用毒性药品、放射性药品、抗菌药物等药品处方，是否由具有相应处方权的医师开具。

（二）规范性审核

1. 处方前记、正文和后记是否符合《处方管理办法》等有关规定，文字是否正确、清晰、完整。

2. 处方书写是否符合相关书写规范。

3. 处方量是否符合处方限量的规定。

（三）适宜性审核

1. 处方用药与临床诊断的相符性

（1）无适应证用药　临床上无明显细菌感染指征给予抗菌药，如患者咳嗽，但白细胞计数、C－反应蛋白正常，给予阿奇霉素口服。

（2）无正当理由超适应证用药　如坦洛新用于降血压，阿托伐他汀钙用于补钙。

（3）不合理联合用药　单一抗菌药已能控制的感染而应用2种及以上的抗菌药；盲目而无效果应用肿瘤辅助治疗药；一药多名导致的重复用药。

（4）过度治疗用药　表现为滥用抗生素、糖皮质激素、人血白蛋白等。

（5）有禁忌证用药　表现为忽略药品说明书提示，忽略病情和患者的基础疾病给药，如阿司匹林用于胃溃疡患者，伪麻黄碱应用于严重高血压患者；脂肪乳用于急性肝损伤、急性胰腺炎、高脂血症患者。

2. 剂量、用法和疗程的正确性　老年人由于肝肾功能减退，肝脏对药物的代谢能力、肾脏对药物的排泄能力下降，给药剂量应酌减；儿童剂量应按说明书推荐的儿童剂量，一般按儿童体重或体表面积计算。

3. 选用剂型与给药途径的合理性　同一药物剂型不同，药理作用也不同。如硫酸镁肌内注射用于治疗子痫，口服用于导泻，湿敷用于消肿。选择给药途径时，一般口服有效不肌内注射，能肌内注射不输液。

4. 是否有重复给药现象

（1）一药多名　同一通用名药品常有多种不同的商品名，易导致重复用药。另外，部分药物名称相似也容易混淆，如氟尿嘧啶是抗肿瘤药，氟胞嘧啶是抗真菌药；阿糖腺苷是抗病毒药，阿糖胞苷是抗肿瘤药；普鲁卡因是局麻药，普鲁卡因胺是抗心律失常药。

（2）中成药含有化学药成分　如皮炎康片中含有马来酸氯苯那敏，消渴丸中含有格列本脲，维C银翘片中含有马来酸氯苯那敏和对乙酰氨基酚。

5. 对规定必须做皮试的药品是否注明皮试及结果判定　现行版《中华人民共和国药典临床用药须知》规定以下药物使用前必须皮试：青霉素钾注射液、细胞色素C注射液、α－糜蛋白酶注射液、胸腺素注射液、破伤风抗毒素注射液、抗狂犬病毒血清注射液等。

6. 是否有潜在临床意义的药物相互作用和配伍禁忌

（1）药效学方面的影响　包括药物疗效或毒副作用的相加、协同或拮抗作用。如磺胺甲噁唑（SMZ）和甲氧苄啶（TMP）合用可从多个途径阻断细菌叶酸的合成，增强抗菌效果；利尿剂和氨基糖苷类抗生素合用可增加耳毒性。

（2）药动学方面的影响　包括对药物吸收、分布、代谢和排泄方面的影响。如抗酸药中金属离子成分与四环素同服，影响吸收。阿司匹林等具有较强的血浆蛋白结合力，与口服磺脲类降糖药合用时，可使后者游离型药物浓度增加；苯巴比妥、苯妥英钠、利福平等肝药酶诱导剂能增强肝药酶活性，促进与其合用药物的代谢，而异烟肼、西咪替丁、咪唑类抗真菌药、大环内酯类抗生素等肝药酶抑制剂能抑制肝药酶活性，抑制与其合用药物的代谢；丙磺舒等可减少青霉素自肾小管的排泄，使青霉素血浆药物浓度增高，血浆半衰期延长。

（3）规避药物的配伍禁忌　某些中成药与化学药合用可能会发生配伍禁忌，如山楂丸与碳酸氢钠不宜合用，两者酸碱中和会影响疗效；麻杏止咳片与地高辛不宜合用，其所含麻黄碱会增强地高辛的心脏毒性。

二、中西成药调配

（一）处方调配一般程序

1. 审方　指处方审核员审查医师为患者开具的处方，应认真审查处方来源、药品名称、药品规格、临床用途、用法用量、配伍禁忌等处方合法性、规范性和用药适宜性内容。合格的处方经处方审核员签字后方可进行调配，对于有疑问或不合格的处方，拒绝调配，并告知患者与处方医师联系，问明原因，协商处理，不能只凭主观臆断或随意处理。

2. 调配　处方调配员根据处方内容依次调配药品，并在处方上签字；如需拆零，按相关拆零规程操作。

3. 复核处方　复核员核对处方内容与所调配药品的品名、规格、用法、剂量等是否一致，逐个检查药品的外观质量是否合格，并签字确认。

4. 发药　根据处方核对患者姓名、年龄等，详细交代用法用量、注意事项，并进行用药教育和用药咨询。

5. 存方　将已调配销售的处方按有关规定保存；对顾客不愿意留存的处方，可保存其复印件。

（二）注意事项

1. 批号效期　调配处方时应首先检查药品的批准文号，并注意药品的有效期，取同一种药品时应取同一批号药品，同一个批号的药品销售完后再取另一批号的药品。近效期药品要及时采取措施，严禁销售过期药品。

2. 特殊交代

（1）药品的特殊储存要求和特殊服用方法要主动告知患者，如胰岛素制剂应在2～8℃低温冷藏；泡腾片不能直接吞服，应用冷水或温开水溶解后服用。

（2）某些典型的药品不良反应要主动告知，如患者服用含有镇静催眠或抗组胺成分的药品要提醒患者服药期间不可驾驶汽车或高空作业；含有头孢类成分的药品要提醒患者近期不能饮酒等。

3. 法规要求　药品零售企业应及时关注相关法规对药品调配的要求，如销售含麻黄碱类复方制剂，应当查验购买者的身份证，并对其姓名和身份证号码予以登记。除处方药按处方剂量销售外，含麻特殊管理药品的制剂，一次销售不得超过2个最小包装。特殊情况下（如新冠病毒肺炎流行期间），在销售发热、咳嗽类药品时应实行登记报告制度。

三、中药饮片调配

（一）中药饮片处方特点

1. 组方原则 中药饮片处方是在中医理论辨证论治的基础上，根据药物的性能和相互关系配伍而成，一般按“君、臣、佐、使”组方原则组成，所以一张处方有几种甚至几十种药物，单味药方少见。

2. 并开药物 是指医师为开方方便，将处方中2～3种药物并开在一起。并开的药物大致有两类：一是疗效基本相同的药物，如焦三仙指焦神曲、焦山楂、焦麦芽，均有消食健胃作用，常常并开同用；二是配伍时产生协同作用的药物，如知柏即知母和黄柏，二者配伍能增强其滋阴降火作用。

3. 处方脚注 脚注是医师在处方药品右上方提出的简单嘱咐。脚注的内容有对煎煮的要求，如石膏（先煎）、薄荷（后下）、阿胶（烊化）、车前子（包煎）、人参（另煎）、三七粉（冲服）等，调配时这些药物要单独包装。脚注的内容还有加工方法的说明，如枇杷叶（去毛）、乌梅（去核）等。

你知道吗

“君、臣、佐、使”含义

1. 君药 是针对主病或主证起主要治疗作用的药物。它体现了处方的主攻方向，其药力居方中之首，是组方中不可缺少的药物。

2. 臣药 一是辅助君药加强治疗主病和主证；二是针对兼病或兼证起治疗作用的药物。

3. 佐药 一是佐助药，治疗兼证或次要症状的药物；二是佐制药，消除或减缓君、臣药的毒烈性；三是反佐药，用于因病势拒药而加以从治者。

4. 使药 一是引经药，如治上部疾患用桔梗为引，治下部疾病以牛膝为引等；二是调和药性的药物，如方剂中常用甘草、大枣以调和药性等。

君臣佐使，如麻黄汤：君药麻黄，臣药桂枝，佐药苦杏仁，使药炙甘草。发汗解表、宣肺平喘而主治外感风寒表实证。

（二）中药饮片处方调配程序

中药饮片处方调配的程序一般包括审方、计价、调配、复核、包装、发药、存方等程序。

1. 审方 除常规合法性、规范性和适宜性审核外，另需注意处方中是否有“十八反”“十九畏”“妊娠禁忌”等配伍禁忌药存在，需特殊处理的药物是否“脚注”，以及药物是否齐备等。

2. 计价 将每味药的剂量乘以单价得出每味药的价格，再将全方相加即得总价。代煎药可加收煎药费。

3. 调配

（1）调配前再次审查相反、相畏、禁忌、毒性药剂量等，确认处方没有差错。

（2）根据药物不同体积、重量等选用适当的戥子，一般用克戥，称取贵重或毒性药，克以下的要用毫克戥，以保证剂量准确。称量前应检查戥秤的准确度。

（3）一方多剂时用递减分戥法称量，每味药应逐剂回戥，特别是毒性药禁止凭主观估量，更不可随便抓配。

（4）坚硬或大块的矿石、果实、种子、动物骨及胶类药，调配时应捣碎成小块或粗末入药。

（5）不得将变质、发霉、虫蛀等药品调配入药。

（6）为便于核对，按照处方药味顺序调配，并间隔摆放。

（7）先煎、后下、包煎、烊化、另煎、冲服等特殊煎煮方法的药品必须单包并注明。

4. 复核　为保证患者用药有效安全，防止调配差错与遗漏，对已调配好的药剂在配方自查基础上，再由有经验的中药师，进行一次全面细致核对，重点核对调配的药物和用量与处方是否相符；需特殊处理的药物是否按要求作了特殊处理；配制的药物有无虫蛀和发霉等质量问题；毒性药和有配伍禁忌药及贵重细料药的应用是否得当；调配者是否签字等。

5. 包装　经核对无误后复核人员签名盖章，即可装袋发药。包装的药袋上写明患者的全名。

6. 发药　应认真核对患者姓名、药剂贴数，同时向患者说明需要特殊处理的药物或另外的“药引”，以及煎煮方法、服法等。

（三）中药饮片特殊煎煮要求及配伍禁忌

1. 特殊煎煮要求

（1）先煎　矿石、贝壳、动物角甲类饮片因质地坚硬，有效成分不易煎出，应打碎先煎 30 分钟，如生石膏、生牡蛎等。某些有毒饮片可先煎 1～2 小时，以降低毒性，如制川乌、附子等。

（2）后下　气味芳香、含挥发性成分饮片不宜久煎，以免有效成分散失。一般在其他药煎好前 5～10 分钟入煎即可，如薄荷、砂仁等。含有久煎后有效成分易破坏的饮片也需后下，如徐长卿、大黄等。

（3）包煎　含黏液质较多的饮片在煎煮过程中易黏锅底，宜包煎，如车前子、葶苈子等；富含绒毛的饮片宜包煎，以免脱落的绒毛混入煎液后刺激咽喉，引起咳嗽，如旋覆花、枇杷叶等；花粉等微小饮片因总表面积大、疏水性强，煎煮时宜包煎；避免漂浮影响有效成分的煎出，如蒲黄、海金沙等；有特殊气味的需要包煎，如五灵脂、儿茶等。

（4）另煎　一些贵重中药，为使其有效成分充分煎出及减少有效成分被其他药渣吸附引起的损失，需在另器单独煎煮取汁，再将药渣并入其他药合煎，然后将前后煎煮的药液混匀后分服，如人参、西红花等。

（5）冲服　一些用量少、贵重的中药宜研成粉末用药液冲服，如三七、鹿茸等；还有一些液体类药材，如竹沥、蜂蜜等，易熔化的矿物类或树脂类药材，如芒硝、血竭等也需要冲服或兑服。

（6）烊化　一些胶类、蜜膏类中药不宜与其他药同煎，以免煎液黏稠而影响其他有效成分的煎出或导致结底糊化，如阿胶、饴糖等。

（7）泡服　主要是指花叶类及部分易浸出有效成分的药材，用开水浸泡代茶饮用，可减去煎药的麻烦以及减少挥发性成分的损失。花类如金银花、菊花等；叶类如桑叶、香薷等；其他类如胖大海、蒲公英等。

2. 配伍禁忌

（1）“十八反”与“十九畏”　“十八反”是指“本草明言十八反，半蒌贝蔹及攻乌。藻戟遂芫俱战草，诸参辛芍叛藜芦”，即乌头反半夏、瓜蒌、贝母、白蔹、白及，甘草反海藻、大戟、甘遂、芫花，藜芦反人参、沙参、丹参、玄参、细辛、芍药。“十九畏”是指“硫黄原是火中精，朴硝一见便相争。水银莫与砒霜见，狼毒最怕密陀僧。巴豆性烈最为上，偏与牵牛不顺情。丁香莫与郁金见，牙硝难合京三棱。川乌草乌不顺犀，人参最怕五灵脂。官桂善能调冷气，若逢石脂便相欺。大凡修合看顺逆，炮爁炙煿莫相依”，即硫黄畏朴硝，水银畏砒霜，狼毒畏密陀僧，巴豆畏牵牛，丁香畏郁金，牙硝畏三棱，川乌、草乌畏犀角，人参畏五灵脂，官桂畏赤石脂。

（2）妊娠用药禁忌　根据药物妊娠毒性强弱，可分为禁用与慎用二类。禁用的大多是毒性较强，或药性猛烈的药物，如巴豆、牵牛、大戟、斑蝥、商陆、麝香、三棱、莪术、水蛭等；慎用的包括通经去瘀、行气破滞以及辛热等药物，如桃仁、红花、大黄、枳实、附子、干姜、肉桂等。凡禁用的药物，绝对不能使用；慎用的药物，则可根据孕妇患病的情况，酌情使用。

> **请你想一想**
>
> “十八反”“十九畏”有科学道理吗？如果遇到违反“十八反”“十九畏”的处方应如何调配？

（3）饮食禁忌　简称食忌，也就是通常所说的忌口。在古代文献上有常山忌葱、茯苓忌醋等记载，这说明服用某些药时不可同吃某些食物。另外，由于疾病的关系，在服药期间，凡属生冷、黏腻、腥臭等不易消化及有特殊刺激性的食物，都应根据需要予以避免。

实训六　模拟处方调配

一、实训目的

1. 掌握零售药店处方审核、调配、复核、发药等处方调配能力。

2. 熟悉处方审核的主要内容。

3. 能正确调配处方，为从事药学服务工作奠定基础。

二、实训准备

1. 实训场地　模拟药房。

2. 实训材料　工作服；记录表格；模拟药品；呼吸系统疾病治疗药物、消化系统疾病治疗药物、心血管系统疾病治疗药物、内分泌系统疾病治疗药物、血液系统疾病治疗药物以及抗菌药物等处方，每张处方 2 ~ 5 个药品。

三、实训指导

1. 收方　从患者或其家属手中接收处方。

2. 审方　对处方来源等合法性问题进行审核，对药品名称、用法用量等书写规范性问题进行审核，对用药与临床诊断的相符性、用法用量的正确性、剂型与给药途径的合理性、是否重复给药、是否有潜在临床意义的药物相互作用和配伍禁忌等用药适宜性问题进行审核。

3. 调配　严格遵守调配操作规程，先进先出，近效期先出，并做到“四查十对”。

4. 复核　仔细核对所取药品与处方药品的一致性，并逐个检查药品外观质量是否合格及确认有效期。

5. 发药　核对患者身份，进行必要的用药指导。

6. 合规　各环节应按规定进行签名确认，并严格遵守相关法规要求。

四、实训方法

3 人每组进行现场模拟，主要角色有营业员、执业药师、患者等，教师进行现场指导、点评。

五、实训步骤

1. 班前准备　个人卫生、柜台卫生、整理药品及货架、检查药品价格标签等。

2. 处方调配　根据患者随机抽取的某系统疾病处方进行审方、调配、复核、发药及用药指导、存方等操作，并填写相关记录。

3. 记录并清场　客观真实地填写原始记录并及时清场。

六、考核方式

根据现场表现，教师评价打分，学生之间相互评价，按照5∶5 比例计算项目积分，实训过程考核评分表见表 6 - 2。

表 6-2　实训过程考核评分表

项目要求	考核要求	分值	得分
班前准备	仪容仪表、卫生、销售工具、货架整理等	30	
审方	审方正确并签字，合格处方方可调配，不合格处方应指出问题并请示教师更正后方可调配	15	
调配	调配正确并签字，应符合相关调配操作规程	10	
复核	复核正确并签字	5	
发药	发药正确并签字	5	
用药指导	语言通俗易通，特殊用法、常见不良反应及注意事项等告知正确	15	
记录	记录填写正确，处方保存规范	10	
职业素养	服务质量优秀，营业结束规范	10	

目标检测

一、选择题

1. 处方具有的意义不包括（　　）。

A. 法律意义　B. 技术意义　C. 存档意义　D. 经济意义

2. 收载在《中国药典》上的处方是（　　）。

A. 电子处方　B. 医师处方　C. 协定处方　D. 法定处方

3. 淡绿色的处方属于（　　）。

A. 普通处方　B. 麻醉药品处方　C. 儿科处方　D. 急诊处方

4. 处方前记中不应该包括的内容是（　　）。

A. 开具日期　B. 处方金额　C. 门诊或住院病历号　D. 临床诊断

5. 关于处方书写的说法错误的是（　　）。

A. 每张处方只限于一名患者用药

B. 处方一律用规范的中文或英文名称书写

C. 不得超过 5 日用量

D. 开具麻醉药品处方时，需要病例记录

6. “tid.” 的中文含义是（　　）。

A. 每日 1 次　B. 每日 2 次　C. 每日 3 次　D. 隔日 1 次

7. “im.” 的中文含义是（　　）。

A. 皮内注射　B. 皮下注射　C. 肌内注射　D. 静脉注射

8. 第二类精神药品处方保存期限为（　　）。

A. 1 年　B. 2 年　C. 3 年　D. 4 年

9. 审核处方时发现普通感冒使用抗菌药，判断该处方属于（ ）

A. 超适应证用药　　B. 无适应证用药

C. 无指征联合用药　　D. 禁忌证用药

10.《处方管理办法》中明确要求药学技术人员不仅对处方的前记、正文、后记要逐项检查，同时还要审查（ ）。

A. 麻醉药品处方中患者身份证明编码

B. 处方用药的适宜性

C. 处方的金额

D. 处方的报销方式

11. 处方调配工作的首先环节是（ ）。

A. 审方　　B. 调配　　C. 复核　　D. 发药

12. 要求冷处保存的药品是指保存条件为（ ）。

A. -8~0℃冷处保存　　B. 0~10℃冷处保存

C. 2~10℃冷处保存　　D. 0~20℃冷处保存

13.“四查十对”内容不正确的是（ ）。

A. 查处方，对科别、姓名、年龄

B. 查药品，对药名、剂型、规格、数量

C. 查配伍禁忌，对药品性状、用法及用量

D. 查用药合理性，对处方金额

14. 以下不属于中药饮片处方调配要求的是（ ）。

A. 处方无医师签字、项目不齐、字迹辨认不清的，审核人员应拒绝调配

B. 处方有配伍禁忌或超剂量的，审核人员应拒绝调配

C. 调配新鲜药材，应提醒顾客对新鲜药材合理保鲜，防止发霉变质

D. 处方复核时，由顾客自行对照药味进行复核

15. 以下说法错误的是（ ）。

A. 处方药不能用开架自选的销售方式

B. 调配处方时应认真、细致、准确，同时做到“四查十对”

C. 发药时，向顾客准确交代药品的用法、用量、禁忌证、注意事项等

D. 对本店没有处方所列药品的处方，可按照临床诊断更改其他代替药品

16. 以下关于中药饮片的处方调配，说法错误的是（ ）。

A. 审核人员对处方审核无误，即可由调配人员进行调配

B. 调配人员不得擅自更改或代用处方中的药味

C. 需要进行特殊煎煮的中药，应进行“单包”并注明用法

D. 发药时向患者详细说明煎法、服用方法

二、简答题

1. 为什么处方用量有 3 日、7 日及更长时间的区别？
2. 中药饮片处方调配与成药处方调配有何不同？

书网融合……

微课　　划重点　　自测题

项目七 常见病症的用药指导

学习目标

知识要求

1. **掌握** 发热、疼痛等常见病症的药品推荐和用药指导。
2. **熟悉** 发热、疼痛等常见病症的病因、临床表现和用药原则。
3. **了解** 发热、疼痛等常见病症的临床表现及健康指导。

能力要求

1. 熟练掌握发热、疼痛等常见病症的药品推荐技能。
2. 会对发热、疼痛等常见病症的患者提出合理建议，确保患者用药安全。

任务一 发热

PPT

岗位情景模拟

情景模拟 王同学咽喉疼痛，体温39℃，到校医室就诊后被诊断为咽喉炎。校医生给王同学开了布洛芬、罗红霉素，并嘱咐王同学服药期间如果病情加重或者3天后没有好转，应再次到校医室就诊。王同学之后按照医嘱服药，3天后病情好转。

讨论 1. 王同学体温达39℃，是否属于发热症状？发热的原因有哪些？

2. 布洛芬和罗红霉素分别起什么作用？

3. 在患者服用退烧药物时医生需对患者进行哪些用药教育？

一、概述

体温是指人体内部的温度。保持恒定的体温，是保证新陈代谢和生命活动正常进行的必要条件。

正常人的体温在37℃左右，但各个部位的温度不尽相同，其中以内脏温度最高，头部次之，而在皮肤和四肢末端的温度最低。一般以口腔、直肠和腋窝的体温为代表，其中直肠体温最接近深部体温。体温正常值：口腔舌下温度为36.3～37.2℃，直肠温度为36.5～37.7℃，腋下温度为36.0～37.0℃。

体温在一日内也会发生一定的波动，如一般在清晨2～6时体温最低，7～9时逐渐上升，下午4～7时最高，继而下降，昼夜温差不会超过1℃。体温在性别、年龄方面也略有不同，如女性略高于男性，新生儿略高于儿童，青年人略高于老年人。此外，体温也会受到肌肉活动、精神紧张、进食等因素的影响。体温受人体体温调节中枢的调控，在生命活动中，不断地产热，同时体热也通过散热途径（皮肤、血管、汗腺）散发到外界环境中，人体的产热和散热平衡使体温在一日内保持相对恒定。

在致热原作用下，或各种原因引起体温调节中枢功能紊乱，使机体产热增多，散热减少，体温升高超出正常范围，称为发热。发热是临床上最常见的症状，是疾病进展过程中的重要临床表现。

你知道吗

致热原

能引起体温升高的物质均称为致热原，包括外致热原、某些体内产物及内生致热原。

内源性致热原：白细胞介素、肿瘤坏死因子、干扰素等，属于内热原。

外源性致热原：细菌及其毒素、病毒、真菌、螺旋体等微生物，免疫反应，某些药物等，统称为外热原。

二、定义与病因

（一）定义

发热是指人体的体温高出正常值范围，口腔温度超过 37.3℃，直肠温度超过 37.6℃或腋窝温度超过 37.0℃，昼夜温度波动超过 1℃即为发热。

以腋窝的温度为标准，发热的临床分度为：低热 37.4～38℃，中等度热 38.1～39℃，高热 39.1～41℃，超高热 41℃以上。

（二）病因

引起发热的病因很多，大致分为感染性和非感染性两大类，以感染性最为多见。

1. 感染性因素 如细菌、结核分枝杆菌、病毒和寄生虫感染；或感冒、肺炎、伤寒、麻疹、蜂窝组织炎等传染性疾病所伴发症状。

2. 非感染性因素 如组织损伤、炎症、过敏、血液病、结缔组织病、肿瘤、器官移植排斥反应、恶性病或其他疾病的继发后果。

你知道吗

1. 机体产热过多也会引起发热，例如剧烈运动后。
2. 体温调节中枢的病变可以造成体温调定点的改变，从而引起高热，见于严重颅脑创伤、脑炎。
3. 严重的皮肤疾病导致散热减少也会引起发热。
4. 女性在经期或排卵期也会出现低热，这是正常的生理现象。
5. 药物过敏也可能引起发热，一般称之为“药物热”，以抗感染药物最常见。

三、临床表现

发热的主要表现是体温升高、脉搏加快。热程在 2 周以内的发热称为急性发热，多伴有明显的症状，病因诊断一般不困难。发热持续 3 周以上，体温多次超过38.3℃，经过至少 1 周深入细致的检查仍不能确诊的疾病称为不明原因发热。体温（口温）在 37.5 ~38.4℃，并持续 4 周以上称为长期低热。

你知道吗

发热常见于以下几种情况。

1. 血常规检查白细胞计数高于正常值，可能有细菌感染；白细胞计数低于正常值，可能有病毒感染。

2. 伴有头痛、四肢关节痛、咽喉痛、畏寒、乏力、鼻塞或咳嗽，可能是感冒。

3. 儿童伴有咳嗽、流涕、眼结膜充血、麻疹黏膜斑及全身斑丘疹，可能是麻疹；儿童或青少年伴有以耳垂为中心的腮腺肿大，多为流行性腮腺炎。

4. 发热可有间歇期，表现有间歇发作的寒战、高热，继之大汗，可能是化脓性感染或疟疾。

5. 持续高热，如 24 小时内波动持续在 39 ~40℃，居高不下，伴随寒战、胸痛、咳嗽、咳铁锈色痰，可能伴有肺炎。

四、药物治疗

发热是机体的保护性反应，不能见热就解。对于发热患者应先查清楚病因，明确诊断后针对病因进行治疗。发热的治疗原则为对症治疗，适当地使用解热药物。

常用的退烧药有对乙酰氨基酚、布洛芬、阿司匹林、贝诺酯等，儿童病毒性感染所引起的发热应避免使用阿司匹林，有可能引起“瑞氏”综合征。

1. 对乙酰氨基酚　解热作用强，镇痛作用较弱，作用缓和而持久，对胃肠道刺激小，正常剂量下较为安全有效，是首选的退热药，也是世界卫生组织推荐的较为安全的药物，但要注意超剂量使用可造成肝脏不可逆性损伤。

用于退热，成人一次 0.3 ~0.6g，每隔 4 小时 1 次，或一日 4 次，一日安全剂量不宜超过 2g；用于镇痛，成人一次 0.5 ~1g，一日 3 ~4 次，一日安全剂量不宜超过 4g。儿童按体重一次 10 ~15mg/kg，每隔 4 ~6 小时重复用药 1 次，每 24 小时不多于 5 次。用药不超过 3 天。对于抗拒口服药或口服药易引发呕吐的婴幼儿也可选用对乙酰氨基酚栓剂。

> **请你想一想**
>
> 你有过发热吗？使用什么药物解热的？对乙酰氨基酚和布洛芬分别有什么作用特点呢？

2. 布洛芬　镇痛作用强，比阿司匹林强 16 ~32 倍，抗炎作用弱，退热作用与阿司匹林相似但较持久，适用于婴幼儿。胃肠道不良反应较轻，是世界卫生组织推荐的较为安全的药物。

成年人及12岁以上儿童用于退热、镇痛，一次0.2～0.4g；用于抗炎，一次0.2～0.6g；一日3～4次，一日安全剂量按非处方药不超过1.2g，处方药不超过2.4g。1～12岁儿童，每次5～10mg/kg，每6小时一次。对于儿童，通常推荐体温>38.5℃开始使用退热药。但是，对有高热性惊厥病史的儿童，一旦出现发热，应规律使用退热药，避免诱发惊厥。

五、用药注意事项与患者健康教育

1. 解热镇痛药用于退热一般不超过3天，如症状未缓解应及时就医，不得自行长期服用。解热镇痛药用于退热只是对症治疗，并不能解除病因。对于免疫力正常的患者，如果是可自愈的感冒所致发热，自我药疗即可缓解不适；对于免疫力低下或伴有多种基础疾病的患者，服用解热镇痛药自我药疗，则可能掩盖病症而影响其他疾病的诊断，延误病情。

2. 发热是人体的一种保护性反应，有利于炎症的修复。但另一方面，发热会使体力消耗，甚至可引发惊厥。故在应用解热镇痛药时，应严格掌握用量，老年人、低体重和肝、肾功能不全的患者应适当减少剂量，并注意给药时间间隔（至少为4～6小时），同时注意多饮水，补充能量、蛋白质和电解质。发热期间宜多休息，保证充分的睡眠。对高热患者可用物理降温帮助退热。

3. 布洛芬等非选择性非甾体抗炎药宜在餐后服药（肠溶制剂则宜空腹或餐后2小时服用），不宜空腹服药，避免药物对胃肠道的刺激。老年人、肝肾功能不全者、血小板减少症者、有出血倾向者、有上消化道出血或穿孔病史者，应慎用或禁用非选择性非甾体抗炎药。

4. 妊娠妇女，可在正常剂量范围内短期使用对乙酰氨基酚，但不推荐长期大剂量使用，因该药长期使用的安全性证据还不充分。对乙酰氨基酚进入乳汁的浓度相对较低，目前认为可用于哺乳期发热和镇痛。

5. 布洛芬等非甾体抗炎药可使胎儿动脉导管早闭，又因可抑制前列腺素合成导致难产或产程延长，所以在妊娠早期和晚期禁用布洛芬。布洛芬进入乳汁的浓度很低，目前认为可用于哺乳期妇女的发热和镇痛。

6. 世界卫生组织建议两个月以内的婴幼儿禁用任何退烧药，儿童体温达到38.5℃、经物理降温无效时，可适当选用布洛芬混悬液或含对乙酰氨基酚的滴剂。

7. 对于发热，原则上单药治疗，如果一种药物不起效则换用另外一种，不建议合用或交替使用（以免引起肝、肾、胃肠道的损伤）。如果一种药物服用后最小时间间隔还没到，患者又发热，可以用另外一种药物。用药期间不宜饮酒或者饮用含有乙醇的饮料。

请你想一想

退烧药可以合用吗？为什么？

任务二 疼痛

PPT

岗位情景模拟

情景模拟 患者，女，28岁，无家族遗传病史及严重病史，职业白领，经常伏案工作，偶尔参加锻炼但不规律。最近3个月右侧颈肩部出现反复疼痛，按摩、贴膏药、针灸等治疗方法均不能缓解症状，其工作后加重疼痛感，影响正常作息。

医生给她开了双氯芬酸二乙胺乳胶剂，交代疼痛特别严重影响睡眠时服用。

建议：工作时间不宜过长，注意生活规律及饮食，静养。

讨论 1. 患者疼痛原因是什么？

2. 除了颈肩劳损引起的疼痛，日常中还有哪些疼痛？如何治疗和预防？

一、概述

疼痛是一种令人不快的感觉和情绪上的感受，伴有实质上的或潜在的组织损伤。它是一种复杂的生理心理活动，广泛出现于各种疾病病程中，是临床上最常见的症状之一。它是机体受到伤害刺激后发出的一种保护性反应。如果疼痛长期持续不止，便失去警戒信号的意义，反而对机体构成一种难以忍受的精神折磨，严重影响学习、工作、饮食和睡眠，降低生活质量，产生一种不可忽视的经济和社会问题。所以，解除疼痛一直是医务工作者面临的迫切任务。

世界卫生组织将疼痛确定为继血压、呼吸、脉搏、体温之后的“第五大生命体征”。国际疼痛研究协会把疼痛定义为“由实际或潜在组织损伤所引起的不愉快感觉和情感体验”。按疼痛程度，疼痛可分为轻度疼痛、中度疼痛、重度疼痛。疼痛可发生在身体各个部位，常见部位的疼痛包括：头痛、牙痛、腹痛、颈肩痛、腰腿痛、关节痛等。

你知道吗

生命体征

就是用来判断患者的病情轻重和危急程度的指征。

生命四大体征包括呼吸、体温、脉搏和血压。

它们是维持机体正常活动的支柱，缺一不可，不论哪项异常都会导致严重或致命的疾病，同时某些疾病也可导致这四大体征的变化或恶化。由此，医生可依据“危急值”报告，向其家属发“病危通知”。

二、常见症状及原因

（一）头痛

头痛是一种常见的疾病。既可以是单一疾病，也可以是躯体某些器质性疾病的信号或并发症。近年来，随着生活节奏的加快，头痛的发病率呈上升趋势。在头痛门诊中，偏头痛与肌紧张性头痛约占半数以上。

头部疼痛形式多种多样，常见胀痛、闷痛、撕裂样痛、电击样痛、针刺样痛，部分伴有血管搏动感及头部紧箍感，以及恶心、呕吐、头晕等症状。继发性头痛还可伴有其他系统性疾病相关症状或体征，如感染性疾病常伴有发热，脑血管病变常伴偏瘫、失语等神经功能缺损症状。

引起头痛的原因很多，如感染（颅内感染或全身感染的头部表现等）、血管病变（脑出血、蛛网膜下隙出血等）、颅脑肿瘤、全身系统性疾病（高血压病）、药物戒断、精神紧张等。此外，近视、散光、远视、青光眼或其他原因引起的眼压升高也会导致头痛。

请你想一想

你生活中出现过头痛吗？头痛的表现有哪些？

根据发病病因，头痛分为哪些类别？

根据头痛发生病因，可将头痛分为三大类。①原发性头痛：偏头痛、紧张性头痛、丛集性头痛、三叉自主神经性头痛等。②继发性头痛：包括头颈部外伤、颅颈部血管病变、颅内非血管性疾病、药物戒断、精神性疾病等所致头痛。③脑神经痛、中枢性和原发性面痛以及其他颜面部结构病变所致头痛。

（二）牙痛

牙痛是指牙齿因各种原因引起的牙齿或牙齿周围疼痛，为口腔疾患中常见的症状之一，其表现为牙龈红肿、遇冷热刺激痛、面颊部肿胀等。牙痛大多由牙龈炎、牙周炎、龋齿或折裂牙而导致牙髓（牙神经）感染引起。多由于不注意口腔卫生，牙齿受到食物残渣、细菌等物结成的牙垢和牙石的长期刺激，不正确的刷牙习惯、维生素缺乏等造成。

疼痛是其主要表现，表现为剧烈且难以忍受的疼痛。疼痛的性质有以下特点：自发性疼痛，阵发性加剧，呈间歇性发作，在无外界任何刺激的情况下，患牙发生剧烈疼痛；早期疼痛发作时间短，缓解时间较长，随着病情发展，晚期则疼痛发作时间长，缓解时间较短，甚至最后无缓解期；夜间疼痛比白天重，特别是平卧时更显著；早期冷、热刺激均可引起疼痛加重，晚期冷刺激不但不激发疼痛，反而可使疼痛暂时缓解。

你知道吗

牙周炎

牙周炎是口腔常见病。牙垢、牙石、嵌塞的食物等局部因素的刺激，牙龈受到损害，加上细菌的作用，使牙周膜破坏；维生素 C 的吸收、利用障碍；维生素 D 缺乏及各种因素导致的机体抵抗力下降，皆可引发牙周炎。

（三）腹痛

腹痛是临床常见的症状，也是促使患者就诊的原因。是指由各种原因引起的腹腔内、外脏器病变而表现为腹部疼痛。腹痛多由腹内组织或器官受到某种强烈刺激或损伤所致，也可由胸部疾病及全身性疾病所致，如炎症、出血、肿瘤、梗阻、穿孔、创伤及功能障碍等。

此外，腹痛又是一种主观感觉，腹痛的性质和强度，不仅受病变情况和刺激程度影响，而且受神经和心理等因素的影响。即患者对疼痛刺激的敏感性存在差异，相同病变的刺激在不同患者或同一患者的不同时期所引发腹痛在性质、强度及持续时间上也有所不同。因此，只有从疾病的病理生理、神经生理、心理学和临床等多方面进行剖析，才可能对腹痛有正确的评估与诊断。

腹痛在临床上常分为急性与慢性两类。急性腹痛是常见的临床症状之一，其病因复杂多样，但其共同特点是发病急、变化快和病情重，需迅速、准确地作出诊断和鉴别诊断。慢性腹痛起病缓慢、病程长，疼痛多为间歇性或为急性起病后腹痛迁延不愈，疼痛性质以钝痛或隐痛居多，也有烧灼痛或绞痛发作；慢性腹痛的病因较复杂，常与急性腹痛的病因相互交叉，造成诊断及鉴别诊断的困难。

你知道吗

腹痛的伴随症状

1. 伴随发热 提示炎症、结缔组织病、恶性肿瘤等。

2. 伴呕吐 提示食管、胃或胆道疾病，呕吐量多提示有胃肠梗阻。

3. 伴腹泻 提示肠道炎症、吸收不良、胰腺疾病。

4. 伴休克，同时有贫血 提示腹腔脏器破裂（如肝或脾破裂）。

5. 伴尿急、尿频、尿痛、血尿等 表明可能泌尿系感染或结石。

6. 伴消化道出血 如为柏油样便或呕血提示消化性溃疡或胃炎等；如为鲜血便或暗红色血便，常提示溃疡性结肠炎、结肠癌、肠结核等。

（四）颈肩痛

颈肩痛是很多患者都会出现的临床症状，颈部、肩部疼痛是骨科门诊常见的问题，特别是现在的工作生活节奏快，很多人都需要长时间面对电脑、伏案看书、坐办公室持续低头工作、开车等。故颈椎病成为临床最常见的疾病之一。

颈肩痛是由颈椎骨、关节、韧带、肌肉、筋膜及肩关节软组织病变或内脏疾病引起的综合征，又称颈臂痛，表现为局部疼痛。由于颈肩部解剖结构复杂，神经与血管间关系密切，故引起颈肩痛的因素很多。颈部疾患中以退行性病变引起者为多见，其次为急性颈部软组织损伤、慢性软组织劳损、颈椎本身病变。肩部疾病引起的疼痛包括肩周炎、肩袖急性损伤或慢性劳损等。

颈肩痛主要症状为颈肩部持续疼痛，活动受限。遇风、遇冷感觉有沉重隐痛。疼痛特点是胳膊一动就痛，不动不痛或稍痛，穿衣、梳头、提物、举高都有困难。发作严重时疼痛难忍，影响休息。

疼痛部位：颈椎及软组织病变导致的颈肩部疼痛多位于颈部病变部位，而肩周炎等疾病引起的颈肩部疼痛多位于肩关节周围；内脏疾病引发的颈肩部疼痛，如心脏疾病引发的颈肩部疼痛多位于左侧，消化道疾病引发的多位于右侧。

颈肩痛症状不但会导致患者颈肩不适，增加医疗花费，严重影响生活质量，还可能会伴有头晕、恶心，严重者还会大小便失禁、瘫痪等，因此必须予以重视。

（五）关节痛

关节痛是关节疾病最常见的症状。关节痛属于关节软骨的自然损伤和老化现象。关节痛主要是由骨性关节炎、类风湿关节炎、化脓性关节炎、结核性关节炎、关节外伤以及发热性疾病等所致的关节疼痛、红肿、炎症和活动受阻、功能受限。轻者影响日常活动与睡眠，重者生活难以自理。关节痛多累及膝、髋、肩、肘、腕、踝关节，也会影响指、趾关节。

你知道吗

软骨

软骨是沿着关节排列的物质，它能避免骨头末端互相摩擦在一起，并且让关节在充满关节液的状态下自由移动。当人年岁渐老，人体的软骨被磨损，骨头可以渐渐暴露，手指、膝盖、脖颈等处的关节和关节靠在一起活动摩擦时就疼痛、肿胀、僵硬、有响声。

骨性关节炎又叫退行性关节炎，是一种最常见的关节疾病，是以关节软骨变性、破坏及骨质增生为特征的慢性关节疾病。本病的发生与衰老、肥胖、炎症、创伤、关节过度使用、代谢障碍及遗传等因素相关。好发于膝、髋、手、足、脊柱（颈椎及腰椎）等负重或活动较多的关节。其主要症状为关节疼痛及压痛、关节肿大、晨僵、关节摩擦音、关节活动受限等。

其他常见的关节痛，风湿性者多呈游走性，有的呈轻度红肿；如果治疗不及时，常侵犯心脏，后期发展为风湿性心脏病。类风湿者，以指、腕、踝、趾关节受累最多，发病关节处红、肿、热、痛明显，发展晚期则造成关节变形、僵直至活动严重障碍。因外伤撞击关节者，轻者皮肤红肿，重者可致韧带撕裂、关节脱位甚至骨折，这些损伤均可造成严重的关节痛。全身性发热、感染或结缔组织性疾病，都可累及关节，常致关节与肌肉疼痛。

三、药物治疗

药物治疗是疼痛治疗最基本、最常用的方法，疼痛主要是对症治疗。临床常用的镇痛药物有对乙酰氨基酚、布洛芬、双氯芬酸钠等。

1. 解热镇痛抗炎药 如对乙酰氨基酚、布洛芬。非甾体抗炎药用于缓解各种软组织风湿性疼痛的急性发作期，如肩痛、腱鞘炎、滑囊炎、肌痛等，急性的轻、中度疼痛，如手术后、创伤后、劳损后及运动后损伤性疼痛、牙痛、头痛等。

（1）双氯芬酸钠缓释片　口服。成年人：推荐剂量为每日 1 次，每次 75mg；最大剂量为 150mg，分 2 次服用或遵医嘱。对轻度疼痛及长期治疗患者，每日服用 75mg。对夜间及清晨疼痛症状较重的患者，应在傍晚服用 75mg。

（2）塞来昔布胶囊　急性疼痛：推荐剂量为第一天首剂 400mg，必要时可再服 200mg；随后根据需要，每日 2 次，每次 200mg。骨性关节炎：本药可缓解骨性关节炎的症状和体征，推荐剂量为 200mg，每日 1 次口服；或 100mg，每日 2 次口服。

（3）双氯芬酸钠二乙胺乳胶剂　用于缓解肌肉、软组织和关节的轻、中度疼痛。外用：按照痛处面积大小，使用本品适量，轻轻揉搓，使本品渗透皮肤，一日 3 ~ 4 次。

严重疼痛患者而在规律使用上述解热镇痛抗炎药的基础上，可短期按需服用氨酚羟考酮片。

2. 由于平滑肌痉挛引起的腹痛　可用氢溴酸山莨菪碱，可明显缓解胃肠绞痛、胆道痉挛。氢溴酸山莨菪碱，口服，一次 5 ~ 10 mg，一日 2 ~ 3 次；颠茄浸膏片，口服，一次 10 ~ 30mg，一日 2 ~ 3 次。

3. 紧张性头痛　首先针对病因进行治疗，如纠正导致头颈部肌肉紧张性收缩的异常姿势，伴随情绪障碍者可适当给予抗抑郁药；长期精神较紧张者，推荐应用地西泮片（安定）；对发作性紧张性头痛，可选阿司匹林、对乙酰氨基酚、罗通定、双氯芬酸、麦角胺咖啡因及 5 – 羟色胺受体 1B/1D 激动剂如佐米曲普坦；慢性紧张性头痛并有较长头痛病史者，常是心理疾病如抑郁、焦虑的表现之一，可适当选用抗抑郁药；伴有反复性偏头痛推荐应用抗偏头痛药，如麦角胺咖啡因、罗通定、苯噻啶；三叉神经痛首选卡马西平、加巴喷丁，如无效可继服苯妥英钠、巴氯芬、阿米替林等药物。

4. 氨基葡萄糖　是人体关节软骨基质中合成蛋白多糖的前体物质，它选择性地作用于骨性关节，阻断骨性关节炎的病理进展过程，可缓解关节疼痛、改善关节功能。硫酸氨基葡萄糖胶囊，口服，每次 500mg，每日 3 次，6 周为一个疗程甚或根据病情需要延长，每年重复治疗 2 ~ 3 次。

> **请你想一想**
>
> 1. 风湿性疼痛的急性发作期可选用什么药物治疗？
>
> 2. 长期精神紧张性头痛可以选用什么药物治疗？

四、用药注意事项与患者健康教育

1. 无论何种疾病引起的疼痛，均须找出病因，再进行对因治疗。为减轻疼痛，在不影响对因治疗的同时，可选用镇痛抗炎药。

2. 解热镇痛药用于镇痛一般不超过 5 天，如症状未缓解，或伴有发热、嗜睡、复视、血压或眼压升高、手足冰凉、神志不清时应去医院就诊。

3. 药物治疗以外用、口服给药为主，尽量使用最低有效剂量，避免含有相同成分的多种镇痛药物同时服用，从而导致药物过量。外用解热镇痛药时避免长期大面积使用，禁用于破损皮肤或感染性创口。

4. 布洛芬、阿司匹林均具有中等程度的镇痛作用；对慢性钝痛如牙痛、头痛、神经痛、肌肉痛、关节痛等有较好的镇痛效果，而对创伤性剧痛和内脏平滑肌痉挛引起的绞痛几乎无效。由于仅对疼痛的症状有缓解作用，故不宜长期服用。

5. 非甾体抗炎药药物有水钠潴留的作用，所以高血压、心功能不全的患者应慎用；肾功能明显障碍的患者使用本类药物有发生急性肾衰竭的报道，故肾功能不全者应慎用。

6. 服用含阿片类镇痛成分的（如氨酚待因、氨酚羟考酮）须加强患者教育，提醒可能出现的不良反应如便秘、头痛、眩晕。只有在规律服用一线镇痛药物不能很好地控制疼痛的基础上，才可按需短期服用。使用超过数周而不再需要治疗时应平稳递减剂量，防止出现戒断症状。

8. 应用山莨菪碱、颠茄片等解痉药后可引起口干、皮肤潮红、便秘等不良反应。用药 24 小时后若症状未缓解，应立即就医。

9. 硫酸氨基葡萄糖胶囊宜在饭时或饭后服用，可减少胃肠道不适，特别适合有胃溃疡的患者。

你知道吗

世界卫生组织（WTO）疼痛程度分级如下。

0 度：不痛。

Ⅰ度：轻度痛，为间歇痛，可不用药。

Ⅱ度：中度痛，为持续痛，影响休息，需用止痛药。

Ⅲ度：重度痛，为持续痛，不用药不能缓解疼痛。

Ⅳ度：严重痛，为持续剧痛伴血压、脉搏等变化。

任务三　咳嗽

PPT

岗位情景模拟

情景模拟　患者，男，4 岁，剧烈干咳 2 天有余，为阵发性剧烈痉挛性咳嗽，当咳嗽终止时还伴有鸡鸣样吸气回声。查体：体温 37.1℃，呼吸 22 次/分。医生诊断为百日咳。

讨论　1. 什么是百日咳，该如何治疗？

2. 为防止病情加重，健康指导的重点有哪些？

3. 哪些疾病会伴随咳嗽？

一、概述

咳嗽是呼吸道疾病中最常见症状之一，是人体的一种保护性反射动作。咳嗽时，呼吸道内的异物或呼吸道分泌物，都会随咳嗽排出，保持呼吸道清洁和通畅，有利于人体健康。咳嗽有时是一种有益的动作，轻度且不频繁的咳嗽，有利于痰液或异物排出，无须选用镇咳药；但对无痰而剧烈的干咳，或有痰而过于频繁的剧咳，不仅会增加患者的痛苦，影响其休息和睡眠，甚至会出现其他并发症，此时应适当而合理地使用镇咳药。

二、分类及病因

咳嗽通常按病程时间分为3类：急性咳嗽、亚急性咳嗽和慢性咳嗽。

1. 急性咳嗽　病程时间<3周，普通感冒是急性咳嗽最常见的病因，其他病因包括急性支气管炎、急性鼻窦炎、过敏性鼻炎、慢性支气管炎急性发作、支气管哮喘等。

2. 亚急性咳嗽　病程3~8周，最常见原因是感冒后咳嗽（又称感染后咳嗽）、细菌性鼻窦炎、咳嗽变异型哮喘等。

3. 慢性咳嗽　病程时间≥8周，原因较多，通常可分为两类：一类为初查X线胸片有明确病变者，如肺炎、肺结核、肺癌等。另一类为X线胸片无明显异常，以咳嗽为主或唯一症状者，即所说的不明原因慢性咳嗽；这类慢性咳嗽的常见原因为咳嗽变异型哮喘、鼻后滴漏综合征、嗜酸性粒细胞性支气管炎和胃食管反流性咳嗽，占呼吸内科门诊慢性咳嗽比例的70%~95%。

三、临床表现

咳嗽分为湿咳和干咳。咳嗽痰多，称为湿性咳嗽，简称湿咳，常见于慢性支气管炎、支气管扩张、肺炎等；咳嗽无痰或痰量甚少，称为干性咳嗽，简称干咳，常见于急性咽喉炎及急性支气管炎的初期、胸膜炎、轻症肺结核等。不同疾病所引起的咳嗽特点也不同。

1. 感冒　多为轻咳或干咳，有时可见有少量的稀薄白痰；流感后咳嗽多为干咳或有少量的稀薄白痰，可伴有胸痛、高热、头痛、咽喉痛。

2. 百日咳　多发生于儿童，为阵发性剧烈痉挛性咳嗽，当痉挛性咳嗽终止时伴有鸡鸣样吸气回声，病程长达2~3个月。

3. 支气管病变　支气管哮喘发作前常有鼻塞、流涕、打喷嚏、咳嗽、胸闷等先兆，继之反复性喘息、呼吸困难、胸闷、连续性咳嗽、呼气性困难、哮喘并有哮鸣音，继而咳痰，痰液多为白色、黄色或淡黄色；支气管扩张症常有慢性咳嗽，伴大量脓痰及反复咯血。

4. 肺结核　咳嗽常伴有低热或高热、消瘦、轻咳、胸痛、盗汗、心率加快、食欲减退等症状，少数患者可有呼吸音减弱，偶可闻及干性或湿性啰音，有黄绿色痰液。

5. 肺炎 起病突然，伴随有高热、寒战、胸痛、咳铁锈色痰。

6. 药物不良反应 约20%的咳嗽是由药物引起（如血管紧张素转换酶抑制剂、胺碘酮、肝素、华法林、氢氯噻嗪、呋喃妥因、对氨基水杨酸钠以及部分抗肿瘤药）的，此时应用镇咳药无效，宜及时停药或换药。

四、药物治疗

由于咳嗽的病因、时间、性质、并发症或表现不尽相同。在积极治疗原发病的基础上，应根据症状和咳嗽类型来选药。常用的外周性镇咳药有苯丙哌林，中枢性镇咳药有右美沙芬、喷托维林。

1. 苯丙哌林 非麻醉性强效镇咳药，起效迅速，镇咳效力为可待因的2~4倍。可抑制外周传入神经，亦可部分抑制咳嗽中枢，适用于刺激性干咳或剧烈阵咳。成人，一次20~40mg，一日3次。

2. 右美沙芬 目前临床上使用最广的镇咳药，属于非依赖性中枢镇咳药，镇咳作用与可待因相似，但无镇痛作用，治疗剂量对呼吸中枢无抑制作用，亦无成瘾性。成人，一次15~30mg，大剂量一次30mg时有效时间可长达8~12小时，比相同剂量的可待因作用时间长，故能抑制夜间咳嗽以保证睡眠。对于上呼吸道感染等引起的咳嗽常选用右美沙芬复方制剂（如酚麻美敏片、美息伪麻片、美扑伪麻片等）。

3. 喷托维林 属于非依赖性中枢镇咳药，镇咳作用强度为可待因的1/3，咳嗽较弱者宜选用，大剂量可使痉挛的支气管平滑肌松弛，降低气道阻力。成人，一次25mg；5岁以上儿童一次6.25~12.5mg，一日2~3次。

4. 可待因 属于麻醉药品，能直接抑制延髓的咳嗽中枢，镇咳作用强大而迅速，同时具有镇痛和镇静作用，尤其适用于伴有胸痛的干咳患者。由于其抑制支气管腺体的分泌而使痰液黏稠不易咳出，故不宜用于痰多且黏稠的患者。成人，一次15~30mg，一日1~3次。12岁以下儿童禁用。

> **请你想一想**
>
> 1. 以剧烈刺激性干咳、镇咳症状为主的患者宜选用什么药物？
> 2. 夜间咳嗽宜选用什么药物？
> 3. 频繁剧烈无痰、胸膜炎伴有胸痛的干咳患者宜选用什么药物？

5. 祛痰药 对呼吸道有大量黏痰的患者，应及时服用祛痰药与黏痰调节剂，如愈创木酚甘油醚、羧甲司坦、氨溴索、乙酰半胱氨酸等，以降低痰液黏稠度，使痰液易于排出。

五、用药注意事项与患者健康教育

1. 咳嗽需查清病因，对因治疗。治疗期间还应注意休息，戒烟禁酒，忌食辛辣刺激性食物。

2. 感冒后咳嗽多具自限性，通常能自行缓解，抗菌药物治疗无效。过敏性鼻炎或鼻窦炎引起的鼻后滴漏综合征所致咳嗽，应用缩血管剂或皮质激素滴鼻后往往有效。有长期吸烟史的老年人无明显诱因出现刺激性干咳，要特别警惕，排除肺癌。

3. 对干咳可单用镇咳药；对痰液较多的湿咳则应以祛痰为主，不宜单纯使用镇咳药，应与祛痰剂合用，以利于痰液排出和加强镇咳效果。对痰液特别多的湿性咳嗽，应该慎重使用镇咳药，以免痰液排出受阻而滞留于呼吸道内加重感染。

4. 对于服用血管紧张素转换酶抑制剂诱发的咳嗽，患者停药后 1 ~4 周咳嗽症状消失或明显减轻。

5. 可待因反复使用可引起药物依赖性，应按规定控制使用。对该药过敏者、痰多者、婴幼儿禁用；分娩期妇女用药可能引起新生儿呼吸抑制，故慎用；药物可自乳汁排出，故哺乳期妇女慎用，如需使用应给予最低有效剂量，并告知如出现极度困倦或婴儿嗜睡、烦躁、易激惹表现时，需立即停药并就医。

6. 注意药物不良反应。如右美沙芬可引起嗜睡，对驾车、高空作业或操作机器者宜慎用；苯丙哌林对口腔黏膜有麻醉作用，产生麻木感觉，服药时需整片吞服，不可嚼碎；青光眼、心功能不全者慎用喷托维林；有报道喷托维林可造成儿童呼吸抑制，故 5 岁以下儿童不宜应用。

你知道吗

如果属于以下情况之一，应建议患者就医。

1. 咳嗽持续 2 周以上但未见好转。
2. 咳嗽伴高热、全身不适。
3. 体弱或老年人的严重咳嗽。
4. 有基础疾病如慢性阻塞性肺疾病、支气管哮喘、心脏病、糖尿病等。
5. 伴有胸痛、呼吸困难、哮鸣的患者。
6. 怀疑药物诱发的咳嗽。
7. 镇咳药物治疗无效的患者。

任务四　普通感冒与流行性感冒

PPT

岗位情景模拟

情景模拟　患者，男，35 岁，销售部经理，经常出差加班，精神压力比较大。昨天出差回来，开始打喷嚏，随后出现鼻塞、流清涕症状。晨起头痛，测体温 38.5℃，身体乏力。医生诊断为普通感冒，并给患者推荐了复方氨酚烷胺胶囊服用，并嘱咐多饮水，注意休息。

讨论　1. 是什么原因引起患者感冒呢？

2. 普通感冒需要服用抗生素吗？

3. 在患者服用感冒药物时医生需对患者进行哪些用药教育？

一、概述 微课1

普通感冒和流行性感冒在一年四季均可发病，尤以冬、春季较为多见。儿童、老年人、营养不良、体质虚弱、妊娠期妇女、疲劳和生活规律紊乱者均为易感人群。根据病原体、传播和症状的不同分为普通感冒（简称感冒）和流行性感冒（简称流感）。

（一）普通感冒

普通感冒是最常见的急性上呼吸道感染性疾病，由多种病原体（鼻病毒、腺病毒、柯萨奇病毒、冠状病毒、副流感病毒）感染所致。感冒的传播途径有两种：①直接接触传染；②由感冒者的呼吸道分泌物（鼻黏液、打喷嚏或咳嗽产生的气溶胶）传染。此外，也受许多因素（环境、体质、情绪）的影响。

（二）流行性感冒

流行性感冒是由流感病毒（甲、乙、丙及变异型）引起的急性呼吸道传染病。临床以甲型与乙型流感病毒较为常见。其中甲型最容易发生变异，传染性强，可引起流感大暴发，为人类流感的主要病原，患者症状明显，病情严重。乙型流感病毒变异较少，患者病情相对较轻。

主要通过飞沫传播，传染性强、传播迅速、极易造成大流行，往往在短时间内使很多人患病。并发症比较多（如肺炎、心肌炎、心肌梗死、哮喘），老年人和体弱患者易并发肺炎。

二、临床表现

（一）普通感冒

常在季节交替和冬、春季节发病，起病较急。早期症状主要以鼻部卡他症状为主，可有打喷嚏、鼻塞、流清水样鼻涕，初期也可有咽部不适或咽干、咽痒或烧灼感；2～3天后变为黏稠鼻涕，可有咽痛或声音嘶哑，有时由于咽鼓管炎可出现听力减退，也可出现流泪、味觉迟钝、呼吸不畅、咳嗽、少量咳痰等症状；一般无发热及全身症状，或仅有低热。严重者除发热外，可感乏力不适、畏寒或寒战、四肢酸痛、头痛及食欲不振等全身症状。

无并发症的普通感冒一般5～7天后可痊愈。老年人和儿童容易出现感冒并发症。伴有基础疾病的普通感冒患者临床症状较重且迁延，容易出现并发症，使病程延长。

（二）流行性感冒

流感潜伏期一般为1～7天，多为2～4天。主要以发热、头痛、肌痛和全身不适起病，体温可达39～40℃，可有畏寒、寒战，多伴全身肌肉与关节酸痛、乏力、食欲减退等全身症状，常有咽喉痛、干咳，可有鼻塞、流涕、胸骨后不适等，颜面潮红、眼结膜充血；部分以呕吐、腹痛、腹泻为特点，常见于乙型流感病毒感染的儿童。无并发症者病程呈自限性，多于发病3～4天后体温逐渐降至正常，全身症状好转，但咳嗽缓解与体力恢复常需较长时间。

肺炎是流感最常见的并发症，流感病毒可侵犯下呼吸道，引起原发性病毒性肺炎。流感病毒感染者，特别是重症患者容易合并细菌和真菌等其他病原体感染，严重者可出现急性呼吸窘迫综合征（ARDS）。

请你想一想

普通感冒与流行性感冒在症状上有什么不同？

三、药物治疗

由于感冒症状复杂多样，迄今尚无哪种药物能够解决所有问题，因此，采用单一用药不可能缓解所有症状，一般多采用复方制剂，常用的组方搭配如下。①解热镇痛药：如对乙酰氨基酚等；②鼻黏膜血管收缩药：解除鼻塞症状，如伪麻黄碱；③抗组胺药：可减少打喷嚏和鼻溢液，同时具有轻微的镇静作用，如氯苯那敏和苯海拉明等；④中枢兴奋药：有些制剂中含有咖啡因，一是为了加强解热镇痛药的疗效，二是拮抗抗组胺药的嗜睡作用。此外，有些复方制剂中含有人工牛黄、镇咳药、锌等制剂等。

（一）非处方药

1. 感冒后有微热或流感后出现高热，并伴有明显头痛、关节痛、肌肉痛或全身酸痛，可选服对乙酰氨基酚、布洛芬等药物。

2. 感冒初始阶段，可出现卡他症状，如鼻腔黏膜血管充血、喷嚏、流泪、流涕、咽痛、声音嘶哑等症状，可选服含有盐酸伪麻黄碱或氯苯那敏的制剂，如美扑伪麻、酚麻美敏、双扑伪麻、氨酚伪麻、伪麻那敏等。

3. 对伴有咳嗽者，可选服含有右美沙芬的制剂，如酚麻美敏、美酚伪麻、双酚伪麻、伪麻美沙芬等。

（二）处方药

1. M_2离子通道阻滞剂　金刚烷胺和金刚乙胺对甲型流感病毒有效。但目前甲型流感病毒对其有耐药性，不建议使用。

2. 病毒神经氨酸酶抑制剂　扎那米韦、奥司他韦对甲型、乙型流感均有效。神经氨酸酶抑制剂宜及早用药，在初始48小时内使用较为有效。如怀疑或确诊流感，建议尽早启动经验性抗病毒治疗，通常首选奥司他韦。

3. 血凝素抑制剂　阿比多尔可用于成年人甲型、乙型流感的治疗，需要密切观察疗效和不良反应。

你知道吗

常用感冒药物复方制剂组分

1. 氨咖黄敏胶囊　对乙酰氨基酚＋咖啡因＋马来酸氯苯那敏＋人工牛黄。

2. 复方氨酚葡锌片　对乙酰氨基酚＋葡萄糖酸锌＋盐酸二氧丙嗪＋板蓝根浸膏粉。

3. 酚麻美敏片　对乙酰氨基酚＋盐酸伪麻黄碱＋氢溴酸右美沙芬＋马来酸氯苯那敏。

4 复方氨酚烷胺　对乙酰氨基酚＋盐酸金刚烷胺＋人工牛黄＋马来酸氯苯那敏＋咖啡因。

你还能说出你认识的其他复方制剂及其组分吗？

四、用药注意事项与患者健康教育

1. 洗手（使用肥皂或洗手液）是预防普通感冒最有效的方法。感冒一般为自限性，无严重症状者可不用或少用药。抗感冒药连续服用不得超过 7 天，服用剂量不能超过推荐的剂量，在连续服用 1 周后症状仍未缓解或消失者，应去医院向医师咨询。日常应保持良好的个人卫生、注意休息、多饮水，并避免过度疲劳和受凉、增强体质和免疫力，感冒流行时应戴口罩、注意室内通风和清洁、勤晒被褥、适宜营养、保持口鼻清洁。感冒患者使用药物在治疗时应首选口服药物，避免无根据的盲目静脉补液。

2. 对服用含有抗过敏药制剂者，不宜从事驾车、高空作业或操作精密仪器等工作；含有鼻黏膜血管收缩药的制剂，对伴有心脏病、高血压、甲状腺功能亢进症、肺气肿、青光眼、前列腺增生症者需慎用；含有右美沙芬的制剂对妊娠初始期及哺乳期妇女禁用；服用含有解热镇痛药制剂时应禁酒，同时注意对老年人、肝肾功能不全者、血小板减少症、有出血倾向者、上消化道出血和（或）穿孔病史者，应慎用或禁用。慢性阻塞性肺部疾病和重症肺炎呼吸功能不全的患者应慎用含有可待因和右美沙芬的抗感冒药物，原因为可待因和右美沙芬的中枢镇咳作用可影响痰液的排出。

3. 对≤2 岁婴幼儿尽量避免服用含有减轻鼻充血制剂（伪麻黄碱、去氧肾上腺素、麻黄碱）的抗感冒药，或含有抗过敏药苯海拉明、溴苯那敏、氨苯那敏的镇咳药。由于缺乏潜在的危害和收益证据，2 岁以下儿童不应使用非处方抗感冒药。2 岁及 2 岁以上的儿童睡前可在胸部或颈部涂抹含樟脑、薄荷脑和桉树油的软膏以缓解鼻塞，降低夜间咳嗽的频率和严重程度。

4. 抗生素对导致感冒和流感的病毒均无作用，但当感冒时，病毒在咽喉部繁殖引起发炎，咽喉部细胞失去抵抗力，细菌会趁机繁殖，并发机会性细菌感染（如化脓性扁桃体炎、咽炎、支气管炎和肺炎），表现为高热不退、呼吸急促、疼痛、咳嗽、咳痰等症状。此时，往往要服用抗生素（如氨苄西林、头孢氨苄、阿奇霉素）。没有并发细菌感染的症状、体征和证据时，不应服用处方抗生素。

请你想一想

1. 感冒在什么情况下可以使用抗生素治疗？为什么？

2. 平时在学校里我们该如何预防感冒呢？

3. 含有伪麻黄碱成分的药物哪些人群不宜使用？

5. 流感时，在发病36小时或48小时内尽早开始抗流感病毒药物治疗。与普通感冒不同，目前已有特异性抗流感病毒药物。流感患者只要早期应用抗病毒药物，大多不再需要对症治疗。如果使用药物，应提高针对性，不一定都用复方制剂。需注意奥司他韦最常见的不良反应为消化系统损害，精神异常是该药最受关注的不良反应。

6. 流感疫苗是预防流感最有效的手段，疫苗需每年接种方能获得有效保护，高危人群应当优先接种。由于药物预防不能代替疫苗接种，也可能引起不必要的耐药性产生，建议抗流感病毒药物预防只能作为没有接种疫苗或接种疫苗后尚未获得免疫能力的高并发症风险人群的紧急临时措施。

7. 孕产期妇女在出现流感样症状之后，即可尽早给予神经氨酸酶抑制剂奥司他韦和扎那米韦进行抗病毒治疗，同时进行病毒核酸检测。哺乳期妇女尽量不使用苯海拉明、氯苯那敏、金刚烷胺等，因为这些药物能通过乳汁进入幼儿体内。

任务五　消化不良

PPT

岗位情景模拟

情景模拟　小李，因最近工作不顺，感情也出现裂痕，心情抑郁。最近数周，小李有时一天只吃一顿，有时一天吃四五顿，且有暴饮暴食倾向。某天，小李饭后，感觉吃得过饱，出门散步消食，回家后数小时仍然感觉腹胀，且伴有腹痛，去医院就医后，经医生诊断为功能性消化不良，服用促进胃肠动力药物后，病情好转。

讨论　1. 什么原因会造成消化不良？消化不良有哪些症状？

2. 患者除了可以选用促胃动力药还可以选用什么药物？

一、概述

消化不良是由胃动力障碍所引起的疾病，是一组表现在上腹的临床症候群，包括持续性或复发性上腹疼痛或不适（上腹饱胀、早饱、烧灼感、嗳气、食欲缺乏、恶心、呕吐等）。根据病因分为器质性消化不良和功能性消化不良。

消化不良是相当常见的病症，半数以上个体在其生命过程中曾因消化不良而就诊。我国人群患病率为18%～45%，占消化门诊就医人数的20%～50%，女性略高于男性。消化不良患者中除少数有消化性溃疡等器质性病变外，约70%为功能性消化不良。功能性消化不良是临床上最常见的一种功能性胃肠病，已成为影响现代人生活质量的重要疾病之一。

二、病因

消化不良可偶发，也可继发于多种全身性疾病，病因为多种因素并存。

偶发的消化不良与暴饮暴食、烟、酒、油腻饮食、药物、早孕反应等有关。

器质性疾病所致的继发性消化不良包括：胃部病变（消化性溃疡、胃癌），肝（肝炎、脂肪肝）、胆囊及胰腺病变等腹腔器官病变，以及全身性疾病（儿童缺锌、糖尿病、贫血、甲减、抑郁等）。

功能性消化不良与胃动力紊乱和内脏敏感性增高、社会、心理、环境及药物等因素有关。研究发现，功能性消化不良患者存在胃排空延迟、进食后近端胃容受性扩张不良、消化间期胃肠运动异常等胃肠动力障碍的表现。一部分患者对胃容受性扩张的感觉阈值降低；幽门螺杆菌感染可能只是一小部分功能性消化不良发病的原因，根除幽门螺杆菌不能使多数功能性消化不良症状得到缓解。

你知道吗

消化不良的危害

1. 腹泻　消化不良导致肠道内平衡被打乱，容易腹泻，长期腹泻导致营养不良。

2. 便秘　食物堆积导致便秘，便秘又会使毒素堆积，进而危害健康。

3. 腹痛　肠道蠕动出现异常，胃肠道堆积的东西过多，直接导致呕吐、腹痛、食欲缺乏。

4. 胃癌　消化不良患者经常伴有失眠、焦虑、抑郁、头痛、注意力不集中等精神症状，与胃癌的发生有一定关系。如有吞咽困难、顽固性呕吐、原因不明的体重下降、黑便、贫血、腹部肿块等情况发生时，应做进一步检查，尤其是有肿瘤家族史，年龄在40岁以上者。

三、临床表现

消化不良无特异性的临床表现。主要症状包括上腹痛、上腹灼热感、餐后饱胀和早饱感中的一种或多种，可同时存在上腹胀、嗳气、食欲不振、恶心、呕吐等。在病程中也可发生变化，起病多缓慢，病程常经年累月，呈持续性反复发作，不少患者有饮食、精神等诱发因素。

功能性消化不良根据症状分为2型：①上腹痛综合征，以与进餐相关的上腹疼痛、烧灼感（位于胸骨剑突下、脐水平以上，两侧锁骨中线之间区域的难受烧灼感）为主；②餐后不适综合征，正常进餐后上腹饱胀、早饱感、嗳气、恶心等。

功能性消化不良常可与胃食管反流病、肠易激综合征、便秘等功能性胃肠疾病重叠。大多数成年人胃镜检查都会有慢性胃炎，临床上慢性胃炎与消化不良是从不同角度描述了同一组临床症候群，二者有重叠。

四、药物治疗

消化不良的治疗原则为对症处理，寻找发病因素，根据病因个体化选药。《国家非处方药目录》收载的助消化药的活性成分和制剂有：干酵母（酵母片）、乳酶生、胰酶

（或多酶片）、胃蛋白酶、复合消化酶胶囊、龙胆碳酸氢钠、地衣芽孢杆菌活菌胶囊、复合乳酸菌胶囊、口服双歧杆菌胶囊、双歧杆菌三联活菌胶囊、多潘立酮。

1. 根据功能性消化不良分型用药　①上腹痛综合征：抑酸剂，根据功能性消化不良症状出现时间给药，如白天出现症状者在早餐前服药，夜间及清晨出现症状者在晚上用药；抗酸剂，在症状出现前 30 分钟或餐前 1 小时用药，或临时服药；胆汁反流者可用铝碳酸镁；对于近期出现的上腹痛综合征可考虑根除幽门螺杆菌治疗。②餐后不适综合征：根据病因选用促动力药，如伴有恶心或呕吐者可选用甲氧氯普胺或多潘立酮。亦可选择干酵母（酵母片）、乳酶生、复方乳酸菌胶囊、胰酶片（或多酶片）、胃蛋白酶、复方消化酶胶囊等助消化药。

2. 常用药物

（1）增进食欲药　对食欲减退者可服用增加食欲药，如口服维生素 B_1、维生素 B_6 或口服干酵母片，饭后嚼碎服用。

（2）消化酶制剂　①对胰腺分泌功能不足或由于胃肠、肝胆疾病引起的消化酶不足者可选用胰酶肠溶胶囊、胰酶片（进餐中服用）；多酶片每片含淀粉酶 0.12g、胃蛋白酶 0.04g、胰酶 0.12g，用于消化不良和增进食欲；②对于胆汁分泌不足者选用复方阿嗪米特肠溶片（每片含阿嗪米特 75mg、胰酶 100mg、纤维素酶 10mg、二甲硅油 50mg），餐后用药；③萎缩性胃炎或蛋白质进食过多者选用乳酶生或胃蛋白酶，餐前用药。

（3）促胃动力药　对餐后不适综合征可选用促胃动力药，伴有恶心或呕吐者可选用甲氧氨普胺（老年人慎用）或多潘立酮，餐前 30 分钟服用。莫沙必利，餐前 30 分钟服用。

（4）消胀气药　二甲硅油制剂。

（5）抑酸药　抑制胃酸分泌效应可持续 12 小时。①H_2受体阻断剂：对于抑制夜间基础胃酸分泌效果良好，常用药物有雷尼替丁和法莫替丁，每日 1 次，晚餐后用药。②质子泵抑制剂：对于抑制最大胃酸分泌作用强于 H_2受体阻断剂，常用药物有奥美拉唑、埃索美拉唑、泮托拉唑、兰索拉唑和雷贝拉唑等，通常用于缓解白天出现功能性消化不良症状者，每日 1 次，每次 1 片，于早餐前服用。

请你想一想

1. 对于食欲减退的患者建议服用什么药物？

2. 对于胆汁分泌不足者可选用什么药物？

（6）微生态制剂　肠道菌群失调可补充微生态制剂，如双歧杆菌三联活菌胶囊、地衣芽孢杆菌活菌胶囊等。

五、用药注意事项与患者健康教育

1. 复方消化酶胶囊和微生态制剂可作为治疗消化不良的辅助用药，可改善与进餐相关的腹胀、食欲不振等症状。但其性质不稳定，故应依据要求正确存放，另外不宜用热水送服。抗菌药可抑制或杀灭助消化药中活菌制剂的活性而使其效价降低，吸附剂可吸附助消化药而减弱其疗效，如必须合用者应间隔2~3小时。

2. 干酵母和乳酶生的不良反应较少，但不可过量服用，过量用药可发生腹泻；胰酶所致的不良反应偶见腹泻、便秘、恶心和皮疹等，而且胰酶在酸性条件下容易被破坏，故须选用其肠溶衣片，口服时不可嚼碎，应整片于进餐时吞服。

3. 胃肠道出血、机械性肠梗阻、胃肠穿孔、分泌催乳素的垂体肿瘤患者禁用多潘立酮。只有当功能性消化不良患者出现恶心和呕吐时，才建议使用多潘立酮进行治疗。另外，因其可导致心律失常，因此不宜与酮康唑、克拉霉素等可能影响多潘立酮代谢或有心脏毒性的药物联用。

4. 患者需认识、理解病情，改善生活方式，调整饮食结构，养成良好的生活习惯。如细嚼慢咽，避免食用不易消化的食物及饮用各种碳酸饮料，避免刺激性食物及高脂饮食，戒烟酒、避免精神紧张、过度劳累，解除心理压力。

5. 精神因素导致的消化不良，应予以解释和安慰，抗抑郁药对于伴随抑郁、焦虑症状明显者可选用，该类药物宜从小剂量开始，然后给予维持剂量。

6. 较轻微消化不良者可采用腹部轻柔按摩、饭后散步、运动健养、增加身体热量的消耗等方式缓解消化不良现象。

PPT

任务六 视疲劳

岗位情景模拟

情景模拟 男，32岁，主诉：白天视物清楚，晚上视物模糊，开车后视疲劳。无全身病史，无屈光不正家族史。

诊断：调节不足，单眼调节不等；集合不足。

讨论 1. 你有过视物模糊的情况吗？是什么原因造成的呢？

2. 在视物模糊以后，你会怎么缓解呢？有没有就医？

一、概述

视疲劳又称眼疲劳，视疲劳是目前眼科常见的一种疾病，近年来，随着科技的进步，视频终端普及和工作节奏加快，用眼强度已远超负荷，常见的有近距离用眼不能持久，出现眼及眼眶周围疼痛、视物模糊、眼睛干涩、流泪等症状，严重者甚至会有头痛、眩晕、精神萎靡、注意力不集中、记忆力下降、消化不良、食欲不振、恶心呕吐等症状。它所引起的眼干、眼涩、眼酸胀，视物模糊甚至视力下降直接影响着人的工作与生活。

视疲劳即由于各种病因使得人眼视物时超过其视觉功能所能承载的负荷，导致用眼后出现视觉障碍、眼部不适或伴有全身症状以至不能正常进行视觉作业的一组症候群。视疲劳还会引发和加重各种眼病。

二、病因

视疲劳的病因主要归纳为以下三个方面。

1. 眼部因素　调节功能异常包括调节不足和调节痉挛，当持续近距离工作或阅读时，很容易引起视疲劳症状；双眼视功能异常如内隐斜视、外隐斜视等多种双眼视功能异常患者；屈光不正或未给予准确矫正的屈光不正患者；老视，随着年龄增加，未经合理矫正且长时间近距离工作者；干眼症；眼科手术术后，各类眼科手术后的早期均可能出现不同程度的视疲劳症状，但通常是自限性的如角膜屈光手术、白内障手术、青光眼手术和斜视手术等；某些眼病如睑板腺功能异常、睑缘炎、结膜炎或上睑下垂等，当影响其视觉功能时，都可能出现视疲劳症状。

2. 环境因素　工作或学习场所照明不足或者各种光线刺激可以造成眼睛紧张和过多使用调节力，以及色觉搭配失调或异常等都可能出现视疲劳，最典型的就是视频终端综合征。

3. 精神、心理和全身因素精神　精神和心理状态及某些全身因素与视疲劳的发生密切相关，精神压力大、神经衰弱或有神经官能症的人更易出现视疲劳。某些特殊时期（月经期、妊娠期、哺乳期、围绝经期）都可能出现视疲劳。

你知道吗

干眼症

干眼症是指任何原因造成的泪液质或量异常或动力学异常，导致泪膜稳定性下降，并伴有眼部不适和（或）眼表组织病变特征的多种疾病的总称。常见之症状包括眼睛干涩、容易疲倦、眼痒、有异物感、痛灼热感、分泌物黏稠、怕风、畏光、对外界刺激很敏感。

视疲劳是干眼症常见的症状之一，有报道显示，干眼患者中71.3%有视疲劳症状，而视疲劳患者中有51.4%符合干眼诊断标准。

干眼患者其泪膜破裂时间缩短，角膜上皮损伤，暴露其下的角膜神经末梢，加上角膜光滑表面受到影响，导致形觉功能受损，因此常会出现视疲劳症状。

三、临床表现

视疲劳的临床症状多种多样，主要表现为用眼后出现以下症状。

1. 视觉障碍　近距离工作或阅读不持久便出现暂时性视物模糊或重影。

2. 眼部不适　眼胀、眼痛、眼干、眼烧灼感、流泪、眼痒、眼异物感及眼眶疼痛。

3. 全身症状　易疲劳，头痛、头晕，记忆力减退，严重时甚至伴发恶心、呕吐并出现焦虑、烦躁以及其他神经官能症的表现。

四、药物治疗

视疲劳的治疗原则是首先对因治疗以消除病因，然后进行对症治疗。因此，消除病因疗法是治疗视疲劳的关键。

（一）药物治疗

1. 改善眼部调节功能药物 七叶洋地黄双苷滴眼液作用于睫状肌，通过增强睫状肌的功能和增加睫状肌的血流量来改善眼部调节功能，从而达到治疗视疲劳的目的。

2. 人工泪液 玻璃酸钠滴眼液（具有保水性，防止结膜干燥、眼睛干涩）、羟甲纤维素钠滴眼液（可缓解眼部干燥等刺激症状，补充泪液中的电解质，具有一定的润滑作用）、右旋糖酐羟丙甲纤维素滴眼液（能缓解眼球干燥、过敏及刺激性症状，消除眼球灼热、疲劳及不适感）、聚乙烯醇滴眼液（主要成分为高分子聚合物，具有亲水性和成膜性，在适宜浓度下，能起到改善眼部干燥的作用）等改善眼部干燥症状，消除不适感。

3. 改善睫状肌痉挛药物 使用抗胆碱能滴眼液，如山莨菪碱滴眼液能减轻眼部平滑肌及血管痉挛，改善局部微循环。

（二）非药物治疗

采取远眺法、眼保健操、雾视法并配合眼周穴位按摩等物理疗法，放松眼部肌肉，促进眼周循环，消除眼肌疲劳，改善视力。

你知道吗

雾视法

雾视法是一种预防近视的方法，原则是使被测眼处于“人工近视状态”，即使物象聚集于视网膜前。雾视法通过凸透镜可以减轻看近处的负担，从而预防近视。

雾视疗法的原理是让近视者在观看近物如做功课、阅读及看电脑时，佩戴一幅正视眼镜，即俗称的老花眼镜，令眼睛在看近物时，也像是在看远景般感觉舒服自然，并保持松弛状态，以减轻眼睛的负担。

五、用药注意事项与患者健康教育

1. 对于各种原配镜不准确或尚未进行屈光矫正的患者，给予准确验光配镜；对于双眼视功能异常者，给予相应的功能训练或者眼位矫治；对于有精神、心理因素的患者，必须先进行相关精神－心理治疗和疏导；对于某些眼病者及时给予相应治疗；对于其他全身因素引起的视疲劳，需及时转诊。

2. 患者需要注意某些疾病，如类风湿关节炎、糖尿病、甲状腺疾病容易引起干眼症，进而表现出视疲劳症状，应该积极治疗原发疾病；某些药物如抗组胺药、β受体阻断剂、化疗药、利尿剂、激素替代治疗药物、三环类抗抑郁药可能会减少泪液的生成而引起干眼症，进而表现出视疲劳症状。

3. 工作光线明暗适中，阅读或工作时坐姿端正，避免长时间近距离接触视频终端设备。通常，近距离用眼时，隔45～50分钟休息10～15分钟。如感觉眼睛不适，应立即休息。

4. 多一些户外的活动或运动，在促进血液循环的同时，眼睛会有更多的远眺时间，还可以帮助放松眼部肌肉和神经。

5. 营养搭配也是解决眼部疲劳的关键。胡萝卜是对眼睛非常好的食物，奶酪、香蕉和蓝莓等食物中也含有大量有利于视力的元素。在日常生活中合理搭配这些食物，可以有效地缓解眼疲劳。

任务七　湿疹

PPT

岗位情景模拟

情景模拟　患儿，6个月，最近脸部皮肤粗糙、变红，有一片一片的疹子，严重的部位有一些水样的液体渗出。患儿不适，有时候还会搔抓，晚上哭闹不止。

诊断：婴儿湿疹。医生给予地奈德乳膏涂抹，并嘱咐采取措施消除可能加重婴儿湿疹的因素，如加湿空气，清理房间内的花粉、尘螨等，停止过敏原的接触。

讨论　1. 什么是湿疹？导致湿疹的原因是什么？

2. 地奈德乳膏在使用过程中有什么注意事项？

一、概述

湿疹是由多种内外因素引起的一种具有明显渗出倾向的炎症性皮肤病，皮疹呈多形性，而且有浸润、肥厚、瘙痒剧烈现象，容易复发。严重影响患者的生活质量。湿疹是常见病、多发病，我国一般人群的患病率为3%～5%，儿童患病率达10%～20%。

二、病因

湿疹的原因和诱发因素常因个体因素和疾病的不同阶段而异，因此不易确定。其诱因可分为外因和内因。

1. 内因　包括免疫功能异常（如免疫失衡、免疫缺陷等）、系统性疾病（如内分泌疾病、消化系统疾病、营养障碍、慢性感染、肿瘤等）以及遗传性或获得性皮肤屏障功能障碍。

2. 外因　食品中的过敏原如鱼、虾等；吸入方面如花粉尘螨、羊毛等；微生物如体表化脓性球菌和浅表真菌感染；以及环境温度或湿度变化、日晒等均可以引发或加重湿疹。社会－心理因素如紧张、焦虑也可诱发或加重本病。

本病的发病机制尚不明确。目前多认为是在机体内部因素如免疫功能异常、皮肤屏障功能障碍等基础上，由多种内、外因素综合作用的结果。免疫性机制如变态反应和非免疫性机制如皮肤刺激均参与发病过程。微生物可以通过直接侵袭、超抗原作用或诱导免疫反应引发或加重湿疹。

你知道吗

湿疹的好发人群

易患过敏性疾病者、患慢性感染性疾病者、糖尿病或甲状腺疾病者、直系亲属有过敏性疾病病史者、长期在刺激环境中工作或生活者（如油漆工）、长期生活在潮湿环境中者。

三、临床表现

湿疹按临床表现可以分为急性、亚急性及慢性三期。急性和慢性湿疹有明显的特征，亚急性期常是急性期缓解的过程或是向慢性过渡的表现。

急性期起病急，进展较快，瘙痒剧烈，表现为红斑、水肿基础上的粟粒状大丘疹、丘疱疹、水疱、糜烂及渗出，病变中心往往较重，逐渐向周围蔓延；外围又有散在丘疹、丘疱疹，故界限不清。分布常对称，多见于面、耳、手、足、前臂、小腿等外露部位，严重时可扩展至全身。自觉症状有剧烈瘙痒和灼热感，可阵发加重，尤以晚间加剧。

亚急性期皮损以小丘疹、鳞屑和结痂为主，仅有少数丘疱疹、小水疱及糜烂，轻度浸润，剧烈瘙痒。

慢性期主要表现为粗糙、肥厚的苔藓样变，可伴有色素改变，手、足部湿疹可伴指（趾）甲改变。慢性湿疹好发于手、足、小腿、肘窝、股部、乳房、外阴及肛门等处，多对称发病。自觉症状为瘙痒，甚至剧痒。

你知道吗

1. 手部湿疹　手部因接触外界各种刺激因子机会较多，故发病率高，多数起病缓慢，在手背、手指等处出现暗红斑块，浸润肥厚明显，边缘清楚，表面干燥粗糙，直径可由1～2cm至数厘米或更大，冬季常有裂隙，在足部及踝部常有类似损害。

2. 婴儿湿疹　中医称“奶癣”，是发生于婴儿头面部的一种急性或亚急性湿疹，轻者面颊、额部有轻度红斑及小丘疹，群集或散在；重者可发展为大片红斑、丘疹、丘疱疹，有明显渗出，多数小糜烂面，表面厚痂，可侵及整个面部并可延及头、颈部。

四、药物治疗

治疗的主要目的是控制症状、减少复发、提高患者生活质量。使患者对湿疹的发病因素、发展规律和防治方法有一定认识，以便能积极配合治疗，避免各种可疑的致病因素。

（一）局部治疗

局部治疗是湿疹治疗的主要手段，应根据皮损分期选择合适的药物剂型。以下各类可单用或联合应用（两种或三种）。

1. 糖皮质激素类药物 用于小范围亚急性、慢性湿疹，外用效果较好。常用药物有氢化可的松软膏、地塞米松软膏、地奈德乳膏等。

2. 钙调磷酸酶抑制剂 除伴有糜烂渗出的湿疹外，其他类型的湿疹可以使用，可减少糖皮质激素长期应用而引起的不良反应，特别适用于头面部、间擦部位的湿疹。常用药物包括他克莫司软膏、吡美莫司软膏等。

3. 抗菌类药物 可用于合并感染的湿疹患者。

4. 其他 急性期无水疱、糜烂、渗出时，建议使用炉甘石洗剂、糖皮质激素乳膏或凝胶；急性湿疹伴有渗出时可用溶液湿敷，如3%硼酸溶液、0.1%盐酸小檗碱溶液等；有糜烂但渗出不多时，可用氧化锌油剂；慢性湿疹建议外用糖皮质激素软膏、硬膏、乳剂或酊剂等，可合用保湿剂及角质松解剂；非渗出性皮损还可以使用止痒剂、非甾体抗炎药外用制剂等。

你知道吗

外用糖皮质激素制剂是治疗湿疹的主要药物：如轻度湿疹建议选择弱效糖皮质激素如氢化可的松乳膏、地塞米松乳膏；中度湿疹建议选择中效糖皮质激素如曲安奈德乳膏、糠酸莫米松乳膏；重度肥厚性皮损建议选择强效糖皮质激素如哈西奈德乳膏、卤米松乳膏。

儿童患者、面部及皮肤皱褶部位皮损使用弱效或中效糖皮质激素即有效。强效糖皮质激素连续应用一般不超过2周，以减少急性耐受风险及不良反应。

（二）系统治疗

1. 抗组胺药 根据患者情况选择适当抗组胺药止痒、抗炎。如西替利嗪、氯雷他定等。

2. 抗生素 对于伴有广泛感染者建议系统应用抗生素7～10天。

3. 糖皮质激素 一般不主张常规使用。对于疾病严重、泛发全身者等，为迅速控制症状，可短期使用。当症状控制后，在医生的指导下及时减量、停药。

4. 免疫抑制剂 应当慎用，要严格掌握适应证。主要用于严重的湿疹患者，特别适用于常规治疗效果欠佳者。

5. 其他 维生素C、葡萄糖酸钙有一定抗过敏作用，可以用于急性发作或瘙痒明显者。

五、用药注意事项与患者健康教育

1. 注意避免接触药物（尤其是肾上腺糖皮质激素）及化学物质（如手套中的橡胶乳），防止产生继发过敏。

2. 服用抗过敏药时需注意对肝肾功能的影响，抗过敏药可透过血－脑屏障引起镇静、困倦、嗜睡等不良反应，驾驶员、高空作业、精密仪器操作者应在服用6个小时以后再从事上述活动。

3. 原则上，妊娠期妇女应尽量避免使用抗组胺药，如必须采用则在权衡利弊的情况下可选择相对安全可靠的第二代抗组胺药，如氯雷他定、西替利嗪。哺乳期应首选无镇静作用的第二代抗组胺药。

4. 避免自身可能的诱发因素，包括各种外界刺激，如使用过热的水烫洗或过度清洁皮肤、暴力搔抓患处皮肤、清洗及接触可能敏感的物质如皮毛制剂等；尽量少接触化学成分用品，如肥皂、洗衣粉、洗涤剂等；穿着宽松、舒适的棉质或天然纤维材料制成的衣物；避免可能致敏和刺激性食物，如辣椒、浓茶、咖啡等，对于有明确过敏的食物需忌口；戒烟戒酒；尽量远离刺激、潮湿环境。

> **请你想一想**
>
> 湿疹和什么因素有关系？湿疹按照临床表现可分为几期？治疗湿疹的主要药物是什么？

5. 控制室内的温度和湿度。夏季保证空气流通，冬季维持室内相对湿度。保持愉悦心情，避免负面情绪。还应注意皮肤的护理，避免皮肤屏障进一步被破坏，应适当应用保湿润肤剂，若出现继发感染应及时选用抗感染处理。

PPT

任务八　口腔溃疡

岗位情景模拟

情景模拟　患者女，25岁，口腔溃疡反复发作1年多，发作时溃疡面疼痛明显，平时容易动怒，且睡眠质量较差。医生为其推荐了外用地塞米松粘贴片和氯己定含片。为防止口腔溃疡反复发作，医生建议服用葡萄糖酸锌，补充多元维生素及微量元素。最后又对其进行了用药指导和降低复发率的健康教育。

讨论　1. 什么是口腔溃疡？什么原因会导致口腔溃疡的发生？

2. 日常生活中该怎么避免口腔溃疡的发生？

一、概述

口腔溃疡，俗称“口疮”，是一种常见的口腔黏膜疾病。目前在我国发病率较高，是一种慢性的口腔黏膜小溃疡，为深浅、大小不等的圆形或椭圆形损害。它可以发生在口腔黏膜的任何部位，如唇侧、颊侧、牙龈等。可因刺激性食物引发疼痛，一般一至两个星期可以自愈。人群中发病率为10%～30%且反复发作。女性患病率稍高于男性，患病可为任何年龄，但以10～30岁年龄组多见。

二、病因 微课2

口腔溃疡的致病原因复杂，至今尚不明确，多种因素可诱发此病，主要诱因有以下几点。

1. 消化系统性疾病因素　患消化系统疾病的患者易发生口腔溃疡，主要是通过影响免疫系统而致病，口腔溃疡与胃溃疡、十二指肠溃疡、溃疡性结肠炎、局限性肠炎、肝胆疾病等密切相关。

2. 营养因素　缺乏微量元素锌、铁及叶酸、维生素B_{12}等营养不良，可降低免疫功能，增加复发性口腔溃疡发病的可能性。

3. 创伤性因素　以物理性损伤最为常见，比如食用尖锐食物造成的划伤或磨损、自身的牙齿误咬、被佩戴矫正牙齿的牙套划伤等，都易损伤口腔黏膜造成口腔溃疡。

4. 免疫因素　免疫力下降使机体易受到病原体的侵袭，导致口腔溃疡的发生。同时免疫反应过程中也消耗了免疫蛋白，使口腔的免疫平衡状态被打破，加速口腔溃疡的发生。

5. 精神因素　人们精神压力较大时容易产生烦躁、焦虑和紧张等负面情绪，睡眠质量不佳，机体免疫功能下降，易受病毒感染，从而引发口腔溃疡。

6. 遗传因素　口腔溃疡的发病有遗传倾向，调查显示约40%的患者有口腔溃疡家族史。

三、临床表现

口腔溃疡常见于口唇、脸颊、软腭或牙龈等处的黏膜上，溃疡面一般呈圆形或椭圆形，直径为0.2～0.5cm。溃疡一般为单个或由数个连成一片，表浅、边缘整齐、外观呈灰黄色或灰白色，其上覆盖黄白色渗出膜，周围黏膜充血、水肿而有红晕，局部有烧灼样疼痛，进餐时疼痛加重，影响进食、说话。

严重溃疡直径可达1～3cm，深及黏膜下层甚至肌层，常伴低热、乏力等全身不适症状和病损局部区域的淋巴结肿痛。但口腔溃疡有自愈性，病程7～10天。而严重者此起彼伏、连绵不断，病程可达10～30天。部分患者可出现低热、乏力、烦躁、头痛、头晕、恶心、淋巴结肿大等全身症状。

你知道吗

口腔溃疡并发症

1. 口臭　这种情况比较严重，溃疡疼痛比较明显，唾液分泌较多，口臭比较明显。

2. 便秘　口腔溃疡严重时会影响进食，加上患者长期受病痛折磨，心情抑郁，都会导致便秘的产生。

3. 慢性咽炎 口腔溃疡长期反复发作，病损会发生在咽部导致慢性咽炎。

4. 淋巴结肿大 当发生继发性感染时会出现淋巴结肿大。

四、药物治疗

口腔溃疡治疗原则是消除致病诱因、增进机体健康、减轻局部症状、促进溃疡愈合、延长溃疡的复发间歇期。口腔溃疡的治疗以局部用药为主，包括氯己定含漱液、甲硝唑含漱液、西地碘含片、溶菌酶含片、甲硝唑口腔粘贴片、地塞米松粘贴片等。

1. 消炎、止痛药物 代表药物有氯己定含漱液、甲硝唑含漱液、甲硝唑口腔粘贴片、地塞米松贴片、西地碘含片、溶菌酶含片、复方甘菊利多卡因凝胶等。

0.5%甲硝唑含漱液与氯己定含漱液于早、晚刷牙后含漱；甲硝唑口腔粘贴片黏附于黏膜患处，饭后用，临睡前可加用1片；地塞米松粘贴片具有很强的抗炎作用，降低毛细血管的通透性，减少炎症的渗出，贴片用量较小而作用直接、持久，可促进溃疡愈合；西地碘含片可直接卤化细菌体蛋白，杀菌力强，对细菌繁殖体、芽孢和真菌也有较强的杀菌作用；溶菌酶含片有杀菌和消肿、止血作用；复方甘菊利多卡因凝胶用于镇痛，取适量涂于溃疡局部。

2. 促进愈合药物 包括口腔溃疡散、冰硼散、西瓜霜粉、珠黄吹喉散等，均是中医传统治疗口腔溃疡的药物。应用时取少量，吹敷于患处，一日3次。

3. 维生素 包括维生素C片、B族维生素片等，此类药物补充机体缺乏的维生素，维持正常的代谢功能，促进病损愈合。

五、用药注意事项与患者健康教育

1. 对口腔溃疡的治疗首先要祛除诱发因素，例如长期使用含有激素类的吸入剂后，没有及时漱口，会造成口腔溃疡或导致溃疡反复发作。患者需要养成吸入激素制剂即漱口的习惯，避免残留药物对口腔黏膜的损伤。

2. 某些药物如阿司匹林和其他非甾体抗炎药等可引起口腔溃疡；放疗也可引起口腔溃疡。

3. 长期使用氯己定含漱液可使牙齿着色、舌苔变黑、味觉失调，建议刷牙后含漱可减轻牙齿着色，停药后牙齿着色会逐渐消退；甲硝唑含漱液用后可有食欲不振、口腔异味、恶心等不良反应。

4. 西地碘有轻度刺激感，口含后偶见口干、胃部不适、头晕和耳鸣，对碘过敏者禁用。

5. 使用甲硝唑口腔粘贴片期间，不得饮酒或含乙醇的饮料。

6. 频繁应用地塞米松粘贴片可引起局部组织萎缩，使由皮肤、黏膜等部位侵入的病原菌不能得到控制，引起继发性真菌感染等，对口腔内有真菌感染者禁用。

7. 使用中药散剂，注意喷药时不要吸气，以防药粉进入呼吸道引起呛咳。

8. 口腔溃疡患者应合理控制饮食，多食含矿物质和维生素较多的蔬菜和水果，如海带、香菇、动物内脏等，少食烧烤、腌制、辛辣食物。平时应保持心情愉快，避免过度疲劳，饮食清淡，多吃新鲜蔬菜、水果，多饮水等，以减少口腔溃疡的发生。

请你想一想

口腔溃疡的治疗原则是什么？长期使用氯己定含漱液有什么不良反应？

实训七 咳嗽的用药指导

一、实训目的

1. 掌握咳嗽的临床表现，熟练运用所学知识，为不同的咳嗽患者推荐合理有效的治疗药物。

2. 能准确判断咳嗽患者病情，指导患者合理使用药物并进行健康教育。

二、实训准备

1. 实训场地 模拟药房。

2. 实训材料 工作服、实训工具、各种记录表格等。

三、实训指导

1. 咳嗽的分类 咳嗽通常按病程时间可分为3类：急性咳嗽、亚急性咳嗽和慢性咳嗽。咳嗽痰多，称为湿咳，常见于慢性支气管炎、支气管扩张、肺炎等；咳嗽无痰或痰量甚少，称为干咳，常见于急性咽喉炎急性支气管炎的初期、胸膜炎、轻症肺结核等，不同疾病所引起的咳嗽特点也不同。

2. 常用药物 常用的外周性镇咳药有苯丙哌林（适用于刺激性干咳或剧烈阵咳）、中枢性镇咳药有右美沙芬（临床上使用最广的镇咳药，能抑制夜间咳嗽以保证睡眠。对于上呼吸道感染等引起的咳嗽常选用右美沙芬复方制剂）、喷托维林（大剂量可使痉挛的支气管平滑肌松弛，降低气道阻力）、可待因（属于麻醉药品，镇咳作用强大而迅速，同时具有镇痛和镇静作用，尤其适用于伴有胸痛的干咳患者）、祛痰药（对呼吸道有大量黏痰的患者，应及时服用祛痰药与黏痰调节剂）。

3. 对干咳可单用镇咳药 对痰液较多的湿咳则应以祛痰为主，不宜单纯使用镇咳药，应与祛痰剂合用，以利于痰液排出和加强镇咳效果。对痰液特别多的湿性咳嗽，应该慎重使用镇咳药，以免痰液排出受阻而滞留于呼吸道内或加重感染。

4. 可待因反复使用可引起药物依赖性，应按规定控制使用。

5. 苯丙哌林对口腔黏膜有麻醉作用，产生麻木感觉，服药时需整片吞服，不可嚼碎。

四、实训方法

2 人/组进行现场模拟，主要角色有药师、患者或患者家属，教师进行现场指导、点评。

五、实训步骤

1. 班前准备 个人卫生、柜台卫生、整理药品及货架、检查药品价格标签等。

2. 案例分析 李某，男，46 岁，几天前感冒后开始咳嗽，伴有鼻塞和咽痛。没有胸部疼痛或呼吸困难症状。咳嗽为刺激性干咳，早晨起床后有少许白色稀痰，希望能缓解症状，不影响工作。平素体健，没有其他基础疾病，也没有服用其他药物。

3. 接待顾客与处方调配 合理询问病情，正确调配处方并介绍药物。

4. 用药指导与健康教育 告知用法用量，并根据患者需求进行其他用药指导和健康生活提示。

5. 记录并清场 客观真实地填写原始记录并及时清场。

六、考核方式

根据现场表现，教师评价打分，学生之间相互评价，按照5：5 比例计算项目积分，实训过程考核评分表见表 7－1。

表 7－1 实训过程考核评分表

项目要求	考核要求	分值	得分
班前准备	仪容仪表、卫生、销售工具、货架整理、价格标签检查等	30	
接待顾客与处方调配	询问内容合理，药品名称、规格、数量、不良反应、禁忌证等介绍正确、重点突出、通俗易懂	30	
用药指导与健康教育	用法用量指导正确，健康教育细致、周到	30	
职业素养	服务质量优秀、营业结束规范	10	

目标检测

一、选择题

1. 患者体温 39.1～41℃，属于（　　）。

A. 低热　　B. 高热　　C. 发热　　D. 超高热

2. 王同学打完篮球后引起的发热原因是（　　）。

A. 药物热　　B. 机体产热过多

C. 感染伴随症状　　D. 非感染的继发性后果

3. 解热药物一般不超过3天，原因是（　　）。
A. 妊娠及哺乳期妇女慎用　　B. 解热属于对症治疗
C. 容易引发过敏　　D. 不良反应较多
4. 缓解肌肉、软组织轻至中度疼痛的药物是（　　）。
A. 双氯芬酸钠二乙胺乳胶　　B. 氢溴酸山莨菪碱片
C. 地西泮片　　D. 硫酸氨基葡萄糖
5. 治疗癌症晚期疼痛应选用（　　）。
A. 氨酚羟考酮片　　B. 塞来昔布
C. 卡马西平　　D. 颠茄浸膏片
6. 儿童出现阵发性剧烈痉挛性咳嗽，当痉挛咳嗽终止时伴有鸡鸣样吸气回声属于（　　）。
A. 百日咳　　B. 肺结核　　C. 肺炎　　D. 支气管炎
7. 患者起病突然，伴随高热、寒战、胸痛、咳铁锈色痰，属于（　　）。
A. 百日咳　　B. 肺结核　　C. 肺炎　　D. 支气管炎
8. 无并发症的普通感冒一般（　　）可以痊愈。
A. 1～2天　　B. 3～4天　　C. 5～7天　　D. 8～10天
9. 小明早起出现打喷嚏、鼻塞、流清水样鼻涕、咳嗽、少量咳痰症状，体温37.6℃，疑似普通感冒，前来药店购买药物。药师给予其购药指导，下列叙述错误的是（　　）。
A. 适当补充水分，保持室内空气流通，避免继发细菌感染
B. 应戴口罩，避免出入人多的公共场合，注意隔离
C. 口服抗组胺药，减轻鼻充血，缓解鼻滴液症状
D. 尽快服用抗生素
10. 多潘立酮的服用最佳时间为（　　）。
A. 餐前半小时　　B. 用餐时　　C. 餐中　　D. 餐后
11. 抗菌药与助消化药物须合用时，间隔时间为（　　）。
A. 0.5小时　　B. 1小时　　C. 2～3小时　　D. 4小时
12. 能够改善眼部调节功能，减轻眼部不适的药物是（　　）。
A. 山莨菪碱滴眼液　　B. 七叶洋地黄双苷滴眼液
C. 聚乙烯醇滴眼液　　D. 玻璃酸钠滴眼液
13. 能够减轻眼部平滑肌及血管痉挛，改善局部微循环的药物是（　　）。
A. 山莨菪碱滴眼液　　B. 七叶洋地黄双苷滴眼液
C. 聚乙烯醇滴眼液　　D. 玻璃酸钠滴眼液
14. 头面部及间擦部位湿疹建议选择（　　）。
A. 曲安奈德乳膏　　B. 地塞米松乳膏
C. 卤米松乳膏　　D. 他克莫司软膏

15. 为控制湿疹患者瘙痒症状，不影响睡眠，建议患者睡前口服（　　）。

A. 氯苯那敏　B. 地西泮　C. 布洛芬　D. 文拉法辛

16. 治疗口腔溃疡，频繁应用可引起局部组织萎缩的药物是（　　）。

A. 西地碘含片　B. 维生素 C

C. 氯己定含漱液　D. 地塞米松粘贴片

二、案例题

陈某，女，40 岁，自述最近胃不舒服，总觉得吃一点就很饱，胃胀且总是嗳气，偶尔觉得恶心。最近去医院做了钡餐检查、胃镜检查，结果都显示正常，医生诊断没有器质性的疾病，但患者还是很难受。

思考：请根据患者的病情，推荐合适的药物和进行健康指导，并说明理由。

书网融合……

微课 1　微课 2　划重点　自测题

项目八　常见疾病的用药指导

学习目标

知识要求

1. **掌握**　常见疾病常用药物的适应证及作用特点。
2. **熟悉**　常见疾病的用药指导与健康教育。
3. **了解**　常见疾病的分类及临床表现。

能力要求

1. 能根据常见疾病的临床表现、诊疗情况，对患者进行用药指导。
2. 会对常见疾病的治疗与预防提出合理建议，确保患者用药安全。

任务一　支气管哮喘

PPT

岗位情景模拟

情景模拟　患者，男，38岁，咳嗽、发热1周，喘息4天。2周前受凉后出现咽痛、发热、咳嗽，以干咳为主，最高体温37.9℃。口服感冒药后发热症状明显改善，但咳嗽症状改善不明显。4天前出现喘息，夜间明显，自觉呼吸时有“喘鸣音”。常夜间憋醒，接触冷空气或烟味后症状加重。既往患过敏性鼻炎6年，经常使用抗过敏药；无烟酒嗜好；其父患湿疹多年。就医后诊断为哮喘，医生开具处方药孟鲁司特钠咀嚼片。

讨论　1. 医生诊断为哮喘的依据有哪些？

2. 医生为什么选用孟鲁司特的咀嚼片，在调配该药时需对患者进行哪些用药教育？

一、概述　微课1

（一）概念

支气管哮喘（简称哮喘）是由多种炎性细胞（如嗜酸性粒细胞、肥大细胞等）、气道结构细胞和细胞组分参与的气道慢性炎症性疾病。其临床表现为患者出现反复发作性喘息、气急、胸闷和（或）咳嗽等症状，常在夜间和（或）凌晨发作或加剧，多数患者可自行缓解或经治疗后缓解，同时伴有可逆性气流受限和气道高反应性，随着病程延长可导致一系列气道结构的改变及气道重构。

全球约有3亿哮喘患者，我国的患病率为1%～4%。儿童患病率高于青壮年，发达国家高于发展中国家，城市高于农村。

（二）病因

哮喘是一种复杂的、具有多基因遗传倾向的疾病，发病具有家族聚集现象，血缘关系越近，患病率越高。具有哮喘易感基因的人群发病受环境因素的影响较大。

1. 过敏原性因素 ①室内过敏原：如尘螨、宠物、蟑螂。②室外过敏原：如花粉、草粉。③职业性过敏原：如油漆、饲料、染料。④食物：如鱼、虾、蛋类、牛奶。⑤药物：如阿司匹林、抗生素、普萘洛尔等。

2. 非过敏原性因素 如大气污染、吸烟、运动、肥胖等。

二、临床表现与分期

（一）临床表现

1. 症状

（1）典型的症状为发作性伴有哮鸣音的呼气性呼吸困难。多与接触过敏原、冷空气、物理或化学性刺激以及上呼吸道感染、运动等有关。

（2）哮喘症状可在数分钟内发作，并持续数小时至数天，可经支气管舒张剂等平喘药物治疗后缓解或自行缓解。某些患者在缓解数小时后可再次发作。夜间及凌晨发作或加重是哮喘的重要临床特征。

（3）有些患者尤其是青少年，其哮喘症状在运动时出现，称为运动性哮喘。

（4）此外，临床上还存在无喘息症状的不典型哮喘，患者可表现为慢性咳嗽症状，以咳嗽为唯一症状的不典型哮喘称为咳嗽变异性哮喘。

2. 体征

（1）发作时典型的体征是双肺可闻及广泛的哮鸣音，呼气音延长。心率增快、奇脉（吸气时脉搏显著减弱或消失）、胸腹反常运动（吸气时腹壁内移与正常相反）和发绀，常出现在严重哮喘患者中。

（2）非常严重的哮喘发作，哮鸣音反而减弱，甚至完全消失，表现为“沉默肺”，是病情危重的表现。

（3）非发作期体检可无异常发现。

（二）分期

根据临床表现，哮喘分为急性发作期、慢性持续期和临床缓解期。

1. 急性发作期 喘息气促、咳嗽、胸闷等症状突然发生或原有症状急剧加重，常有呼吸困难，以呼气流量降低为特征。常因接触过敏原、刺激物或呼吸道感染诱发。其程度轻重不一，病情加重，可在数小时或数天内出现，偶尔可在数分钟内即危及生命，故应对病情作出正确评估，以便给予及时有效的紧急治疗。按哮喘急性发作的严重程度分为轻度、中度、重度和危重4级。

（1）轻度　步行或上楼时气短，可有焦虑，呼吸频率轻度增加，闻及散在哮鸣音，肺通气功能和血气检查正常。

（2）中度　稍事活动感气短，可有焦虑，呼吸频率增加，可有三凹征（锁骨上窝、胸骨上窝、肋间隙凹陷），闻及响亮、弥漫的哮鸣音，心率增快，可出现奇脉。

（3）重度　休息时感气短，端坐呼吸，只能发单字表达，常有焦虑和烦躁，大汗淋漓，R（呼吸频率）>30次/分，常有三凹征，闻及响亮、弥漫的哮鸣音，P（心率）>120次/分，奇脉，PaO_2（血氧分压）<60mmHg；$PaCO_2$（二氧化碳分压）>45mmHg，SaO_2（动脉血氧饱和度）≤90%，pH可降低。

（4）危重　不能讲话，嗜睡、意识模糊，胸腹反常运动等，喘鸣音减低或消失。

2. 慢性持续期　是指患者没有急性哮喘发作，但是在相当长的时间内总有不同频率和不同程度的哮喘症状发生。根据其临床表现和肺功能可将慢性持续期的病情程度分为间歇发作、轻度持续、中度持续、严重持续4级，如表8-1所示，并以此制订合理的治疗方案。此分级并不是一成不变的，对于没有经历规范治疗的患者，可直接根据临床表现和肺功能进行分级；对于已经处于规范化治疗中的患者，则要与本人治疗前临床表现和肺功能进行比较，如果症状未改善则将病情严重程度升一个级别，如轻度持续升为中度持续。

表8-1　支气管哮喘慢性持续期临床表现分级

	间歇发作状态	轻度持续	中度持续	重度持续
临床症状	短暂出现，<1次/周	发作时影响活动和睡眠，≥1次/周，但不是每天出现	每天有症状，发作时影响活动和睡眠，每日需用β_2受体激动剂	频繁、连续出现症状，日常活动受限
夜间症状	≤2次/每月	每月>2次，但并不是每周出现	每周≥1次	频繁
FEV_1占预计值百分比	≥80%，变异率<20%	≥80%，变异率为20%~30%	>60%且<80%，变异率≥30%	≤60%，变异率>30%

注：FEV是一秒用力呼气溶积。

3. 临床缓解期　是指经过治疗或未经治疗，症状、体征消失，肺功能恢复到急性发作前水平，并维持3个月以上。

三、药物治疗

（一）治疗原则

哮喘治疗的目标是控制症状、预防未来发作的风险，即通过使用最小有效剂量的药物，甚至不用药物就能使患者活动不受限制，并能和正常人一样生活、学习和工作。

1. 积极治疗　不仅要在疾病急性发作期进行积极治疗，在日常生活中也应注意保养和用药，以减少疾病急性发作的次数。

2. 规范治疗 由于哮喘的治疗方法在不断地更新和完善，所以哮喘患者应到医院接受正规治疗，即使不能治愈，也可以很好地控制病情。

3. 长期治疗 哮喘病程迁延时间长，是一种慢性疾病，而目前的治疗主要以控制病情发展、减轻症状为主，还没有办法可以彻底治愈疾病，因此患者应坚持长期治疗。

4. 个体化原则 患者因体质不同，治疗效果也会不同，因此，应根据患者自身的病情进行有针对性的治疗。

（二）常用药物作用特点

1. 糖皮质激素 可以抑制嗜酸性粒细胞等炎性细胞在气道的聚集、抑制炎症介质的生成和释放、增强平滑肌细胞 β_2 受体的反应性等，是目前控制哮喘最有效的药物。用药分为吸入、口服、静脉三种类型。

（1）吸入型糖皮质激素（ICS） 由于其局部抗炎作用强、全身不良反应少，已成为目前长期治疗哮喘的首选药物。常用药物有倍氯米松、布地奈德、氟替卡松等，不同糖皮质激素之间可进行等效剂量换算，如表8－2所示，通常需规律吸入3～7日以上方能起效。少数患者可出现口腔白色念珠菌感染、声音嘶哑，吸药后用清水漱口可减轻局部反应。大剂量吸入型糖皮质激素对儿童哮喘发作的治疗有一定帮助，但病情严重时不能以吸入治疗替代全身糖皮质激素治疗，以免延误病情。

表8－2 吸入型糖皮质激素的每日剂量高低与互换关系

药物	低剂量（μg）	中剂量（μg）	高剂量（μg）
二丙酸倍氯米松	200～500	500～1000	>1000
布地奈德	200～400	400～800	>800
丙酸氟替卡松	100～250	250～500	>500

（2）口服糖皮质激素 用于吸入激素无效或需要短期加强治疗的患者。常用泼尼松和泼尼松龙，起始剂量每日30～60mg，症状缓解后逐渐减量至每日≤10mg，然后停用或改用吸入剂。不主张长期口服激素用于延长哮喘缓解期。全身应用糖皮质激素是治疗儿童重症哮喘发作的重要手段。

（3）静脉糖皮质激素 重度或严重哮喘发作时应及早静脉给予激素。无激素依赖倾向者可在3～5日内停药；有激素依赖倾向者应适当延长给药时间，症状缓解后逐渐减量，然后改用口服和吸入剂进行维持。

2. β_2受体激动剂 通过激动气道的 β_2 受体，减少肥大细胞等炎症介质的释放，起到舒张支气管、缓解哮喘症状的作用。分为短效 β_2 受体激动剂（SABA，维持4～6小时）和长效 β_2 受体激动剂（LABA，维持10～12小时），LABA又可分为快速（数分钟）起效和缓慢（30分钟）起效两种。

> **请你想一想**
>
> 糖皮质激素还有哪些用途？

（1）SABA 治疗哮喘急性发作的首选药物，有吸入、口服和静脉三种制剂。首选吸入给药，常用沙丁胺醇和特布他林。如吸入沙丁胺醇每次100～200μg或特布他林每次250～500μg，必要时每20分钟重复1次，1小时后疗效不满意者应及时就医。应采取“按需间歇使用”，不宜单一、长期使用。

（2）LABA 常用沙美特罗（缓慢起效）和福莫特罗（快速起效）。前者建议剂量每次50μg；后者建议剂量每次4.5～9μg，可按需用于哮喘急性发作时的治疗。LABA与ICS联合使用是目前最常用的哮喘控制方案，如氟替卡松/沙美特罗吸入干粉剂、布地奈德/福莫特罗吸入干粉剂等。特别注意，LABA不能单独用于哮喘治疗。

3. 白三烯受体阻断剂 可减少炎性介质释放和舒张支气管平滑肌，是目前除糖皮质激素外唯一可单独使用的哮喘控制性药物，可作为轻度哮喘患者糖皮质激素的替代治疗药物和中重度哮喘患者的联合治疗用药。常用药物有孟鲁司特钠和扎鲁司特。孟鲁司特钠成年人每次10mg，儿童每次4～5mg，每日1次，睡前服用咀嚼片；扎鲁司特每次20mg，每日2次。尤适用于阿司匹林哮喘、运动性哮喘和伴有过敏性鼻炎哮喘患者的治疗。

4. 磷酸二酯酶抑制剂（茶碱类药物） 通过抑制磷酸二酯酶提高平滑肌细胞内环磷酸腺苷浓度，增强呼吸肌的力量以及增强气道纤毛清除功能等，从而起到舒张支气管和气道抗炎作用。口服缓控释制剂用于治疗轻中度哮喘，尤其是控制夜间哮喘的症状控制，一般剂量为6～10mg/kg。静脉给药主要应用于重症和危重症哮喘，需要注意静脉注射速度过快可引起严重反应，甚至死亡。由于茶碱的治疗窗窄以及茶碱代谢存在较大个体差异，有条件的应在用药期间监测其血药浓度，安全有效浓度为6～15μg/ml。每日最大用量一般不超过1.0g（包括口服和静脉给药）。

5. 抗胆碱药 舒张支气管的作用比β_2受体激动剂弱，起效也较慢，但长期应用不易产生耐药性，对老年人的治疗效果不次于年轻人，另外其还有减少痰液分泌的作用。

（1）短效抗胆碱药 异丙托溴铵有气雾剂和雾化溶液两种，约10分钟起效，维持4～6小时。主要用于哮喘急性发作的治疗，多与β_2受体激动剂联合应用，尤其适用于夜间哮喘及多痰的患者。每次25～75μg，每日3次或用100～150μg/ml的溶液持续雾化吸入。最常见口干等不良反应，少见心动过速、心悸、眼部调节障碍、胃肠动力障碍和尿潴留等抗胆碱副作用。

（2）长效抗胆碱药噻托溴铵作用更强，持续时间更久，可达24小时，目前只有干粉吸入剂。主要用于哮喘合并慢性阻塞性肺疾病以及慢性阻塞性肺疾病患者的长期治疗。

你知道吗

哮喘与慢性阻塞性肺疾病的区别

慢性阻塞性肺疾病（COPD）是一种以不完全可逆的气流受限为特征的常见慢性疾病，主要表现为反复咳嗽、咳痰、气短、活动耐力下降。其与哮喘的区别在于哮喘夜间症状常见，肺功能可逆性好，激发试验阳性，运动后支气管收缩；而 COPD 很少有夜间症状，大多数患者具有吸烟史，肺功能可逆性差，激发试验经常阴性，运动后无支气管收缩。

---

6. IgE 抗体 可阻断游离 IgE 与 IgE 效应细胞表面受体结合。主要用于 ICS 和 LABA 联合治疗后症状仍未控制且血清 IgE 水平增高的重症哮喘患者。使用方法为每 2 周皮下注射 1 次，持续至少 3 ~6 个月。

（三）急性发作期的治疗

治疗目的为尽快缓解症状，解除气道痉挛、纠正低氧血症、恢复肺功能；预防再次急性发作、恶化，防止气胸等并发症。

1. 轻度 经定量气雾剂吸入 SABA，在第 1 小时内每 20 分钟吸入 1 ~2 喷。随后可调整为每 3 ~4 小时吸入 1 ~2 喷。如果疗效欠佳，可加用缓释茶碱片，或加用短效抗胆碱药气雾剂。

2. 中度 吸入 SABA（常用雾化吸入），第 1 小时内可持续雾化吸入。联合应用雾化吸入短效抗胆碱药、激素混悬液，也可联合静脉注射茶碱类。如果疗效欠佳，应尽早口服激素，同时吸氧。

3. 重度至危重度 持续雾化吸入 SABA，联合雾化吸入短效抗胆碱药、激素混悬液以及静脉注射茶碱类药物。应尽早静脉应用激素，待病情得到控制和缓解后改为口服给药，并逐步减量。同时吸氧，并注意维持水电解质平衡，纠正酸碱失衡。经过上述治疗，临床症状和肺功能无改善甚至继续恶化者，应及时给予机械通气治疗，其指征包括呼吸肌疲劳、$PaCO_2$ >45mmHg、意识改变。

（四）慢性持续期的治疗

是指以控制哮喘临床特征、维持肺功能接近正常水平为目标的治疗方案（五步分级治疗方案，如表 8 –3 所示）。由于哮喘的复发性和多变性，因此需在不断评估和监测患者哮喘控制水平的基础上，定期对治疗方案进行调整。若目前的治疗方案不能使哮喘得到控制，则应该升级治疗方案直至哮喘得以控制为止。

对大多数未经治疗的持续性哮喘患者，初始治疗应从第 2 级开始，若初始评估哮喘处于严重未控制状态，治疗则应从第 3 级开始。通常情况下，初诊患者 1 ~3 个月进行回访，以后每 3 个月随访 1 次。当哮喘控制维持至少 3 个月后，可以降级治疗。

其中，吸入型糖皮质激素的使用剂量分为起始剂量和维持剂量，前者依据病情严重程度而定，后者以能控制症状和气道炎症的最低量确定，分 2 ~4 次给予，一般要连续应用 2 年。哮喘慢性持续期的治疗必须以个体化、最小量、最简单联合、副作用最少和达到最佳控制症状为基本原则。

表 8-3　哮喘慢性持续期分级治疗方案

治疗方案	第 1 级	第 2 级	第 3 级	第 4 级	第 5 级
缓解药物	按需使用 SABA	按需使用 SABA	按需使用 SABA/低剂量布地奈德 + 福莫特罗	按需使用 SABA/低剂量布地奈德 + 福莫特罗	按需使用 SABA/低剂量布地奈德 + 福莫特罗
首选控制药物	不需使用药物	低剂量 ICS	低剂量 ICS + LABA	中或高剂量 ICS + LABA	高剂量 ICS + LABA + 口服最小剂量糖皮质激素
其他可选控制药物	低剂量 ICS	白三烯受体阻断剂	中或高剂量 ICS/低剂量 ICS + 白三烯受体阻断剂/低剂量 ICS + 缓释茶碱	中或高剂量 ICS + LABA + 白三烯受体阻断剂/高剂量 ICS + 白三烯受体阻断剂	高剂量 ICS + LABA + 抗 IgE 治疗

（五）咳嗽变异性哮喘的药物选用

咳嗽变异性哮喘的治疗原则与典型哮喘治疗相同，多数患者给予低剂量 ICS 联合支气管舒张剂（β_2受体激动剂或缓释茶碱）即可，或用上述药物的联合制剂。必要时短期口服小剂量糖皮质激素。咳嗽变异性哮喘治疗不及时可以发展为典型哮喘。

（六）难治性哮喘的药物选用

是指采用包括两种（ICS + LABA）或两种以上的控制药物规范治疗 6 个月以上而仍未达到良好控制的哮喘。在排除患者治疗依从性不好、诱发加重或使哮喘难以控制的因素后，治疗措施包括：①给予高剂量 ICS，加或不加口服激素，加白三烯受体阻断剂、抗 IgE 抗体治疗；②其他可选择的方法，如免疫抑制剂、支气管热成形术等。

四、用药注意事项与患者健康教育

（一）用药注意事项

1. 特殊人群　目前儿童哮喘患者逐渐增多。对于 <6 岁儿童哮喘的长期治疗，最有效的治疗药物是 ICS，对大多数患儿推荐使用低剂量 ICS 作为初始控制治疗；无法应用或不愿使用 ICS，或伴有过敏性鼻炎的患儿可选用白三烯受体拮抗剂。对于≥6 岁儿童 ICS + LABA 联合治疗是该年龄儿童哮喘控制不佳时的优选升级方案。对于哮喘急性发作建议哮喘患儿和（或）家长及时经储雾罐或雾化吸入 SABA。如治疗后喘息症状未能有效缓解或症状缓解维持时间短于 4 小时，应即刻前往医院就诊。

2. 注意事项

（1）长期应用糖皮质激素易出现药源性肾上腺皮质功能亢进症，表现为满月脸、水牛背、多毛、痤疮、向心性肥胖等。可联合使用低至中剂量糖皮质激素与长效 β_2受体激动剂、白三烯受体阻断剂或缓释茶碱。突然停药会出现撤药反应，表现为四肢酸痛、心悸、乏力及原有疾病加重等反应，如需停药应逐步减量。

（2）妊娠妇女、小儿、老年人或发热患者，以及伴有心、肝、肾功能障碍及甲状腺功能亢进者须慎用茶碱类药物。西咪替丁、喹诺酮类、大环内酯类、普萘洛尔等药物与茶碱合用，可使茶碱消除减慢，应减少其用药量。

（二）患者健康教育

1. 心理指导 由于哮喘患者病程较长，病情易反复，常易造成心理压力，有的患者不思饮食、睡眠质量差。药学人员应帮助患者树立信心，让患者了解哮喘虽不能根治，但通过适当、长期的治疗是可以控制病情的，使其消除思想顾虑，主动地配合治疗。

2. 饮食指导 哮喘患者应尽量食用清淡、易消化、有足够热量的食物，如瘦肉、大豆等高蛋白食物；胡萝卜、韭菜、南瓜、大枣、番茄、青菜等含维生素A、维生素C及钙质多的食物。不适宜食用鱼、虾、蟹、蛋、牛奶等易过敏的食物；忌酒及过咸的食物。

3. 休息与活动指导 哮喘发作时应采用半卧位或坐位。非发作期时，应积极进行锻炼，如游泳、快走、慢跑等，尽可能改善肺功能，最大限度恢复劳动力。

4. 日常生活指导 患者应避免接触敏感因素，以免诱发哮喘。保持居住环境的干净清洁，经常打扫卫生，清洗床上用品，不使用皮毛制成的衣物或被褥；禁止吸烟，避免接触烟雾及刺激性气体；多补充水分，尤其是急性发作期要多饮水，进食半流质食物，以利于痰液湿化和排出；随身携带止喘药，并掌握正确的吸入技术；熟悉哮喘发作的先兆表现，如打喷嚏、鼻痒等，并强调出现哮喘发作先兆时，即吸入β_2受体激动剂，同时保持平静，以迅速控制哮喘症状，防止严重哮喘发作。

任务二 消化性溃疡

PPT

岗位情景模拟

情景模拟 患者，男，46岁，烟酒史多年，近来无明显诱因的上腹部烧灼痛，反复发作，常发生于空腹或夜间，伴反酸、嗳气半年余，自服法莫替丁，症状可缓解。1周前因工作压力大，疼痛加重，自服“胃药”症状无缓解而就诊。查体：生命体征平稳，脐右上有局限性压痛。内镜检查：十二指肠可见圆形溃疡。细菌学检查：幽门螺杆菌阳性。医生诊断为十二指肠溃疡，并给予阿莫西林胶囊、克拉霉素片、奥美拉唑肠溶胶囊、枸橼酸铋钾胶囊。

讨论 1. 医生的诊断依据是什么？

2. 医生用药依据是什么？如何对患者进行用药指导和健康教育？

一、概述

（一）概念

消化性溃疡（PU）主要指发生在胃和十二指肠的慢性溃疡，包括胃溃疡（GU）和十二肠溃疡（DU），因溃疡形成与胃酸和胃蛋白酶的消化作用有关，故称消化性溃疡。消化性溃疡是一种常见病，发病率占总人口的10%～20%，以青壮年多见，男性多于女性。临床上十二指肠溃疡多于胃溃疡，比值大约为3∶1。

（二）病因

消化性溃疡的病因较为复杂，迄今尚未明确，是一种多因素疾病。研究认为是黏膜攻击因子和防御因子之间失衡的结果。常见的黏膜攻击因子有胃酸、胃蛋白酶、微生物（幽门螺杆菌）、药物（非甾体类抗炎药、糖皮质激素等）、烟酒等，可侵袭胃黏膜；常见的黏膜防御因子有碳酸氢盐分泌、胃黏液屏障、前列腺素E和表皮生长因子、细胞再生维持上皮细胞完整性能力等。

近年的研究已经明确，幽门螺杆菌（Hp）感染是导致消化性溃疡的最重要病因，并与胃癌的发生有关。Hp的分泌物、代谢产物等均可破坏胃黏膜及其上皮细胞，对溃疡愈合不利。随着Hp感染率下降，与此相关的溃疡发病率降低。同时服用非甾体抗炎药的人群在扩大，与此相关的溃疡发病率逐年上升，非甾体抗炎药可抑制环氧合酶的活性，使对胃黏膜具有保护作用的前列腺素合成减少。

二、临床表现及诊断

（一）临床表现

消化性溃疡一般具有慢性病程、复发性、节律性等特点，多在秋冬之交或冬春之交发病。中上腹痛、反酸是消化性溃疡病的典型症状，也可出现钝痛、灼痛或饥饿样痛。常因精神紧张、过度劳累、饮食不慎、药物影响、气候变化等因素诱发或加重症状。

腹痛发生与进餐时间的关系是鉴别胃溃疡与十二指肠溃疡的重要临床依据。胃溃疡腹痛多发生在餐后1小时内，1～2小时后逐渐缓解；十二指肠溃疡腹痛常发生在空腹时，进食或可缓解。除中上腹痛外，消化性溃疡患者也有上腹饱胀、反酸、嗳气、恶心、呕吐等其他胃肠道反应，或伴有失眠、多汗等自主神经系统症状。

由于非甾体抗炎药有较强的镇痛作用，故临床上非甾体抗炎药所致的溃疡以无症状居多。部分消化性溃疡以出血、穿孔等并发症为首发症状。急性穿孔会导致急性弥漫性腹膜炎，表现为突然腹痛加剧；亚急性或慢性穿孔可引起局限性腹膜炎、肠粘连或肠梗阻等征象，短期内可好转；消化性溃疡还可能并发幽门梗阻、上腹饱胀、不适，常伴食欲减退、嗳气、反酸等，尤以饭后明显，甚至进餐30～60分钟后出现呕吐，少数胃溃疡可并发癌变。

（二）诊断

1. 内镜检查 是确诊消化性溃疡的首选检测方法。在内镜直视下，可发现溃疡，也可取黏膜以进一步进行病理检查和 Hp 检测，对溃疡出血者还可再进行风险评估和止血治疗。内镜检查诊断消化性溃疡和鉴别良性、恶性溃疡的准确性均显著高于 X 钡餐检查。

2. Hp 检测 Hp 感染的诊断已成为消化性溃疡的常规检查项目，其方法分为侵入性和非侵入性两大类，前者需要做内镜检查取黏膜进行活检，可同时确定是否存在胃肠道疾病，后者仅提供有无 Hp 感染的信息；尿素酶试验是非侵入性试验中诊断 Hp 感染的首选方法，但不推荐作为根除后复查确认的方法；^{13}C 或 ^{14}C – 尿素呼气试验可作为根除后复查的首选方法，确诊 Hp 感染的消化性溃疡患者需进行根除治疗。

3. 粪隐血试验 溃疡活动期以及伴有活动性出血的患者可呈阳性。此法亦可用于长期服用非甾体抗炎药、抗凝血药等患者消化道隐性出血的监测。

你知道吗

尿素呼气试验

尿素呼气试验是用核素标记的尿素做呼气试验检测幽门螺杆菌感染的方法。其原理为利用幽门螺杆菌有活性很高的尿素酶这一特点，受试者口服 ^{13}C 或 ^{14}C 标记的尿素后可被其分解，产生的 CO_2 经呼气排出，通过测定其呼出气体中标记 CO_2 变化情况即可判断有无幽门螺杆菌感染。

三、药物治疗

（一）治疗原则

消化性溃疡的治疗原则是消除病因、缓解症状、愈合溃疡、防止复发和防治并发症。治疗方法包括三个方面，即一般治疗、药物治疗和外科手术治疗，以药物治疗为主。同时要强调治疗的长期性，选择药物要效果好、价格优、使用方便。

（二）药物治疗

1. 根除 Hp 治疗 是 Hp 呈阳性的消化性溃疡患者的基本治疗，也是溃疡愈合和预防复发的有效措施。

（1）根除方案 由于大多数抗菌药在胃酸环境中活性较低，且不能穿透黏液层而作用于细菌，故单一药物治疗效果较差，提倡联合用药治疗。目前推荐含有铋剂的四联方案，即 2 种抗生素 + 标准剂量质子泵抑制剂（PPI） + 标准剂量铋剂。常用的抗生素有阿莫西林、克拉霉素、甲硝唑、呋喃酮唑、左氧氟沙星等，如表 8 – 4 所示。

表 8-4　四联方案中 2 种抗生素的剂量和用法

方案	抗菌药物 1	抗菌药物 2
1	阿莫西林每次 1000mg，2 次/日	克拉霉素每次 500mg，2 次/日
2	阿莫西林每次 1000mg，2 次/日	左氧氟沙星每次 200mg，2 次/日
3	阿莫西林每次 1000mg，2 次/日	呋喃唑酮每次 100mg，2 次/日
4a	四环素每次 750mg，2 次/日	甲硝唑每次 400mg，2 次/日
4b	四环素每次 750mg，2 次/日	呋喃唑酮每次 100mg，2 次/日

注：标准剂量 PPI：埃索美拉唑每次 20mg、雷贝拉唑每次 10mg、奥美拉唑每次 20mg、兰索拉唑每次 30mg、泮托拉唑每次 40mg，2 次/日；标准泌剂：枸橼酸泌钾每次 220mg，2 次/日。

这些方案均有较高的根除率，推荐疗程为 10～14 日。任何一种方案失败后，不需要药敏试验，也可再选择其他方案进行治疗。治疗失败者间隔 3～6 个月进行补救治疗，阿莫西林、呋喃唑酮和四环素耐药率低，而克拉霉素、甲硝唑和左氧氟沙星的耐药率高。

（2）效果评估　用于明确 Hp 是否被根除的复查，要在根除治疗结束至少 4 周后进行。可选用非侵入性的尿素呼气试验，也可用胃黏膜活检标本检测。

2. 抑酸治疗　是缓解消化性溃疡症状、愈合溃疡的最主要措施。抑制胃酸分泌的药物主要有 H_2受体拮抗剂和质子泵抑制剂等。

（1）H_2受体拮抗剂　能阻断组胺与 H_2受体的结合，从而抑制食物、组胺及胃泌素引起的胃酸分泌，达到治疗溃疡的目的。常用的有西咪替丁、雷尼替丁、法莫替丁等。雷尼替丁作用比西咪替丁强 5～10 倍，且作用时间长、副作用较少。法莫替丁作用比雷尼替丁强 7 倍，比西咪替丁强 30 倍。H_2受体拮抗剂对十二指肠溃疡疗效好，也可用于胃及食管反流性疾病。一般于早、晚餐后服用或将一日剂量于睡前顿服。长期用药可见氨基转移酶水平升高、血小板减少性紫癜、粒细胞缺少、男性性功能紊乱等不良反应，偶见幻觉、定向力障碍，司机驾车等慎用。

（2）PPI　通过干扰胃壁细胞内质子泵即 H^+，K^+-ATP 酶，抑制各种刺激引起的胃酸分泌，抑酸作用强而持久。常用的有奥美拉唑、兰索拉唑、泮托拉唑、雷贝拉唑等。此外，PPI 还有抗 Hp、保护胃黏膜等作用。PPI 不耐酸，服药时不宜嚼碎。标准剂量每日 1 次，早餐前服用，可使十二指肠溃疡 4 周愈合、胃溃疡 6～8 周愈合。不良反应主要有头痛、头晕、口干、恶心、腹胀、失眠等；偶有皮疹、外周神经炎、血清氨基转移酶或胆红素增高。

3. 抗酸治疗　抗酸药可中和胃酸，抑制胃蛋白酶活性，消除胃酸对胃黏膜的刺激性损害，缓解疼痛，利于溃疡愈合。常用的药物有碳酸氢钠、碳酸钙、氢氧化铝、三硅酸镁等，均为弱碱性无机盐。片剂应嚼碎，并在餐后 1～2 小时服用，以延缓药物在胃中排出。

抗酸药的作用特点是作用时间短，服药次数多，含镁的抗酸药可引起腹泻，含铝的抗酸药可引起便秘。临床多用复方制剂，如复方氢氧化铝片，以增强疗效，降低不良反应，常作为消化性溃疡止痛的辅助治疗手段。新一代抗酸药铝碳酸镁具有抗酸和黏膜保护的优点，含有 Al^{3+}、Mg^{2+} 两种离子，相互抵消了便秘和腹泻的副作用。常用剂量为每次0.5～1g，3次/日，疗程6～8周，促进溃疡愈合，疗效与 H_2 受体拮抗剂相当。

4. 黏膜保护治疗

（1）米索前列醇　能增加胃黏膜碳酸氢根离子的分泌，增加胃黏膜局部血流量，抑制基础胃酸及由食物、组胺、胃泌素刺激所引起的胃酸分泌和胃蛋白酶分泌，促进胃黏膜细胞的增殖和修复，主要用于胃溃疡、十二指肠溃疡及急性胃炎引起的消化道出血，尤其是非甾体抗炎药引起的慢性胃出血。不良反应可见腹泻，引起子宫收缩，孕妇禁用。

（2）硫糖铝　在胃内酸性条件下能黏附于上皮细胞和溃疡面，增加黏膜保护层的厚度，减轻胃酸和消化酶的侵蚀。还能促使黏膜和血管增生，促进溃疡的愈合，常用于胃及十二指肠溃疡。餐前0.5～1小时服用，不宜与碱性药物、钙剂、牛奶合用，主要副作用为便秘，偶有恶心、腹泻等，长期服用可导致低磷血症。

（3）枸橼酸铋钾　在胃内酸性条件下可在溃疡表面形成蛋白质－铋复合物的保护层，还可包裹Hp菌体，干扰Hp代谢，发挥杀菌作用。主要用于消化不良、胃溃疡及十二指肠溃疡，可有便秘、恶心、舌苔发黑等不良反应。

（三）其他辅助治疗

1. 促进胃动力药　一些消化性溃疡患者有明显的恶心、呕吐和腹胀，多是消化道动力不足而导致的胃潴留、排空迟缓、胆汁反流或胃食管反流等引起的，可给予促进胃动力药，如多潘立酮、西沙必利等。

2. 缓解平滑肌痉挛药　主要有溴丙胺太林、阿托品、颠茄片、山莨菪碱等。

3. 中成药　如康复新液、胃康灵颗粒等也对消化性溃疡有一定的疗效。

> **请你想一想**
>
> 消化性溃疡患者出现出血症状时，应该如何处理？

四、用药注意事项与患者健康教育

（一）用药注意事项

1. 坚持用药　提醒患者在确定了合适的方案后，必须坚持治疗4～8周，期间不宜随意更换药物，疗程结束后及时复查。

2. 维持治疗　消化性溃疡愈合后，大多数患者可以停药，对反复发作、Hp阴性及合并多种伤害或伴有严重并发症的患者，可以给予维持治疗，即较长时间服用维持剂量的 H_2 受体拮抗剂或PPI。疗程因人而异，短者3～6个月，长者1～2年，甚至更长时间。

3. 避免使用的药物　消化性溃疡患者要注意避免同时使用对胃、十二指肠黏膜有损伤作用的药物，如阿司匹林、吲哚美辛、保泰松、红霉素、甲硝唑、糖皮质激素、抗肿瘤药物和抗凝血药等，若需要同时使用，请在医师指导下进行。

4. 并发症的处理　若出现大出血、急性穿孔、幽门梗阻等并发症，及时送往医院治疗。

5. 非药物治疗　消化性溃疡在对因对症治疗的同时，也应强调饮食、休息等的一般治疗。

（二）患者健康教育

1. 注重饮食治疗，做到清淡细软饮食，定时定量，少食多餐，细嚼慢咽。
2. 避免食用以下食物：对胃黏膜有刺激的食物，如胡椒、辣椒；容易产酸的食物，如地瓜、土豆、甜点心及糖醋食品；容易产气的食物，如生葱、生蒜、生萝卜、蒜苗、洋葱等；避免生冷食物刺激，如喝大量的冷饮、食凉拌菜等。
3. 戒烟、酒、浓茶、浓咖啡。
4. 保持精神舒缓、避免过度紧张与劳累。

PPT

任务三　高血压

岗位情景模拟

情景模拟　患者，男，65岁，退休人员，发现高血压10年，血压值最高达180/120mmHg，有头晕症状，就诊前服用氢氯噻嗪片；发现高尿酸血症5年，尿酸值最高达800μmol/L，未予以药物治疗。近期感觉身体不适，检查：血压185/125mmHg，尿酸850μmol/L。

诊断：3级高血压；治疗：停用氢氯噻嗪片，服用氯沙坦钾片与硝苯地平控释片控制血压，口服苯溴马隆片降尿酸。

讨论　1. 为什么停用氢氯噻嗪片？

2. 为什么改用氯沙坦钾片和硝苯地平控释片？服用两种药物时应该对患者进行哪些用药教育？

一、概述

（一）概念

高血压是引发多种心脑血管疾病发病的重要危险因素，也是导致心血管疾病死亡的重要原因之一。正常人的血压随内外环境变化在一定范围内波动，对人群整体而言，血压水平随年龄逐渐升高，以收缩压更为明显，但50岁后舒张压呈现下降趋势，脉压也随之加大。因此，高血压早期阶段没有症状，许多高血压患者可以一直无不适感，直到发生心、脑、肾并发症，故高血压被称为“无声杀手”，是一种最常见的慢性病。合理应用降压药是控制血压水平、防止心脑血管不良事件发生的关键。

高血压是指以体循环动脉血压升高、周围小动脉阻力增高，同时伴有心排血量和血容量增加为主要表现的临床综合征。

（二）诊断与分类

1. 诊断 未使用降压药物的情况下，非同日3次测量血压，收缩压（SBP）≥140mmHg和（或）舒张压（DBP）≥90mmHg。其中SBP≥140mmHg和DBP＜90mmHg为单纯收缩期高血压。患者既往有高血压病史，目前只在使用降压药物，血压虽然低于140/90mmHg，仍应诊断为高血压。

2. 分级和分类 根据血压升高水平，将高血压分为1～3级，如表8－5所示。

表8－5 高血压的定义和分类

分类	收缩压（mmHg）	逻辑关系	舒张压（mmHg）
正常血压	＜120	和	＜80
正常高值	120～139	和/或	80～89
高血压	＞140	和/或	＞90
1级高血压（轻度）	140～159	和/或	90～99
2级高血压（中度）	160～179	和/或	100～109
3级高血压（重度）	≥180	和/或	≥110
单纯收缩期高血压	≥140	和	＜90

说明：①若患者收缩压和舒张压分属不同级别时，以较高级别为标准；②以正常血压（120/80mmHg）为基础，高压加20mmHg、低压加10mmHg为一档，临界值归于高一级。

二、临床表现及并发症

（一）一般症状

绝大多数原发性高血压属于缓进型，多见于中老年。特点是起病缓慢，症状缺乏特异性，常见头痛、头晕、心悸、颈项僵硬、疲劳等，在劳累、精神紧张时加重。部分患者无症状，在体检或发生高血压的严重并发症和靶器官功能性或器质性损害时，才出现相应的临床表现。

（二）主要并发症

血压持续升高，可导致心、脑、肾、视网膜等靶器官的损害。

1. 心 高血压升高加重心脏后负荷，导致左心室肥厚、心脏扩大、心律失常、心力衰竭等，常合并冠心病，出现心绞痛、心肌梗死等症状。

2. 脑 高血压致脑小动脉痉挛，发生头痛，多发生在枕部，合并眩晕、头胀、眼花、耳鸣、健忘、失眠等。长期高血压可使小动脉形成微小血管瘤，血压骤升可致微血管瘤破裂出血，脑出血常在血压明显升高、波动，情绪激动、用力等情况下发生；

当血压极度升高时，可产生高血压脑病，出现剧烈头痛、呕吐、视力减退、抽搐、昏迷等脑水肿和颅内高压症，高血压脑病的主要并发症是脑出血和脑梗死。

3. 肾 早期无泌尿系统症状，血压持续增高时肾动脉硬化、肾单位萎缩，出现蛋白尿、多尿、夜尿等。严重时发生慢性肾衰竭，患者出现厌食、少尿、恶心、呕吐、血肌酐、尿素氮水平上升，代谢性酸中毒和电解质紊乱。

4. 血管和视网膜 高血压是导致动脉粥样硬化和主动脉夹层破裂等血管性疾病的重要因素。视网膜小动脉发生痉挛，随着病情进展，可出现硬化改变，血压急剧升高导致眼底出血、渗出，伴视神经乳头水肿。

你知道吗

高血压的发病因素

1. 环境因素 一是膳食营养因素，过多摄入钠盐、大量饮酒、膳食中含有过多饱和脂肪酸及摄入不饱和脂肪酸比例过低，均可使血压升高，充足的钾、钙、优质蛋白质，具有一定预防血压升高的作用；二是精神应急，长期精神紧张者患高血压的发病率较高，良好的心理环境对预防和治疗高血压病具有重要的意义。

2. 遗传因素 研究显示高血压具有明显的家族聚集性，在某些人群中有高发病率。在高血压发病率和血压高度及并发症发生等方面存在遗传性。

3. 其他因素 体重超重或肥胖是导致高血压升高的高危因素之一；调查资料显示，高血压的患病率男性比女性高，两性均随年龄增长而增长，收缩压的增加比舒张压显著；职业方面脑力劳动者血压较体力劳动者高。

三、药物治疗

（一）药物治疗的目标

原发性高血压的治疗目标是把血压降到正常或接近正常值，防止、延缓和减轻心、脑、肾及眼等靶器官损害，减少心脑血管疾病发病率和死亡率，并控制由高血压引起的其他并发症。不同人群，其降压目标如表 8-6 所示。

表 8-6 高血压的治疗目标

人群	治疗目标
一般高血压患者	降压 $<140/90$mmHg
65 岁以上老年高血压患者	建议控制在 $<150/90$ mmHg，舒张压不低于 65~70 mmHg
部分糖尿病、尿蛋白等高危患者	个体化，可进一步控制在 $<130/80$mmHg
老年收缩期高血压患者	控制收缩压 <150 mmHg，可耐受者可降低至 140mmHg 以下

（二）一般治疗与药物治疗

1. 一般治疗 非药物治疗是高血压治疗的基础，无不良反应，还能改善脂质代谢，降低血清胆固醇、甘油三酯和低密度脂蛋白，升高高密度脂蛋白，改善胰岛素的敏感性，减少高血压以及其他心血管病的发病危险，同时应限盐、控制体重、限制饮酒、保持心理平衡、增加运动等。

2. 药物治疗的原则

（1）小剂量开始 一般患者采用常规剂量，老年人初始治疗采用较小的有效剂量，平稳降压。

（2）优选选择长效制剂 最好选用硝苯地平缓释片、琥珀酸美托洛尔等缓控释制剂，减少给药次数，平稳降压，提升患者用药的依从性。

（3）联合用药 对血压≥160/100mmHg、高于目标血压20/10mmHg的高危和极高危患者，或单药治疗疗效不达标的患者，可采用两种或多种抗高血压药联合治疗。

（4）个体化给药 根据患者血压水平、并发症、耐受性及家庭经济情况等合理选择降压药。

（5）长期降压治疗 高血压患者血压控制平稳后，没有医生或药师的指导，不要随意停药或频繁改变给药方案。

（三）常用降压药的种类及作用特点

1. 常用降压药及作用特点 当前常用于抗高血压的药物主要有利尿剂、β受体阻断剂、血管紧张素转换酶抑制剂（ACEI）、血管紧张素Ⅱ受体阻断剂（ARB）、钙通道阻滞剂（CCB），以及上述药物组成的固定配比复方制剂等，如表8－7所示。此外，还有α受体阻断剂（如哌唑嗪、特拉唑嗪）或其他降压药（如利血平的复方制剂）。

表8－7 常用降压药及作用特点

类别	代表药	适应证	主要不良反应	禁忌证
血管紧张素转换酶抑制剂（ACEI）	＊＊普利 卡托普利 依那普利 贝那普利 赖诺普利	较强的降压作用，能逆转血管壁、心脏的不良重塑，适用于伴有慢性心力衰竭、心肌梗死后的心功能不全、糖尿病、慢性肾脏病、蛋白尿或微量白蛋白尿等患者	减慢缓激肽降解而作用于呼吸道，引起顽固性干咳；血钾升高；血管性水肿	双侧肾动脉狭窄、高钾血症及妊娠期妇女禁用
血管紧张素Ⅱ受体阻断剂（ARB）	＊＊沙坦 氯沙坦 缬沙坦 厄贝沙坦 坎地沙坦 替米沙坦	逆转左心室肥厚，改善心脏舒张及心血管内皮功能。适用于伴左心室肥厚、心力衰竭、糖尿病肾病、冠心病、代谢综合征及不能耐受ACEI的患者	血钾升高；血管性水肿；偶有腹泻	能导致胎儿损伤，孕妇禁用

续表

类别	代表药	适应证	主要不良反应	禁忌证
钙通道阻滞剂（D－CCB）	二氢吡啶类 ＊＊地平 硝苯地平 氨氯地平 尼群地平 尼卡地平	适用难治性高血压、高血压危象，伴有肾功能不全或心绞痛、冠状动脉硬化、颈动脉硬化及周围血管病的患者	头晕、面色潮红、恶心、呕吐等醉酒样反应，心跳加快，足踝部水肿，牙龈增生等。	反射性激活交感神经，心动过速与心力衰竭患者慎用
	非二氢吡啶类 维拉帕米 地尔硫䓬	联合使用降压	房室传导阻滞，心脏功能抑制，偶见牙龈增生等	房室传导阻滞、心力衰竭患者禁用
β受体阻断剂（β－RB）	＊＊洛尔 普萘洛尔 美托洛尔 阿替洛尔 倍他洛尔	具有心脏保护作用。对输出量偏高或血浆肾素活性增高的高血压患者疗效较好，对伴有冠心病、心绞痛、室上性心动过速、脑血管疾病患者更适合	心脏选择性差，可引起支气管痉挛，心脏功能抑制，可能影响糖脂代谢，长期应用，突然停药可发生血压反跳性升高	心动过缓、支气管哮喘、房室传导阻滞、充血性心力衰竭者禁用，周围血管疾病或糖耐量异常者慎用
利尿剂	噻嗪类利尿剂 氢氯噻嗪 吲达帕胺	无并发症高血压患者首选药物，尤其适用于轻、中度高血压，老年人单纯收缩期高血压，肥胖及高血压合并充血性心力衰竭患者。因副作用与剂量相关，故采用小剂量	高尿酸血症、高脂血症、高血糖等；长期使用引起低血钠、低血钾及低血氧证。最大剂量，不宜超过每日1g。	痛风禁用，高尿酸血症、肾功能不全者慎用
	留钾利尿剂 阿米洛利 氨苯蝶啶		血钾升高	高钾血症患者禁用
	醛固酮受体拮抗剂 螺内酯		血钾升高，对抗雄激素，男性乳房发育	高钾血症患者禁用
	袢利尿剂 呋塞米		血钾降低，人体电解质失衡	对噻嗪类利尿药过敏者、孕妇禁用
α受体阻断剂（α－B）	＊＊唑嗪 多沙唑嗪 哌唑嗪 特拉唑嗪	能逆转左室肥厚，改善胰岛素抵抗，明显改善前列腺肥大的排尿困难，适合伴有前列腺增生和难治性高血压患者	直立性低血压（睡前服用）	直立性低血压者禁用，心力衰竭患者慎用
肾素抑制剂	阿利吉仑	阻断肾素－血管紧张素－醛固酮系统，但不影响缓激肽和前列腺素的代谢，起到降压和治疗心血管疾病的作用	血钾升高，罕见血管性水肿	血管性水肿患者禁用，严重充血性心衰患者慎用，18岁以下患者不宜使用

2. 降压药的联合应用 联合用药时，每种药的剂量减小，药物间治疗作用应有协同或至少相加的作用，其不良反应可以相互抵消或至少不重叠或相加。合并使用的药物品种数不宜过多，以避免复杂的药物相互作用。对血压≥160/100mmHg、高于目标血压20/10mmHg的高危和极高危人群，初始治疗即需要2种降压药，如未达到降压目标，则需要3～4种药物联合治疗。临床常见的联合用药方案如表8－8所示。

请你想一想

血管紧张素转换酶抑制剂（ACEI）、血管紧张素Ⅱ受体阻断剂（ARB）等药物的名称特点是什么？

表8－8 降压药的联合用药方案

方案	联合药物	联合作用特点
两药联合方案	ACEI/ARB＋噻嗪类利尿剂	①ACEI/ARB的血钾升高与噻嗪类利尿剂的血钾降低对消；②同时拮抗利尿剂激活的肾素－血管紧张素－醛固酮系统
	ACEI/ARB＋二氢吡啶类钙拮抗剂（D－CCB）	①ACEI/ARB可消除D－CCB引起的踝部水肿；②ACEI/ARB能部分阻断D－CCB所致反射性交感神经张力增加和心率加快
	D－CCB＋噻嗪类利尿剂	降低高血压患者脑卒中发生风险
	D－CCB＋β受体阻断剂	D－CCB的扩张血管和轻度增加心率的作用被β受体阻断剂抵消
三药联合方案	ACEI/ARB＋噻嗪类利尿剂＋ D－CCB	最常用联合方案，协同降压，不良反应少
四药联合方案	ACEI/ARB＋噻嗪类利尿剂＋ D－CCB＋β受体阻断剂/螺内酯/α受体阻断剂/可乐定	主要适用于难治性高血压患者

四、用药注意事项与患者健康教育

（一）用药注意事项

1. 特殊人群的用药指导

（1）老年人 应逐步降低血压，建议降至＜150/90mmHg，如果能耐受则目标血压＜140/90mmHg。老年高血压的特点是收缩压增高，舒张压降低，脉压增大；血压波动性大、昼夜节律异常，容易出现体位性低血压和假性高血压，并伴有靶器官损伤和心血管疾病等情况，因此，强调收缩压达标。ACEI、ARB、D－CCB、β受体阻断剂、利尿剂最为常用。α受体阻断剂可用于伴有良性前列腺增生或难治性高血压患者的辅助用药。

（2）妊娠高血压 主要采取非药物治疗措施，如低盐、适当运动、放松心情等，当血压 > 150/100mmHg 时，选择对胎儿安全有效的药物治疗，常用降压药有硝苯地平、拉贝洛尔、氢氯噻嗪等；硫酸镁是治疗严重先兆性子痫的首选药；而孕期禁用 ACEI、ARB，服用可能会导致胎儿生长迟缓、羊水过少或新生儿肾衰竭；长期使用 β 受体阻断剂，有引起胎儿生长迟缓的可能。

（3）儿童 多为原发性高血压，表现为轻、中度血压升高，临床特征不明显，与肥胖密切相关。血压明显升高，多为继发性高血压，肾性高血压是首位原因。非药物治疗的同时，首选标准量的 ACEI 或 ARB 合并 D－CCB 治疗。

（4）高血压伴有并发症的治疗 对于伴有并发症的高血压患者，要根据患者的个体情况以及药物间的相互作用，选择最佳的首选药物治疗，避免药物的不良反应，提高治疗效果。常见高血压并发症的药物治疗如表 8－9 所示。

表 8－9 常见高血压并发症的药物治疗

合并发症人群	降压目标	治疗药物及注意事项
高血压伴脑卒中	情绪稳定者，血压 < 140/90mmHg	拉贝洛尔、尼卡地平、尼莫地平等静脉降压药，降压不降低脑血流量
高血压伴肾病	存在蛋白尿的患者严格控制血压，目标 < 130/80mmHg	早期选用 ACEI 或 ARB，延缓肾功能不全的早、中期肾功能恶化。还可以选用 D－CCB、β 受体阻断剂、利尿剂等
高血压合并糖尿病	血压 < 130/80mmHg	首选 ACEI 或 ARB 治疗。常与 D－CCB、β 受体阻断剂、小剂量利尿剂合用

（5）司机、高空作业和精密仪器操作者 不宜选用 ARB，服后可出现头晕、步履蹒跚，影响驾车司机、机械操作、高空作业者的注意力，应注意服药与工作的间隔时间。

2. 科学选择用药时间 正常人血压在昼夜之间有周期性变化，早晨 6 时开始升高，8～10 时达到高峰，傍晚开始降低，夜间睡眠降至低谷。一般高血压患者血压在上、下午各出现一次高峰，依从人体生物钟规律有效控制血压，早 7 时为最佳给药时间。若一日两次给药，以早 7 时和下午 14～16 时为好，不宜在睡前或夜间服用。

3. 规律监测血压 按照血压计测量操作规程，正确测量血压。

（二）患者健康教育

高血压患者的自我管理非常重要，包括提倡健康生活方式，消除不利于心理和身体健康的行为和习惯，以减少高血压及其他心血管病的发病危险。

1. 限盐摄入 每日摄入盐量控制在 6g，少食含盐量高的调味品及腌制品。

2. 补充钾盐 增加富钾食物的摄入，多食新鲜水果、蔬菜和豆类食品，也可选用低钠富钾的食盐等。

3. 合理膳食 饮食以水果、蔬菜、低脂乳制品、富含膳食纤维的全谷物、植物来源的蛋白质为主，减少饱和脂肪酸和胆固醇的摄入。

4. 控制体重 限制过量饮食，肥胖的轻度高血压患者通过减轻体重可使血压降至正常，对肥胖的中、重度高血压患者，减轻体重的同时应服用降压药物治疗。体重指数控制在18.5～23.9kg/m^2，男性腰围宜<90cm，女性腰围宜<85cm，减肥时建议将目标定为一年内减少至初始体重的5%～10%，不宜减得太快。

5. 戒烟、限酒 每日乙醇摄入量男性不超过25g，女性不超过15g。

6. 适量运动 运动形式以有氧运动为主，每日累计进行30～60分钟的中等强度运动，如步行、慢跑、骑自行车、游泳、打太极拳等。

7. 减轻精神压力，保持心态平衡 劳逸结合，保持足够而良好的睡眠避免和消除紧张情绪。

你知道吗

BMI指数（身体质量指数，简称体质指数又称体重指数，英文为body mass index，简称BMI）是目前国际上常用的衡量人体胖瘦程度以及是否健康的一个标准。公式为：体重指数（BMI）=体重（kg）÷身高^2（m^2），正常范围值为18.5～23.9。

PPT

任务四 血脂异常

岗位情景模拟

情景模拟 患者，女，65岁，退休人员，冠心病，总胆固醇10.7mmol/L，低密度脂蛋白胆固醇8.7mmol/L，甘油三酯1.7mmol/L。诊断：高脂血症、冠心病。

讨论 1. 该患者治疗应该选择他汀类药物还是贝特类药物？

2. 他汀类药物常见的不良反应有哪些？如何对患者进行健康指导？

一、概述

（一）概念

血脂是指血液中所含脂类物质的总称，主要包括血清总胆固醇（TC）、甘油三酯（TG）、磷脂（PL）、游离脂肪酸（FFA）等。脂质不溶或微溶于水，在血浆中与蛋白相结合以脂蛋白形式存在，分为高密度脂蛋白（HDL）、低密度脂蛋白（LDL）、极低密度脂蛋白（VLDL）及乳糜微粒（CM）等。正常人血浆脂类含量在一定波动范围内相对稳定。

血脂异常是指血浆中脂质的异常，临床上检测结果为血清中TC、TG升高，低密度脂蛋白胆固醇（LDL－C）升高，高密度脂蛋白胆固醇（HDL－C）降低等。LDL－C增高是动脉粥样硬化发生、发展的主要危险因素、HDL－C能将外周组织如血管壁内的胆固醇运至肝脏进行分解代谢，具有抗动脉粥样硬化作用。

（二）分类

1. 继发性或原发性高脂血症　继发性高脂血症是由于全身系统性疾病所引起的血脂异常，如糖尿病、肾病综合征、甲状腺功能减退以及长期服用某些药物（如β受体阻断剂、糖皮质激素）等。排除继发性高脂血症后的为原发性高脂血症。

2. 简易临床分型　该分型最实用，与世界卫生组织（WHO）的六型相对应，如表8－10所示。

表8－10　血脂异常的分型

分型	TC	TG	HDL－C	相当于WHO分型
高胆固醇血症	增高	/	/	Ⅱa
高脂血症	/	增高	/	Ⅰ、Ⅳ
混合型高脂血症	增高	增高	/	Ⅱb、Ⅲ、Ⅳ、Ⅴ
低HDL－C血症	/	/	降低	

你知道吗

各种分型高脂血症的特点

Ⅰ型　比较罕见的遗传疾病，成年人易诱发胰腺炎。

$Ⅱ_a$型　较多见，呈染色体显性遗传，易诱发冠心病。

$Ⅱ_b$型　易诱发冠心病。

Ⅲ型　为常染色体隐性遗传，易诱发动脉粥样硬化，亦诱发冠心病。

Ⅳ型　常早发冠心病、脑卒中，可伴有胰腺炎、糖尿病，易诱发冠心病。

Ⅴ型　常伴有肥胖症、胰腺炎、糖尿病等，此型较少见。

二、实验室指标与临床表现

1. 血脂的实验室指标　临床上中国动脉硬化性心血管病（ASCVD）一级预防人群血脂合适水平和异常切点分层标准如表8－11所示。

表 8－11 血脂合适水平和异常切点分层标准（mmol/L）

分层	TC	TG	LDL－C	HDL－C
理想水平	/	/	<2.6	/
合适水平	<5.2	<1.7	<3.4	/
边缘升高	≥5.2 且<6.2	≥1.7 且<2.3	≥3.4 且<4.1	/
升高	≥6.2	≥2.3	≥4.1	/
降低	/	/	/	<1.0

2. 临床表现 主要包括三个方面：①脂质在真皮内沉积所引起的黄色瘤；②脂质在血管内皮沉积所引起的动脉粥样硬化，产生冠心病和周围血管病；③角膜弓和脂血症眼底改变等。由于发病进程比较缓慢，多数血脂异常患者并无任何症状和异常体征，一般是在进行血液生化检验（测定血胆固醇和甘油三酯）时被发现的。

三、药物治疗

（一）治疗原则

血脂异常最重要的治疗原则首先是调节饮食，限制热量摄取，加强体育锻炼，克服吸烟、喝酒等不良习惯；其次是药物治疗，使用药物治疗主张几种药物联合应用，以取得更好的降脂效果，同时减少每一种药物的使用剂量，以达到减少药物不良反应的目的。但是羟甲戊二酰辅酶 A（HMG－CoA）还原酶抑制剂与苯氧酸类不联用，合用可能增加不良反应的发生率。除药物治疗外，还可以采用外科手术治疗、血浆置换、体外低密度脂蛋白清除法以及基因疗法等。治疗的最终目的是降低 TC、LDL－C，升高 IIDL－C 的水平。临床上根据是否具有冠心病以及心血管危险因素，并结合血脂水平决定治疗措施及血脂调控目标。

（二）常用治疗药物

1. 他汀类 即 HMG－CoA 还原酶抑制剂类，是应用最广泛的调血脂药，竞争性抑制胆固醇合成过程中的限速酶 HMG－CoA 还原酶的活性，阻断胆固醇的合成，同时可以上调细胞表面的 LDL 受体，加速血浆 LDL 的分解代谢。他汀类药物主要是降低血清 TC 和 LDL－C，在一定程度上也降低 TG，轻度升高 HDL－C 的水平。常见代表药物有辛伐他汀、氟伐他汀、阿托伐他汀等。

主要治疗高胆固醇血症和以胆固醇升高为主的混合性高脂血症。大部分患者对他汀类药物的耐受性较好，部分患者可引起肌病，严重时可发生横纹肌溶解，并伴有肌球蛋白血尿和肾衰竭，甚至导致死亡，如西立伐他汀。还可能引起肝功能损害，如

> **请你想一想**
>
> 拜斯亭事件是由哪种药物引起的？导致的后果是什么？

血清转氨酶升高。此外还有腹痛、便秘等消化道反应。他汀类药物应避免与其他调脂药合用，防止加重不良反应。除阿托伐他汀、瑞舒伐他汀每日任何固定时间服用外，其他如洛伐他汀、辛伐他汀、普伐他汀、氟伐他汀等每晚顿服。

2. 贝特类　即苯氧芳酸类，增强脂蛋白酯酶活性，加速 LDL 分解，同时抑制肝脏中 VLDL 的合成和分解，明显降低血清 TG 水平和升高 HDL－C 水平。常见代表药物有非诺贝特、苯扎贝特等。

主要用于高甘油三酯血症，以及以甘油三酯升高为主的混合性高脂血症。不良反应较小，主要是出现胃肠道功能紊乱，如恶心、腹胀、腹泻；胆结石、血液系统症状；少数出现一过性肝转氨酶和肌酸激酶升高；少数患者对本类药物产生过敏。肝肾功能不良、胆道疾病患者、哺乳期妇女禁用。该类药不与他汀类药物同用，以减少横纹肌溶解症的发生率。

3. 烟酸类　属于 B 族维生素，较大剂量时有明显的调血脂作用，可能与抑制脂肪组织脂解和减少肝脏中胆固醇合成及分泌有关。能使血清中 TG、TC 及 LDL－C 降低，HDL－C 水平轻度升高。常用药物有烟酸及其衍生物阿昔莫司。

临床主要治疗以高甘油三酯血症和以甘油三酯升高为主的混合性高脂血症。主要不良反应有面部潮红、高尿酸血症、恶心呕吐等胃肠道反应等；偶见肝功能损害及诱发溃疡。慢性肝病和严重痛风者禁用，高尿酸血症及消化性溃疡者慎用。

4. 胆酸螯合剂　为碱性阴离子交换树脂，在肠道内与胆酸不可逆结合，阻碍胆酸的肝肠循环，阻断胆汁酸中胆固醇的重吸收。治疗高胆固醇血症和以胆固醇升高为主的混合性高脂血症。主要有恶心、呕吐、腹胀、腹痛、便秘等不良反应。常用药物有考来烯胺（消胆胺）、考来替哌（降胆宁）等。

5. 肠道胆固醇吸收抑制剂　依折麦布口服迅速吸收，与葡萄糖醛酸结合，作用于小肠细胞刷状缘，有效抑制肠道内胆固醇吸收。适应证为高胆固醇血症和以胆固醇升高为主的混合性高脂血症。耐受性良好，不良反应少，偶有胃肠道反应、头痛、肌痛等，活动性肝病或血清氨基转移酶持续升高者禁用。

6. PCSK9 抑制剂　能结合 PCSK9，并抑制循环型 PCSK9 与低密度脂蛋白受体的结合，从而阻止 LDL 受体降解，从而显著降低 LDL－C 水平。依洛尤单抗 2018 年 7 月经国家药品监督管理局批准上市，是我国唯一一个获批用于治疗成年人或 12 岁以上青少年纯合子型家族性高胆固醇血症的 PCSK9 抑制剂。

7. 其他药物

（1）普罗布考　通过渗入到脂蛋白颗粒中，影响脂蛋白代谢而产生调脂作用，降低 TC 和 LDL－C 的同时，HDL－C 也明显降低。同时还具有强抗脂质过氧化作用。适应证为高胆固醇血症，尤其适用于纯合子型家族性高胆固醇血症及黄色瘤患者。

（2）多烯脂肪酸类　不饱和脂肪酸是深海鱼油的主要成分，主要降低 TG 和轻度升高 HDL－C。治疗以高甘油三酯血症和以甘油三酯升高为主的混合性高脂血症。具有鱼油腥味，会引起恶心、腹部不适等，有出血倾向者禁用。

（3）中成药　如血脂康、脂必妥等，主要成分为红曲，含天然洛伐他汀等成分。

四、用药注意事项与患者健康教育

（一）用药注意事项

1. 动脉粥样硬化性心血管疾病（ASCVD）患者或其高危、很高危患者的用药，需在医生的指导下长期或终生使用，不能只因为 LDL－C 达标而私自停药。

2. 如果应用某种他汀类药物发生不良反应，可采用换用另一种他汀类药物、减少剂量服用或换用非他汀类调脂药治疗。

3. 贝特类药物单用或与他汀类药物联用，均易发生肌病，增加横纹肌溶解症的发生率，因此，贝特类不能与他汀类药物合用。而非诺贝特与他汀类联合应用发生肌病的可能性相对较少，一般是清晨服用贝特类，夜间服用他汀类。禁止两种贝特类联用。

4. 调血脂药的选择。高胆固醇血症首选他汀类，如效果不明显，可联用依折麦布或胆酸螯合剂；高甘油三酯血症，首选贝特类，也可选用烟酸类和多烯脂肪酸类；混合性高脂血症，一般首选他汀类，以降低 TC 及 LDL－C 水平；当血清 TG≥5.65mmol/L 时，首选贝特类，降低 TG，以避免发生急性胰腺炎；两者均增高时，他汀类与贝特类药物联用，但要选择副作用小的药物，并不同时间给药。

5. 特殊人群血脂异常的指导。40 岁以上糖尿病患者血清 LDL－C 水平控制 <2.6mmol/L，保持 HDL－C 目标值 >1.0mmol/L；代谢综合征的血脂控制目标是 LDL－C <2.6mmol/L，TG <1.7mmol/L，HDL－C≥1.0mmol/L。

6. 他汀类药物避免与大环内酯类抗菌药（阿奇霉素除外）合用。服药期间如出现不明原因的肌痛或关节无力，尤其是伴有全身不适、发热时应立即就诊。

7. 饮用大量西柚汁（1L/日以上）、嗜酒者，应避免应用他汀类药物或仅用小剂量，并密切随访。

（二）患者健康教育

1. 血脂异常的治疗是一个长期、规范、持续的过程，需要长期治疗才能降低心脑血管粥样硬化的风险。

2. 调节饮食。保持规律、均衡饮食，限制胆固醇、甘油三酯的摄入，限制胆固醇含量高的蛋黄、肝脏、脑、鸡皮、带鱼等的摄入，同时减少动物油的摄入。增加富含纤维素食物的摄入，多食粗粮、杂粮、海带、蔬菜、水果等。

3. 倡导健康的生活方式。改变生活方式，如采用低脂饮食、运动锻炼、戒烟酒、行为校正等综合治疗措施，改变不利于身心健康的行为和习惯。

4. 多食具有调脂作用的保健食品，如苹果、洋葱、大蒜、大豆、海带等，增加茶的饮用量。

任务五　糖尿病

PPT

岗位情景模拟

情景模拟　患者，女，54 岁，身高 160cm，体重 68kg。因体检发现空腹血糖为 8.3mmol/L，进一步检查诊断为糖尿病，医师为其开具处方药二甲双胍片，患者凭处方来店购药。

讨论　1. 如何对患者进行用药指导？

2. 若患者服药后不能有效控制血糖，应如何处理？

一、概述 微课 2

（一）概念

糖尿病是一组由多病因所导致的以慢性高血糖为特征的代谢性疾病，是由于胰岛素分泌和（或）作用缺陷所引起的。长期碳水化合物、脂肪、蛋白质代谢紊乱可引起多系统损害，导致眼、肾、神经、心脏、血管等组织、器官的慢性进行性病变、功能减退甚至衰竭；病情严重或应激状态时可发生急性、严重代谢紊乱。

（二）分类

糖尿病发病机制极为复杂，可能与遗传、环境、肥胖等因素有关。临床上将糖尿病分为 1 型糖尿病、2 型糖尿病、妊娠糖尿病和其他特殊类型糖尿病，以前两者多见。

1. 1 型糖尿病　胰岛 B 细胞破坏，导致胰岛素绝对缺乏，占我国糖尿病患者总数的比例小于 5%。

2. 2 型糖尿病　占我国糖尿病患者总数的 85% 以上，以胰岛素抵抗为主伴胰岛素进行性分泌不足。

3. 妊娠糖尿病　是妊娠期间发生的不同程度的糖代谢异常。不包括孕前已诊断或已患糖尿病的患者，后者称为糖尿病合并妊娠。

> **请你想一想**
>
> 妊娠糖尿病能随便服用降糖药吗？

4. 其他特殊类型糖尿病　包括由某些遗传缺陷、胰腺病变、内分泌病变、某些药物或化学品等所致的糖尿病。

二、临床表现与诊断依据

（一）临床特点

1. 1 型糖尿病　任何年龄均可发病，但 30 岁前最常见；起病急，多有典型的多尿、多饮、多食、体重减轻等“三多一少”症状；血糖显著升高，经常反复出现酮症；血中胰岛素和 C 肽水平很低，甚至检测不出；患者胰岛功能基本丧失，需要终生应用胰岛素替代治疗。

2. 2 型糖尿病 一般有家族遗传病史；起病隐匿、缓慢，无症状的时间可达数年至数十年；临床上与肥胖或超重、血脂异常、高血压等疾病常同时或先后发生；由于诊断时患者所处的疾病病程不同，其胰岛 B 细胞功能表现差异较大，有些早期患者进食后胰岛素分泌高峰延迟，餐后 3 ~ 5 小时血浆胰岛素水平适当升高，引起反应性低血糖；随着病程延长，可出现糖尿病慢性并发症。体重标准如表 8 - 12 所示。

表 8 - 12 体重标准

体重指数（BMI）	HO 标准	中国参考标准
体重过低	<18.5	<18.5
正常范围	18.5 ~ 24.9	18.5 ~ 23.9
超重	≥25	≥24
肥胖前期	25.0 ~ 29.9	24 ~ 26.9
Ⅰ度肥胖	30.0 ~ 34.9	27 ~ 29.9
Ⅱ度肥胖	35.0 ~ 39.9	≥30
Ⅲ度肥胖	≥40.0	≥40.0

（二）并发症

1. 急性并发症 包括糖尿病酮症酸中毒、高渗性非酮症高血糖综合征、感染等，其中糖尿病酮症酸中毒是最常见的糖尿病急症。

2. 慢性并发症

（1）微血管病变 典型改变是微循环障碍和微血管基底膜增厚，主要表现在视网膜、肾、神经和心肌组织，其中以糖尿病肾病和糖尿病视网膜病变尤为重要。糖尿病肾病常见于病史超过 10 年的患者，严重者可见大量蛋白尿、水肿、高血压、肾功能减退等；糖尿病视网膜病变是导致失明的主要原因之一。

（2）大血管病变 糖尿病患者中动脉粥样硬化的患病率较高，发病更早，病情进展较快，可引起冠心病、缺血性和出血性脑血管病、肾动脉硬化、肢体动脉硬化等。

（3）糖尿病神经系统并发症 可累及神经系统的任何一部分，病因复杂，可能涉及大血管和微血管病变、代谢因素、自身免疫机制以及生长因子不足等。

（4）糖尿病足 是指与下肢远端神经异常和不同程度周围血管病变相关的足部溃疡、感染和（或）深层组织破坏，是糖尿病最严重和治疗费用最多的慢性并发症之一，表现为足部畸形、皮肤干燥和发凉、胼胝形成，严重者可出现足部溃疡、坏疽。糖尿病足是糖尿病患者非外伤性截肢的最主要原因。

（三）诊断依据

我国目前采用国际上通用的诊断标准，要点如下。典型糖尿病症状，如烦渴多饮、多尿、不明原因体重下降等，随机血糖≥11.1mmol/L（200mg/dl）；或空腹（至少 8 小时未进食）血糖≥7.0mmol/L（126mg/dl）；或葡萄糖负荷（OGTT）后 2 小时血糖≥

11.1mmol/L（200mg/dl）。

无典型糖尿病症状者，需改日复查确认。

三、药物治疗

（一）治疗目标

糖尿病治疗的近期目标是通过控制高血糖和相关代谢紊乱以消除糖尿病症状，并防止出现急性严重代谢紊乱；远期目标是通过良好的代谢控制达到预防和（或）延缓糖尿病慢性并发症的发生与发展，维持良好的健康状态和学习、工作能力，提高患者的生活质量，降低病死率和延长寿命。

2 型糖尿病患者常合并代谢紊乱的临床表现，如高血压、血脂异常、肥胖症等。伴随着血糖、血压、血脂等水平的升高及体重的增加，2 型糖尿病并发症的发生风险和发展速度均将显著增加。因此，对于 2 型糖尿病的治疗策略是综合性的，包括降血糖、降血压、调节血脂、抗血小板聚集、控制体重和改善生活方式等。2 型糖尿病理想的综合控制目标视患者的年龄、并发症、并发症等不同而异，如表 8 - 13 所示。

表 8 - 13　中国 2 型糖尿病综合控制目标

指标	目标值
毛细血管空腹血糖（mmol/L）	4.4 ~ 7.0
毛细血管非空腹血糖（mmol/L）	< 10.0
糖化血红蛋白（%）	< 7.0
血压（mmHg）	< 130/80
总胆固醇（mmol/L）	< 4.5
高密度脂蛋白胆固醇（mmol/L）	男性 > 1.0；女性 > 1.3
甘油三酯（mmol/L）	< 1.7
低密度脂蛋白胆固醇（mmol/L）	< 2.6，其中合并动脉粥样硬化 < 1.8
BMI（kg/m^2）	< 24.0

（二）常用药物

糖尿病治疗药物种类众多，可大致分为口服降糖药、胰岛素、胰高血糖素样肽 - 1 受体激动剂等。

1. 口服降糖药　主要有磺酰脲类、格列奈类、双胍类、噻唑烷二酮类、α - 葡萄糖苷酶抑制剂、二肽基肽酶 - 4 抑制剂（DPP - 4 抑制剂），主要用于胰岛功能尚存的 2 型糖尿病患者。常用口服降糖药如表 8 - 14 所示。

表 8-14 常用口服降糖药

分类	代表药物	每日剂量（mg）	使用次数（每日）	主要不良反应
磺酰脲类促胰岛素分泌剂	格列本脲	5~10（最大 15）	1~3	低血糖、消化道反应、过敏反应
磺酰脲类促胰岛素分泌剂	格列齐特	80~240（最大 320）	1~3	低血糖、消化道反应、过敏反应
磺酰脲类促胰岛素分泌剂	格列齐特（缓释）	30~120（最大 120）	1	低血糖、过敏反应
磺酰脲类促胰岛素分泌剂	格列吡嗪	2.5~20（最大 30）	2~3	低血糖、消化道反应、过敏反应
磺酰脲类促胰岛素分泌剂	格列吡嗪（控释）	5~10（最大 20）	1	低血糖、过敏反应
磺酰脲类促胰岛素分泌剂	格列喹酮	15~120（最大 180）	1~3	低血糖、消化道反应、过敏反应
磺酰脲类促胰岛素分泌剂	格列美脲	1~4（最大 6）	1	低血糖、消化道反应、过敏反应、肝功能异常
格列奈类促胰岛素分泌剂	瑞格列奈	0.5~4（最大 16）	1~3	胃肠道反应、过敏反应、低血糖
格列奈类促胰岛素分泌剂	那格列奈	180~360（最大 540）	3	肝功能异常、低血糖、皮疹、瘙痒、腹痛
双胍类	二甲双胍	1000~2000（最大 2550）	1~3	消化道反应
α-葡萄糖苷酶抑制剂	阿卡波糖	150~300	3	腹胀、肠鸣音亢进、腹泻
α-葡萄糖苷酶抑制剂	伏格列波糖	0.6	3	腹胀、肠鸣音亢进、腹痛
噻唑烷二酮类胰岛素增敏剂	罗格列酮	4~8	1~2	肝功能异常、头痛、上呼吸道感染、水肿
噻唑烷二酮类胰岛素增敏剂	吡格列酮	15~45	1	肝功能异常、头痛、上呼吸道感染、水肿
二肽基肽酶-4 抑制剂	西格列汀	100	1	肌痛、关节痛、腹痛、头痛
二肽基肽酶-4 抑制剂	维格列汀	100	2	肌痛、关节痛、腹痛、头痛
二肽基肽酶-4 抑制剂	沙格列汀	5	1	肌痛、关节痛、腹痛、头痛
二肽基肽酶-4 抑制剂	利格列汀	5	1	肌痛、关节痛、腹痛、头痛
二肽基肽酶-4 抑制剂	阿格列汀	25	1	肌痛、关节痛、腹痛、头痛

2. 胰岛素 是分子质量为 5800 的酸性蛋白质，由两条多肽链（A 链、B 链）通过两个二硫键共价相连，共含有 51 个氨基酸。以往药用胰岛素多从猪、牛胰腺中提取，目前多通过重组 DNA 技术合成获得高纯度的人胰岛素。胰岛素类似物是对人胰岛素作了结构修饰，改变了其吸收利用，更好地模拟人体胰岛素分泌，达到速效或长效目的，

目前上市的速效类似物有赖脯胰岛素、门冬胰岛素，长效类似物有甘精胰岛素、地特胰岛素等。具体作用特点如表 8－15 所示。

表 8－15　常用胰岛素的作用特点

分类	品种	起效时间（h）	药效高峰（h）	维持时间（h）	给药时间（min）
速效	门冬胰岛素	0.15～0.25	1～3	2～5	餐前 5～15
	赖脯胰岛素	0.15～0.25	1～3	2～5	餐前 5～15
短效	中性胰岛素	0.5～1	2～5	6～8	餐前 20～40
	低精蛋白锌胰岛素	2～3	4～12	13～24	餐前 30～60
中效	精蛋白锌胰岛素	3～4	8～20	24～36	早餐或晚餐前
长效	甘精胰岛素	2～3	无峰值	24	可睡前一次
	地特胰岛素	3～4	3～14	24	可睡前一次
预混*	双时相低精蛋白锌单峰胰岛素	0.3～1	2～8	24	每日 1～2 次，餐前 15～30

注：* 混合比例的不同，主要包括 30% 短效与 70% 中效预混（30R）以及短、中效各占 50% 的预混（50R）；预混胰岛素有预混入胰岛素、预混门冬胰岛素、预混赖脯胰岛素等种类。

3. 胰高血糖素样肽－1 受体激动剂（GLP－1 受体激动剂）　GLP－1 是内源性肠促胰岛素激素，GLP－1 受体激动剂通过与 GLP－1 受体的特异性相互作用，促进胰腺 B 细胞葡萄糖依赖性的胰岛素分泌，减少胰高血糖素的分泌，抑制胃排空和摄食冲动。目前国内上市的有艾塞那肽、利司那肽、洛塞那肽、利拉鲁肽、贝那鲁肽，均为皮下注射给药。

（三）药物选用

1. 单药治疗　如果单纯生活方式干预不能使血糖控制达标，应开始单药治疗。1 型糖尿病常选用胰岛素治疗；2 型糖尿病首选二甲双胍治疗，若无禁忌证，二甲双胍应一直保留在 2 型糖尿病的药物治疗方案中。

不耐受二甲双胍患者可选择 α－葡萄糖苷酶抑制剂或促胰岛素分泌剂；单纯餐后血糖高，而空腹和餐前血糖不高首选 α－葡萄糖苷酶抑制剂；餐后血糖升高为主，伴餐前血糖轻度升高，首选噻唑烷二酮类胰岛素增敏剂；糖尿病合并肾病者可首选格列喹酮。

2. 二联与三联治疗　如单独使用二甲双胍治疗而血糖仍未达标，则可进行二联治疗，加用促胰岛素分泌剂、α－葡萄糖苷酶抑制剂、DPP－4 抑制剂、噻唑烷二酮类胰岛素增敏剂、胰岛素或 GLP－1 受体激动剂。如使用二联治疗血糖仍未达标，则可进行三联治疗，即在二甲双胍的基础上再加用两种不同作用机制的降糖药物。

四、用药注意事项与患者健康教育

（一）用药注意事项

1. 掌握药物适应证与禁忌证 患者在单纯饮食及运动治疗后不能使血糖维持在基本正常水平时，应选用口服降糖药、降糖中药及胰岛素等，使患者血糖维持在正常水平。糖尿病合并感染、大手术围手术期、出现糖尿病急性并发症等应激状态，或出现严重慢性并发症时，容易促使代谢紊乱恶化，禁用口服降糖药，应改用胰岛素治疗；严重的肝肾功能不全、孕妇、哺乳期女性、儿童等特殊人群应慎用或禁用口服降糖药，目前仅二甲双胍被批准可用于10岁以上儿童。

2. 严密观察不良反应

（1）低血糖反应 是患者使用降糖药物的主要风险，可导致患者产生不适甚至危及生命，也是血糖达标的主要障碍。主要表现为交感神经兴奋（如心悸、焦虑、出汗、饥饿感等）和中枢神经症状（如神志改变、认知障碍、抽搐和昏迷）。老年患者发生低血糖时还表现为行为异常等非典型症状。夜间低血糖常因难以发现而得不到及时处理。有些患者屡次发生低血糖后，可表现为无先兆症状的低血糖昏迷。胰岛素、磺酰脲类和格列奈类胰岛素促分泌剂均可引起低血糖，应从小剂量开始，逐渐增加剂量，谨慎地调整剂量。

患者未进食或量偏少、运动量增加、饮酒等可能诱导低血糖的发生，患者出现低血糖应积极寻找原因，严重低血糖或反复发生低血糖，应调整治疗方案。患者应随身备用碳水化合物类食品，一旦发生低血糖，立即食用。二甲双胍、α－葡萄糖苷酶抑制剂、DPP－4抑制剂和GLP－1受体激动剂等单用一般不导致低血糖，但联合使用其他降糖药物可能出现低血糖，需要注意的是联合阿卡波糖治疗出现低血糖时，口服包括蔗糖在内的普通食物无效，需要补充葡萄糖以纠正低血糖。

（2）胃肠道反应 是口服降糖药的常见不良反应，主要有恶心、呕吐、食欲减退、腹泻等，一般症状较轻，患者多能耐受，常在用药早期出现，随治疗时间延长可能逐渐减轻。从小剂量开始逐渐加量是减少类似不良反应的有效方法，一些药物与食物同服或使用肠溶制剂可能减轻胃肠道反应。若不良反应频繁出现或较严重，应调整用药方案。

（3）乳酸性酸中毒 主要为双胍类药物罕见的严重不良反应。肝肾功能正常患者长期应用二甲双胍不增加乳酸性酸中毒风险，有肾功能损害时易发生乳酸在体内蓄积，可能增加乳酸性酸中毒风险，因此使用二甲双胍需要关注患者的血肌酐水平。二甲双胍常见不良反应如恶心、呕吐等消化道不适，但多发生在用药初期，若患者在坚持某一剂量治疗一段时间后出现胃肠道不适，应警惕乳酸性酸中毒可能。另外，长期使用二甲双胍者应注意维生素 B_{12} 缺乏的可能性。

（4）胰岛素相关不良反应 部分患者使用胰岛素可能出现脂肪增生、过敏反应、产生胰岛素抗体、注射部位脂肪萎缩等，正确进行胰岛素注射有助于减少注射部位不适。注射时宜变换注射部位，两次注射点要间隔2cm以上。

3. 严谨执行个体化用药方案

（1）用药时间选择　选择药物使用时间存在着餐前半小时、餐前即刻、餐中、餐后等明显差异，磺酰脲类、格列奈类以及胰岛素使用后，如果不及时进餐，容易产生低血糖危险；每日服用一次的药物，如早晨漏服，则应在记起时尽快服用。

（2）用药方法　胰岛素的用法用量、胰岛素注射器或注射笔的使用要求、注射部位及深浅，都会影响其药效。口服降糖药更要注意用药方法，如阿卡波糖需要嚼服，口服降糖药的肠溶片、缓控释制剂需要整片服用，不可掰开或研碎。

（3）药物相互作用　非甾体抗炎药、磺胺类抗生素等血浆蛋白结合率高的药物与磺酰脲类药物联用，可能导致磺酰脲类游离，血药浓度增高，药效增强出现低血糖反应；氟康唑、克拉霉素等CYP450酶抑制剂以及乙醇等，可抑制磺酰脲类、格列奈类、噻唑烷二酮类药物的代谢，导致血药浓度升高，药物作用时间延长；地高辛、吗啡、氨苯蝶啶、万古霉素等经肾小管排泌的药物，可能与二甲双胍竞争肾小管转运系统，导致二甲双胍血药浓度升高，药效增强；一些药物如利福平、苯妥英钠、苯巴比妥等肝脏CYP450酶诱导剂可能促进磺酰脲类、格列奈类等药物代谢，降低其血药浓度，从而降低药物疗效；噻嗪类利尿剂、糖皮质激素、口服避孕药等药物可能导致血糖升高，降低降糖药物的疗效，应避免同时使用或调整增大降糖药物剂量。同时，一些降糖药也可能影响其他药物的疗效，如二甲双胍、格列齐特等可能增强华法林抗凝作用，增加出血风险。

4. 其他注意事项　有些药物可能产生交叉过敏，如磺酰脲类药物与磺胺甲噁唑有交叉过敏反应，因而对磺胺类药物过敏者禁用磺酰脲类药物。

（二）患者健康教育

糖尿病的综合管理又称“五驾马车”，主要包括糖尿病教育、饮食控制、运动治疗、血糖自我监测和药物治疗五个方面，让患者充分认识糖尿病，详细了解综合管理的五个方面对糖尿病的治疗具有重要意义。

1. 告知血糖平稳控制的重要性　对于初诊初治患者，需引起患者足够重视，帮助树立药物治疗不能代替饮食控制的意识；对于饮食控制不佳或对疾病重视程度不够的患者，应告知糖尿病的危害，如糖尿病酮症酸中毒等急性并发症可能导致昏迷，长期血糖控制不佳会导致糖尿病肾病、视网膜病变、动脉粥样硬化、糖尿病足等慢性并发症。一些糖尿病患者由于长期用药，在血糖控制平稳或自我感觉良好时，容易忽视用药，或考虑经济因素，擅自停药，药师应告知患者突然停药将使病情加重，会造成更大的经济损失，且糖尿病造成的慢性并发症一旦出现，往往不可逆转。

2. 树立治疗信心　糖尿病患者可能需要长期甚至终生使用药物治疗。首先应消除患者对疾病的悲观认识，告知患者积极配合，坚持规范治疗，糖尿病完全可以控制，不影响生活质量；其次患者对药品不良反应的恐惧或误解，也是导致治疗信心不足的重要因素，甚至出现擅自停药或盲目减量的现象，影响治疗效果，需要指导患者认识所用药品的常见不良反应与严重不良反应，重点指导患者正确识别心慌、头晕、冷汗等低血糖症状，学会正确预防与初步处理，常见药品的不良反应大都可防可控。

3. 制订个体化的治疗方案 制订治疗方案应在考虑病情需要的同时，结合患者的文化水平以及职业特点。对于一些饮食难以规律的患者，应尽量选择用药时间容易控制的降糖药物，如格列奈类或速效胰岛素等可在就餐时用药，或选择二甲双胍、西格列汀等不易出现低血糖反应的药物，还可选择用药时间灵活的药物如噻唑烷二酮类，以减少低血糖反应；一些长期酗酒的患者在确保饮酒习惯改变前，应避免使用二甲双胍。还应让患者了解自己药品的费用，以及可选择的备选药物治疗方案，确保治疗的持续性。

任务六 骨质疏松症

PPT

岗位情景模拟

情景模拟 患者，女，60岁，有高血压病史，自述腰背疼痛，劳累或活动后加重，背微驼。药店营业员考虑顾客可能存在骨质疏松，因此为其推荐尼尔雌醇片每次2mg，2次/月；骨化三醇胶丸每次0.25μg，3次/日；碳酸钙片每次0.5g，3次/日。

讨论 1. 药店营业员判断患者可能存在骨质疏松症是否正确？

2. 药店营业员推荐的用药方案是否合理、合规？

一、概述

（一）概念

骨质疏松症（OP）是一种以全身骨量减少和骨组织显微结构受损为特征，骨脆性增加和骨折危险度升高的全身性骨代谢疾病。可发生于不同性别和年龄，但多见于绝经后女性和老年男性。

（二）分类

骨质疏松症分为原发性和继发性两大类。原发性骨质疏松症又分为绝经后骨质疏松症（Ⅰ型）、老年性骨质疏松症（Ⅱ型）和特发性骨质疏松症（包括青少年型）3种。绝经后骨质疏松症一般发生在妇女绝经后5~10年内；老年性骨质疏松症一般指老年人70岁以后发生的骨质疏松；特发性骨质疏松症青少年多发，病因尚不明确。继发性骨质疏松症是指由任何影响骨代谢的疾病（如性功能减退症、甲状腺功能亢进症、1型糖尿病等）或药物所导致的骨质疏松症。

（三）危险因素

> **请你想一想**
>
> 老年性骨质疏松症和绝经后骨质疏松症有什么区别？

包括高龄、绝经后女性、低体重、性激素低下、咖啡及碳酸饮料摄入过多、少动或制动、膳食中钙和（或）维生素D缺乏、光照少（户外活动少）、吸烟、酗酒（>2 次/日）和药物（如长期服用糖皮质激素）等。

可引起或加重 OP 的药物有锂盐、抗癫痫药、糖皮质激素、肝素、苯妥英钠、质子泵抑制剂（≥1 年）、甲状腺素（过度替代或抑制的剂量）、选择性 5-羟色胺再摄取抑制剂等。

二、临床表现及诊断

（一）临床表现

疼痛、脊柱变形和发生脆性骨折是骨质疏松症最典型的临床表现。但许多骨质疏松症患者早期常无明显的症状，往往在骨折发生后经 X 线或骨密度检查时才发现有骨质疏松。

1. 疼痛　患者可有腰背疼痛或周身骨骼疼痛，负荷增加时疼痛加重或活动受限，严重时翻身、起坐及行走均有困难。

2. 脊柱变形　骨质疏松严重者可出现身高缩短和驼背，脊柱畸形和伸展受限等。

3. 骨折　脆性骨折是指低能量或非暴力骨折，如日常活动而引发的骨折即为脆性骨折。常见部位为胸椎、腰椎，髋部、桡尺骨远端和肱骨近端，其他部位也可发生骨折。发生过一次脆性骨折后，再次发生骨折的风险明显增加。胸椎压缩性骨折会导致胸廓畸形，影响心肺功能。腰椎骨折可能会改变腹部解剖结构，引起便秘、腹痛、腹胀、食欲减低和过早饱胀感等。

疼痛本身可降低患者的生活质量，脊柱变形、骨折可致残，使患者活动受限、生活不能自理，增加肺部感染、压疮发生率，不仅会使患者生命质量下降、死亡率升高，也会给个人、家庭和社会带来沉重的经济负担。

（二）诊断

详细的病史和体检是临床诊断的基本依据，确诊依赖于 X 线检查或骨密度测定。发生过脆性骨折者常表现为骨密度低下。双能 X 线吸收法（DXA）是目前公认的骨密度检查方法，与正常年轻人相比，骨密度值（T 值）下降 2.5 个标准差，即 T 值≤-2.5 诊断为骨质疏松，-2.5<T 值<-1.0 为骨量减少，T 值≥-1.0 为正常。

三、药物治疗

（一）药物治疗的原则

①预防为主，防治结合；②局部治疗与整体治疗相结合；③个体化用药原则：根据患者年龄、性别、药物疗效和不良反应等制订不同的用药方案。

一旦发生骨质疏松性骨折，生活质量下降，将出现各种并发症，可致残甚至致死，因此骨质疏松症的预防比治疗更具重要现实意义。积极调整生活方式和适当添加健康补充剂显得尤为重要。

（二）常用药物

治疗骨质疏松症的药物分为骨吸收抑制药、骨形成促进药、骨矿化促进药三类。其中骨吸收抑制药有雌激素、孕激素、双膦酸盐、降钙素和类黄酮类等；骨形成促进药包括氟化物、同化类固醇激素、甲状旁腺素、维生素 K 等；骨矿化促进药有活性维生素 D、钙剂等。

研究表明雌激素能有效延缓或阻断绝经后骨质的快速丢失，降低骨折的发生率。降钙素可使破骨细胞结构改变，降低骨吸收活性，抑制破骨细胞前体转化为破骨细胞，还有一定促使骨形成的作用。

1. 骨吸收抑制药 原发性骨质疏松症应选用骨吸收抑制药治疗。

（1）雌激素 应在确认患者有雌激素缺乏的证据、无禁忌证时首选。适用于 60 岁以前围绝经期和绝经后妇女，特别是有绝经症状（如潮热、出汗等）及泌尿生殖道萎缩症状的妇女。常用方案：妊马雌酮每日 0. 625 ~ 1. 25mg，连用 25 日；甲羟孕酮每日 5 ~ 10mg，第 15 ~ 25 日用药，停药 7 日后继续下一周期的治疗；尼尔雌醇 1 ~ 2mg，每月口服 2 次。由于单用雌激素会引起不规律阴道出血，增加子宫内膜癌和乳腺癌的发病率，故应根据患者的具体病情权衡利弊，合理应用。目前倾向于雌激素、孕激素联合治疗或雌激素、孕激素、雄激素三种激素按比例使用。

（2）降钙素 是一种钙调节激素，能抑制破骨细胞的活性并能减少破骨细胞的数量，从而减少骨量丢失并增加骨量。降钙素类药物另一突出的特点是能明显缓解骨痛。对骨质疏松骨折或骨骼变形所致的慢性疼痛及骨肿瘤等疾病引起的骨痛均有效。降钙素最适于骨转换率高和不愿接受、不宜采用雌激素的患者，能明显缓解骨折时的急性疼痛，应用降钙素时需补充足量的钙剂。常用鲑鱼降钙素 50U，皮下或肌内注射，1 次/日，有效后减量，疗程半年至一年。另有鳗鱼降钙素，每次 20U，肌内注射，2 次/周。

（3）双膦酸盐 是用于各类骨疾患及钙代谢性疾病的一类药物，能特异地与骨质中的羟膦灰石结合，抑制破骨细胞活性，从而减少骨量丢失。口服吸收率为 1% ~5%，若与食物或含钙饮料同服则吸收率更低。如阿仑膦酸钠，主要用于绝经后妇女的骨质疏松症，每次 10mg，1 次/日，服用 2 年左右效果较好。

2. 骨形成促进药

（1）氟化物 能促进新骨形成，增加脊椎骨密度。在应用时必须加用钙剂，以保证新形成骨的矿化。

（2）甲状旁腺素 是当前促进骨形成药物的代表性药物，小剂量的重组人甲状旁腺素有促进骨形成作用。适用于治疗男性和女性严重骨质疏松症。皮下注射给药，一般剂量为 20μg/日，治疗时间不宜超过 2 年。

3. 骨矿化促进药

（1）钙剂 包括碳酸钙、葡萄糖酸钙、枸橼酸钙、乳酸钙等，是预防和治疗骨质疏松的重要药物。从营养学角度看，终生足够的钙摄入是预防原发性骨质疏松症最重要的措施。

（2）维生素D及其代谢产物　包括维生素D（骨化醇）、骨化三醇、阿法骨化醇等，可以促进小肠钙的吸收和骨的矿化，活性维生素D（如骨化三醇、阿法骨化醇）可以促进骨形成。服用活性维生素D较单纯服用钙剂更能降低骨质疏松症患者椎体和椎体外骨折的发生率。另有维生素D和钙的联合制剂可供选择，治疗效果比较可靠。大部分骨质疏松症患者存在不同程度的维生素D缺乏，严重者还可出现软骨病。常用活性维生素D每次0.25μg，1～3次/日，配合钙剂或辅以鲜牛奶疗效更好。

四、用药注意事项与患者健康教育

（一）用药注意事项

1. 药物使用注意

（1）雌激素的致癌、血栓形成、血糖和血脂代谢改变、胆石症、高血压等问题一直为人们所关注，其致癌作用目前尚未定论。雌激素的不良反应与剂量有关，口服雌激素常引起恶心、呕吐、头晕等，适当减量或注射给药，可以减轻其不良反应。因此激素补充治疗应遵循以下原则：①有明确的适应证和禁忌证；②绝经早期（<60岁）开始应用，收益更大、风险更小；③应用最低有效剂量；④治疗方案个体化；⑤局部问题局部治疗；⑥坚持定期随访和安全性监测（尤其是乳腺和子宫）；⑦是否继续用药应根据每位女性的特点每年进行利弊评估。

（2）降钙素引发的恶心、呕吐、头晕及面部潮红等不良反应与剂量有关，必要时可暂时减少药物剂量。本药系多肽制剂，有引起过敏性休克的可能，应用前须做过敏试验。用药中若出现过敏、喘息、眩晕、便意、耳鸣等不良反应时应立即停药。

（3）约10%的患者应用双膦酸盐后发生胃肠道反应，但症状通常很轻微。部分患者产生消化道黏膜刺激，饮用足量水送服药物，并在服药后30分钟内及当天第一次进食之前不要躺卧。患者不要咀嚼或吮吸药片，以防发生口咽部溃疡。不要同时使用2种或2种以上的双磷酸盐类药物。

（4）甲状旁腺素一定要在专业医生指导下应用，用药期间应监测血钙水平，防止高钙血症的发生。治疗时间不宜超过2年。

（5）维生素D的不良反应与维生素D过量相似，如高血钙综合征，故应用维生素D者需定期监测血钙和尿钙。

2. 药物相互作用　双膦酸盐与钙剂、抗酸药等药物同时服用，后者会干扰双膦酸盐的吸收，因此要尽量避免同时口服，建议服药间隔为1小时以上；活性维生素D与噻嗪类利尿剂合用会增加高钙血症的危险，正在进行强心苷类药物治疗的患者如发生高钙血症可能会诱发心律失常，应谨慎确定药物剂量。

（二）患者健康教育

1. 非药物治疗　主要是生活方式干预，提倡健康的生活方式，改变不利于身心健康的行为和习惯。有效的措施包括以下几种。

（1）运动　成年人多种类型的运动有助于骨量的维持。绝经期妇女每周坚持3小时的运动，总体钙量增加。但是运动过度致闭经者，骨量丢失反而加快。运动还能提高灵敏度以及平衡能力，要鼓励骨质疏松症患者积极锻炼。

（2）营养　良好的营养对于预防骨质疏松症具有重要意义，包括足量的钙、维生素D、维生素C以及蛋白质摄入。从儿童时期起，日常饮食应有足够的钙摄入，钙影响骨峰值的获得。

（3）预防摔跤　采取防止跌倒的各种措施，注意是否有增加跌倒风险的疾病和药物，应尽量避免骨质疏松症患者摔倒，以减少髋骨骨折以及桡骨下端骨折的发生风险。

（4）避免嗜烟、酗酒，慎用影响骨代谢的药物，加强自身和环境的保护措施等。

2. 药物治疗

（1）掌握药物的正确使用方法　遵守医嘱和说明书服药，在没有医生建议的情况下，不能随意改变药物的种类和剂量，也不能随意服药和停药。

（2）合理选择治疗药物　老年性骨质疏松一般首选钙制剂+维生素D+骨吸收抑制剂（双磷酸盐）；继发性骨质疏松一般首选治疗原发病，同时使用降钙素，若为抗癫痫药所致的骨质疏松，则应长期口服维生素D；妇女绝经后的骨质疏松则采用钙制剂+维生素D+雌激素或雌激素受体调节剂（雷洛昔芬）。

PPT

任务七　缺铁性贫血

岗位情景模拟

情景模拟　患者，女，45岁，近半年工作劳累，月经不规律，经量增多，出现面色苍白、头晕乏力等现象。到医院检查Hb为62g/L，血涂片检查可见红细胞大小不等，中心浅染。医生确诊为缺铁性贫血，给予铁剂口服。治疗两周后，患者感觉良好，进食正常，睡眠好，体重无明显变化。

讨论　1. 医生确诊患者为缺铁性贫血的依据是什么？

2. 如何为患者推荐药物并怎样进行用药指导？

一、概述

（一）概念

缺铁性贫血（IDA）是指各种原因的缺铁导致红细胞生成减少所引起的低色素性贫血。这种贫血呈现小细胞低色素性贫血，是临床上最常见的贫血。缺铁性贫血的多发人群包括妊娠期和育龄期女性、婴幼儿、儿童和老年人等。据世界卫生组织（WHO）资料显示，目前全世界贫血人数超过20亿，占世界人口的37%。而我国6岁及以上居民贫血率为9.7%，其中6~11岁儿童和孕妇贫血率分别为5.0%和17.2%。贫血不仅影响个体体能，还影响多种疾病的治疗预后。

（二）发病机制与病因

1. 发病机制　正常人每天造血需铁量为20～25mg，主要来自衰老破坏的红细胞。正常人体每天从食物摄取铁1～1.5mg以维持铁平衡，而孕妇及哺乳期妇女需要的铁量为2～4mg。铁剂主要从十二指肠吸收，当铁缺乏时也可从胃和小肠下部吸收。影响吸收的因素比较多，如：①二价铁（Fe^{2+}）易被吸收。铁剂与酸成盐，以Fe^{2+}形式吸收，胃酸和维生素C、有机酸等可促进铁的吸收，而植物中含有的鞣酸、草酸等，可与铁形成难吸收的络合物而影响吸收。②体内贮存铁量影响铁的吸收。贮存铁量多时，血浆铁的转运率低，铁吸收少；相反，贮存量低或需要量高时，则吸收率高。

你知道吗

缺铁性贫血的过程

缺铁性贫血分为三期。

1. 铁负平衡期　身体需要或丢失的铁超过从饮食中吸入的铁量，机体动员储存铁代偿。铁贮存检查出现异常，包括血清铁蛋白下降或骨髓铁染色显示缺铁。

2. 缺铁造血期　储存铁耗竭，血清铁开始下降。当血清铁$<15\mu g/L$，提示储存铁耗竭，但是只要血清铁正常，红系造血就不会受到影响。

3. 缺铁性贫血期　转铁蛋白饱和度下降为15%～10%，血红蛋白和红细胞比容开始下降。轻度贫血时骨髓呈低增生表现，加重时出现小细胞低色素性贫血，重度缺铁性贫血持续，骨髓表现为红系增生，出现临床表现。

2. 病因　缺铁性贫血为多因素发病，主要原因如下。①需铁量增加而铁摄入不足：多见于婴幼儿、妊娠和哺乳期妇女，青少年偏食等。②铁丢失增加：如慢性胃肠道失血（包括痔疮、溃疡、消化道息肉、胃肠道肿瘤、寄生虫感染、食管/胃底静脉曲张破裂等）、月经量过多（如子宫肌瘤、月经失调等妇科疾病）、咯血和肺泡出血（肺结核、支气管扩张、肺癌等）、血红蛋白尿及慢性疾病的发生，慢性失血比急性失血更常见。③铁吸收障碍：胃酸缺乏（如胃大部切除术后、萎缩性胃炎、长期不明原因腹泻、慢性肠炎、克罗恩病）等，均可因铁吸收障碍而发生缺铁性贫血。

二、临床表现及诊断

（一）临床表现

1. 一般表现　贫血的发生比较隐匿，起病缓慢，患者能很好地适应，不影响正常的工作。乏力、疲倦、活动能力减退等是最早和最常见症状。

请你想一想

什么是异嗜症？

2. 皮肤黏膜　黏膜及甲床苍白，指甲扁平、反甲或脆裂，面色萎黄或苍白，皮肤干燥、萎缩，毛发干燥、脱落等。

3. 消化系统　一般可有食欲缺乏、消化不良、恶心、呕吐、腹胀、腹泻等症状，黏膜损害表现为口角炎、舌炎、舌乳头萎缩、慢性胃炎等，有吞咽异物感或异嗜症，是铁缺乏的特殊表现之一。

4. 神经系统 头昏、耳鸣、头痛、失眠、多梦、记忆减退等，缺铁影响小儿生长发育，导致心理-行为障碍，如易激惹、注意力不集中等。

5. 呼吸循环系统 轻微活动甚至休息时出现乏力、心悸、气促等表现。长期严重贫血可导致贫血性心脏病。

6. 生殖系统 女性常有月经不规则，闭经最常见。

（二）诊断

1. 贫血诊断 红细胞（RBC）计数男性 $<4.0\times10^{12}/L$，女性 $<3.5\times10^{12}/L$，新生儿 $<6.0\times10^{12}/L$ 可诊断为贫血。

2. 贫血程度 血红蛋白（Hb）又称血色素，一般成年男性 Hb < 120g/L、成年女性 Hb < 110g/L、孕妇 Hb < 100g/L 为贫血，它能更好地反映贫血的程度。轻度贫血血红蛋白 90 ~ 120g/L，中度贫血血红蛋白在 60 ~ 90g/L 范围，重度贫血血红蛋白在 30 ~ 60g/L 范围，极重度贫血血红蛋白 < 30g/L。

3. 缺铁性贫血 慢性缺铁性贫血表现为小细胞低色素性贫血，通常 Hb：RBC 约为 3：1，Hb 降幅更大；血涂片检查可见红细胞大小不等，中心浅染。

三、药物治疗

（一）治疗原则

对因治疗是缺铁性贫血最基本和重要的治疗原则，首先要查明引起贫血的病因。其次对于中、重度贫血，需要补铁治疗，补足贮存的铁量。急性重度贫血，需要输血治疗。

（二）常用药物

1. 口服铁剂 是治疗缺铁性贫血的首选方法，应根据血红蛋白水平，估计补铁治疗剂量。治疗的目的不仅要纠正缺铁性贫血，还应补足已经耗竭的储存铁量，临床常见药物如表 8-16 所示。

表 8-16 口服铁剂

药物名称	规格	治疗剂量	作用特点
硫酸亚铁片	0.3g	成年人预防量一天 0.3g，儿童一天三次，每次 50 ~ 100mg	口服铁剂中的标准制剂，是一种无机化合物的铁剂，胃肠道反应明显，主要有恶心、腹痛或便秘、黑便等
乳酸亚铁片	0.2g	成年人一次 0.2g，一日三次	饭后服用，吸收率高
葡萄糖酸亚铁	0.25g 等	成年人一次 0.3 ~ 0.6g，一日三次；儿童一次 0.1g，一日三次	作用温和、起效快，不良反应较轻
富马酸亚铁混悬液	10ml	成年人一次 20ml，一日 2 ~ 4 次	可见胃肠道不良反应等

续表

药物名称	规格	治疗剂量	作用特点
琥铂酸亚铁片	100mg 等	成年人预防：一日 1 片，孕妇一日 2 片，儿童一日 0.5 片 成年人治疗：一日 2 ~ 4 片，儿童一日 1 ~ 3 片，分次服用	吸收平稳，有蛋白膜保护，对胃黏膜的刺激小
复方锌铁钙颗粒	5g	成年人，一次 1 包，一日 3 次；1 ~ 10 岁儿童，一次 1 包，一日 2 次；6 ~ 12 个月儿童，一日 1 包；6 个月以下一日 0.5 包	用于锌、铁、钙缺乏引起的各种疾病
多糖铁复合物胶囊	150mg	成年人每日一次，每次口服 1 ~ 2 粒；儿童需在医生的指导下使用	对于治疗孕产妇缺铁性贫血，其优越性尤为突出

注：口服铁剂有效的表现是先是外周血网织红细胞增多，高峰在开始服药后 5 ~ 10 日。2 周后血红蛋白浓度上升，一般 2 个月左右恢复正常。铁剂治疗应在血红蛋白恢复正常后至少持续 4 ~ 6 个月，待贮存铁指标正常后停药。

2. 注射铁剂　静脉注射铁剂有右旋糖酐铁、蔗糖铁等，适于胃肠道反应重或经胃肠道不能吸收，需要快速补铁的情况，一般用于贫血比较严重的患者。首次用药前先给予试验剂量，并具备预防过敏反应的应急措施，若 1 小时内无过敏反应，再给予足量治疗，并注意滴注速度。主要不良反应是过敏反应，严重的过敏反应可危及生命。注射治疗可产生局部疼痛、局部淋巴结肿痛，可引起低血压、心动过速、荨麻疹和色素沉着等，严重肝肾功能不全的患者禁用。

3. 其他常用药物

（1）复方红衣补血口服液　补血、益气、健脾，用于缺铁性贫血的辅助治疗。口服，一次 10ml，一日 3 次。

（2）阿胶　补血滋阴、润燥、止血。用于血虚萎黄、眩晕心悸、心烦不眠、肺燥咳嗽。烊化兑服，3 ~ 9g。

（3）当归　补血活血、止痛、润肠通便。主治血虚萎黄头晕、月经不调痛经、虚寒腹痛、跌打损伤、痹痛麻木、血虚肠燥便秘，尤适女性及老年人；用量 5 ~ 9g。

四、用药注意事项与患者健康教育

（一）用药注意事项

1. 尽量选用二价铁剂（Fe^{2+}）　二价铁的溶解度大，易被吸收，而三价铁剂在体内的吸收少、刺激性大，只有转化为二价铁后才能被吸收；胃酸缺乏者可与稀盐酸并用，有利于铁剂的解离和吸收；铁剂在胃肠道的吸收具有黏膜自限现象，补铁过量，造成铁负荷过重，对人体肝脏、心脏等器官造成危害。

2. 影响铁剂吸收的药物　空腹服用亚铁盐吸收最好，但胃肠道反应较大，患者难耐受，因此，建议进餐时或餐后服用，以减少药物对胃肠道的刺激。注意铁剂与药物的配伍禁忌：四环素类、考来烯酸、喹诺酮类等药物，可在肠道与 Fe^{2+} 形成络合物而影响铁的吸收，碳酸氢钠与亚铁生成难以溶解的碳酸铁，阻碍铁剂的吸收；抑酸药（质子泵抑制剂类奥美拉唑、H_2受体拮抗剂类法莫替丁等）影响 Fe^{3+} 转化为 Fe^{2+}，应避免长期服用。而酸性药物维生素 C 可作为还原剂，促进 Fe^{3+} 转化为 Fe^{2+} 而促进吸收。

3. 影响铁剂吸收的食物 铁剂与茶叶中的鞣酸结合，生成不溶解的沉淀，不易被吸收。牛奶、蛋类、钙剂、磷酸盐、草酸盐等可抑制铁剂的吸收，而肉类、果糖、氨基酸、脂肪可促进铁剂的吸收。

4. 服药前需告知患者的事项 ①铁剂可引起肠道蠕动减慢而引起便秘；②服用铁剂后可出现黑便，可掩盖消化道出血或引起出血的担心，事先应向患者说明。

5. 重视药物的疗效监测 铁剂治疗后，监测 Hb 上升为治疗有效的标准，上升 20g/L 以上更为可靠，能满足临床症状完全消失、Hb 恢复正常值、血清铁蛋白等检验指标正常、缺铁的病因消除等条件。

6. 不宜使用 对血色素病或含铁血黄素沉着症及不伴缺铁的其他贫血（如地中海贫血）、肝肾功能严重损害、未经治疗的尿道感染者不宜使用。

（二）患者健康教育

> **请你想一想**
>
> 能引起便秘和黑便的药物还有哪些？

1. 合理膳食。①要考虑铁的补充与吸收，多食含铁丰富的食物，如猪肝、黄豆、蔬菜、水果、大枣、蜂乳、芝麻、黑木耳等；②提倡使用铁锅烹饪或煮粥，会有助于铁元素的补充；③要有足够蛋白质的摄入。

2. 运动可提高机体预防和综合免疫功能，但贫血患者一般伴有心率升高，不宜采用过于激烈的运动。

3. 由于缺铁影响多种酶的功能，致使细胞免疫功能产生缺陷，易导致感染，因此患者要预防感冒及其他疾病。

4. 老年人用药种类较多，服药前，注意铁剂可能与其他药物之间的相互作用，避免同时服用影响铁吸收的药物。

5. 乙醇中毒、肝炎、急性感染、溃疡性结肠炎、胰腺炎、消化性溃疡患者慎用铁剂治疗。

实训八 支气管哮喘的用药指导

一、实训目的

1. 掌握支气管哮喘治疗原则、常用药物特点。

2. 能准确判断支气管哮喘患者病情，指导患者合理使用药物并进行健康教育。

二、实训准备

1. 实训场地　模拟药房。

2. 实训材料　工作服、实训工具、各种记录表格等。

三、实训指导

1. 哮喘的分类　根据临床表现支气管哮喘分为急性发作期、慢性持续期和临床缓解期。

2. 常用药物　糖皮质激素（包括吸入型糖皮质激素、口服糖皮质激素和静脉糖皮质激素）、β_2受体激动剂（包括沙丁胺醇、特布他林等短效β_2受体激动剂和沙美特罗、福莫特罗等长效β_2受体激动剂）、白三烯受体阻断剂（如孟鲁司特钠等）、磷酸二酯酶抑制剂（如茶碱等）和抗胆碱药（包括异丙托溴铵等短效抗胆碱药和噻托溴铵等长效抗胆碱药）。

3. 药物选用　一般根据临床分期和严重程度分级选用药物。如轻度急性发作期可定量气雾吸入SABA缓解，重度至危重度急性发作期则需持续雾化吸入SABA、联合雾化吸入短效抗胆碱药、激素混悬液以及静脉注射茶碱类药物等；慢性持续期则常选长效β_2受体激动剂与吸入型糖皮质激素联合用药。

4. 剂型特点　哮喘治疗常使用气雾剂、粉雾剂等剂型，掌握准纳器、都保装置、干粉吸入装置、压力定量吸入装置的使用方法十分必要。

四、实训方法

2人/组进行现场模拟，主要角色有药师、患者或患者家属，教师进行现场指导、点评。

五、实训步骤

1. 班前准备　个人卫生、柜台卫生、整理药品及货架、检查药品价格标签等。

2. 案例分析　李某，男，6岁。喘息，呼吸困难3天，咳嗽、无痰，医院诊断为支气管哮喘，患者家属携带处方沙丁胺醇气雾剂（或其他备选药物）来店购药。患者既往无疾病史，对鸡蛋过敏。

3. 接待顾客与处方调配　合理询问病情，正确调配处方并介绍药物。

4. 用药指导与健康教育　告知患者家属用法用量，并根据患者需求进行用药指导和健康生活提示。

5. 记录并清场　客观真实地填写原始记录并及时清场。

六、考核方式

根据现场表现，教师评价打分，学生之间相互评价，按照5∶5比例计算项目积分，实训过程考核评分表见表8－17。

表8－17 实训过程考核评分表

项目要求	考核要求	分值	得分
班前准备	仪容仪表、卫生、销售工具、货架整理、价格标签检查等	30	
接待顾客与处方调配	询问内容合理，药品名称、规格、数量、不良反应、禁忌证等介绍正确、重点突出、通俗易懂	30	
用药指导与健康教育	用法用量指导正确，健康教育细致、周到	30	
职业素养	服务质量优秀、营业结束规范	10	

实训九 高血压的用药指导

一、实训目的

1. 熟悉常用降压药的适应证、不良反应及禁忌证。

2. 能准确判断高血压患者病情，帮助患者合理选择药物并进行用药指导和健康教育。

二、实训准备

1. 实训场地 模拟药房。

2. 实训材料 工作服、实训工具、各种记录表格等。

三、实训指导

1. 高血压的分类：高血压分1～3级，3级高血压（重度）收缩压≥180mmHg和（或）舒张压≥110mmHg，建议采用联合用药。

2. 药物选择：根据患者血压水平选择药物，一般选择利尿剂（氢氯噻嗪、吲达帕安、氨苯蝶啶、螺内酯）降低血容量或β受体阻断剂（普萘洛尔、美托洛尔、倍他洛尔）降低心搏出量而降压。疗效不明显时，逐步增加血管紧张素转换酶抑制剂（卡托普利、依那普利等）或血管紧张素Ⅱ受体阻断剂（氯沙坦、缬沙坦等），联合用药，降压作用强，不良反应减少。

3. 利血平适用于轻、中度高血压的治疗。

4. 高血压患者血压控制平稳后，没有医生或药师的指导，不要随意停药或频繁改变给药方案。

5. 电子或水银血压计的使用方法：安静状态下测量，测量部位正确，左右手臂的血压可能不一样。

四、实训方法

2人/组进行现场模拟，主要角色有药师、患者，教师进行现场指导、点评。

五、实训步骤

1. 班前准备　个人卫生、柜台卫生、整理药品及货架、检查药品价格标签等。

2. 案例分析　患者，男，60岁，高血压病史3年，最高血压达190/115mmHg，其他无明显症状，平时偶尔服用复方利血平片。近期因劳累出现头晕等不适。经检查，血压180/110mmHg，尿常规（-）、血脂、血糖均正常。诊断为3级高血压，医生开具处方马来酸依那普利片、苯磺酸氨氯地平片（或其他备选药物）。

3. 接待顾客与处方调配　合理询问病情，正确调配处方并介绍药物。

4. 用药指导与健康教育　告知患者用法用量，并根据患者需求进行其他用药指导和健康生活提示。

5. 记录并清场　客观真实地填写原始记录并及时清场。

六、考核方式

根据现场表现，教师评价打分，学生之间相互评价，按照5∶5比例计算项目积分，实训过程考核评分表见表8-18。

表8-18　实训过程考核评分表

项目要求	考核要求	分值	得分
班前准备	仪容仪表、卫生、销售工具、货架整理、价格标签检查等	30	
接待顾客与处方调配	询问内容合理，药品名称、规格、数量、不良反应、禁忌证等介绍正确、重点突出、通俗易懂	30	
用药指导与健康教育	用法用量指导正确，健康教育细致、周到	30	
职业素养	服务质量优秀、营业结束规范	10	

目标检测

一、选择题

1. 下列不属于支气管哮喘典型临床症状的是（　　）。

A. 胸闷　　B. 胸痛　　C. 喘息　　D. 咳嗽

2. 患者，男，48岁，患有青光眼3年。今日因支气管哮喘急性发作，给予舒张支气管、抗炎等治疗，该患者应慎用的药物是（　　）。
A. 异丙托溴铵气雾剂　　B. 布地奈德混悬液
C. 孟鲁斯特纳咀嚼片　　D. 沙丁胺醇气雾剂

3. 消化性溃疡活动期的治疗首选药是（　　）。
A. 抑酸药　　B. 抗酸药　　C. 硫糖铝　　D. 阿莫西林

4. 根除幽门螺杆菌感染联合用药治疗方案中不包括（　　）。
A. 奥美拉唑　　B. 阿莫西林　　C. 雷尼替丁　　D. 甲硝唑

5. 属于血管紧张素转化酶抑制剂类的抗高血压药物是（　　）。
A. 卡托普利　　B. 普萘洛尔　　C. 硝苯地平　　D. 哌唑嗪

6. 不属于钙通道阻滞剂的抗高血压药物是（　　）。
A. 氨氯地平　　B. 硝苯地平　　C. 维拉帕米　　D. 氢氯噻嗪

7. 血管紧张素转换酶抑制剂的英文译名的规范缩写是（　　）。
A. ACEI　　B. ARB　　C. D－CCB　　D. β－RB

8. 通过抗氧化作用，发挥降血脂作用的药物是（　　）。
A. 辛伐他汀　　B. 吉非贝齐　　C. 普罗布考　　D. 烟酸

9. 以下降血脂药中，抑制羟甲戊二酰辅酶A还原酶的是（　　）。
A. 洛伐他汀　　B. 普罗布考　　C. 氯贝丁酯　　D. 吉非贝齐

10. 1型糖尿病的特点为（　　）。
A. 起病隐匿、缓慢
B. 患者胰岛功能基本丧失，需要终生应用胰岛素替代治疗
C. 一般有家族遗传病史
D. 随着病程延长，可出现糖尿病慢性并发症

11. 老年男性，肥胖体型，“三多”症状不明显。空腹血糖7.1mmol/L，餐后2小时血糖13.2mmol/L，尿糖（－）。诊断首先考虑（　　）。
A. 老年性糖尿病　　B. 妊娠期糖尿病　　C. 1型糖尿病　　D. 2型糖尿病

12. 糖尿病患者在接受降糖药治疗期间，若发生头晕、心悸等低血糖反应应（　　）。
A. 立即送医院抢救
B. 马上先自行食用含糖饮食
C. 先自我检测血糖，根据情况决定是否需要补充含糖饮食
D. 用普萘洛尔等β受体阻断剂减缓心率

13. 治疗绝经后妇女原发性骨质疏松症的首选药是（　　）。
A. 雌激素　　B. 双膦酸盐　　C. 降钙素　　D. 钙剂

14. 抑制骨吸收的药物不包括（　　）。
A. 降钙素　　B. 依普黄酮　　C. 双膦酸盐　　D. 维生素D

15. 患者，男，65岁，患有骨质疏松症，根据患者饮食习惯，每日需补充元素钙

600mg，药师为其推荐碳酸钙（0.5g/片），该患者适宜的用法用量是（　　）。

A. 1 片/次，3 次/日　　B. 2 片/次，3 次/日

C. 1 片/次，2 次/日　　D. 2 片/次，2 次/日

16. 下列促进铁剂吸收的食物是（　　）。

A. 维生素 C　　B. 草酸盐　　C. 牛奶　　D. 茶

17. 铁剂可能引起的不良反应有（　　）。

A. 便秘　　B. 黑便　　C. 胃肠道反应　　D. 以上均是

二、简答题

1. 患者，男，72 岁，既往有高血压、心绞痛、心力衰竭、房室传导阻滞和胃溃疡病史。一个月前因出现哮喘症状就诊，医师开具布地奈德气雾剂 200μg bid. 吸入，沙丁胺醇气雾剂 100μg pm. 吸入，氨氯地平片 5mg qd. 口服及硝酸甘油片 0.5mg pm. 舌下含服治疗。药师在进行用药指导时应告知患者气雾剂的正确使用步骤是什么？可能出现的不良反应有哪些？如血压控制不佳，如何联合用药？

2. ACEI/ARB 与噻嗪类利尿剂联合用药的目的是什么？

书网融合……

微课 1　　微课 2　　划重点　　自测题

药店药学服务

学习目标

知识要求

1. **掌握**　药学服务的含义、目标及具备的素质；药品销售的技巧、过程；处理顾客异议的原则，退换药品的处理；慢病管理的方法及步骤。
2. **熟悉**　拆零药品的销售；慢病的特点及分类方法。
3. **了解**　药学服务的内涵；慢病的概念；网上药店的发展历程及现状。

能力要求

1. 能熟练掌握药品销售技巧，完成药品销售。
2. 学会处理顾客异议、投诉及退换药品的方法；学会处理药店突发事件，提供积极有效的服务。
3. 能够根据实际情况制定慢病管理计划。

任务一　认识社会药店的药学服务

PPT

岗位情景模拟

情景模拟　患者王阿姨到某药店选购降血压药物，并询问药师药品的用法用量。店内药师利用自己的专业知识给王阿姨作出了详细的用药指导，并耐心地给她解释药品的用法用量、不良反应及注意事项，并把店内抗血压药物的宣传单派发给王阿姨。

讨论　1. 药店药师向患者提供了哪些药学服务？

2. 药师在向患者提供用药咨询服务时应注意什么？

一、概述

（一）药学服务的定义、目标和基本要素

1. 药学服务　是药师应用药学专业知识向公众（医护人员、患者及其家属）提供直接的、负责任的、与药物应用有关的服务，以合理药物治疗为中心，改善和提高人类生活质量。

2. 药学服务的目标　以患者为中心，提高药物治疗的安全性、有效性、经济性和适宜性，改善和提高患者的生命质量。

药学服务要求药师把自己的全部活动建立在以患者为中心的基础上，主动服务、关心或关怀，保障用药的安全、有效、经济、适宜，实现最大程度改善和提高患者身

心健康的目标。

社会药店是医疗保健体系中为大众提供服务的最终环节，社会药店的药学服务人员不仅是药师，还包括药学从业人员，其首要责任是确保患者或消费者获得高质量的药学服务。随着《优良药房工作规范》（GPP）以及新版《药品经营质量规范》的实施，国内越来越多药店认可和接受药学服务，并将其作为提升企业竞争力的重要手段。

3. 药店药学服务最基本的要素 是“与药物有关”的服务，不仅以实物形式，还包括提供信息和知识的形式来满足患者在药物治疗上的特殊需要。它包括的是一个群体（药师、药学人员）对另一个群体（患者）的关怀和责任，由于这种服务与药物有关，其服务应涉及全社会所使用药物的患者，因此，药学服务具有很强的社会属性。

（二）从事药学服务应具备的能力与素质

从事药学服务应具备的能力与素质包括：教育背景、专业知识、实践经验和能力、职业道德、交流沟通、药历书写、投诉应对能力等。

1. 专业知识、能力及职业道德 提供药学服务的人员必须具有药学与中药学专业背景，具备扎实的药学与中药学专业知识、临床医学基础知识以及开展药学服务工作的实践经验和能力，并具备药学服务相关的药事管理与法规知识以及高尚的职业道德。非药学专业技术人员不得从事药学服务工作。

2. 药学服务沟通的意义 药师与患者之间的良好沟通是建立和保持药患关系、审核药物相关问题和治疗方案、监测药物疗效以及开展患者健康教育的基础。随着现代临床药学的发展，沟通技术已经成为当今药师开展药学服务的基本技能。

3. 药历书写能力

（1）药历及其作用 药历（medication history）是药师为参与药物治疗和实施药学服务而为患者建立的用药档案，是药师对患者进行个体化药学诊断、治疗评估等判断性服务的书面证明文件，是药师进行规范化药学服务的具体体现。药历源于病历，但又有别于病历。药历的作用在于保证患者用药安全、有效、经济，便于药师开展药学服务。药历应从药师首次接触患者时就开始独立建立，必须客观真实地记录药师实际工作的具体内容、咨询的重点及相关因素。此外还应注意的是，药历的内容应该完整、清晰、易懂，不用判断性的语句。

（2）药历的主要内容 药历由药师填写，作为动态、连续、客观、全程掌握用药情况的记录。国内尚未对药历的具体内容和格式作统一的规定，对其地位的认定也还需要时间。药历的主要内容包括监护患者在用药过程中的用药方案、用药经过、用药指导、药学监护计划、药效表现、不良反应、治疗药物监测、各种实验室检查数据、对药物治疗的建设性意见和对患者的健康教育忠告。

（3）药历的格式 国外标准格式有：①TTRS 模式（主题、诊疗的介绍、正文、提出建议、签字）；②SOAP 格式［主诉信息（subjective）、体检信息（objective）、评价（assessment）、提出治疗方案（plan）］等。2012 年，中国药学会医院药学专业委员会推荐国内的药历格式为：基本情况 + 病历摘要 + 用药记录 + 用药评价。

你知道吗

国内的药历格式内容说明

基本情况：患者姓名、性别、年龄、出生年月、职业、体重或体重指数、婚姻状况、病案号或病区病床号、医疗保险和费用情况、生活习惯和联系方式。

病历摘要：既往病史、体格检查、临床诊断、非药物治疗情况、既往用药史、药物过敏史、主要实验室检查数据、出院或转归。

用药记录：药品名称、规格、剂量、给药途径、起始时间、停药时间、联合用药、不良反应或药品短缺品种记录。

用药评价：用药问题与指导、药学监护计划、药学干预内容、TDM数据、对药物治疗的建设性意见、结果评价。

4. 投诉应对能力 顾客（患者、消费者）的投诉和抱怨对药店的信誉和业绩产生巨大的负面影响，处理得当，会让药店赢得更好的声誉和口碑。因此，正确、妥善地应对投诉对药店的经营发展具有重要的意义，从事药学服务的药师必须具备较好的投诉应对能力。

二、药学服务的内涵

药学服务是一种实践活动，必须在患者治疗过程中实施并获得效果。无论是预防性的、治疗性的或恢复性的，无论是在医院药房还是在社会药房，无论是医院患者还是药店患者，药学服务要直接面向需要服务的患者，渗透于日常工作和医疗保健行为的每个环节。

广义药学服务的主要实施内容有：把医疗、药学护理有机地结合起来，让医师、药师、护士齐心协力，共同承担医疗责任；既为患者个人服务，又为整个社会的国民健康教育服务；积极参与疾病的预防、治疗和保健；指导、帮助患者合理地使用药物；协助医护人员制订和实施药物治疗方案；定期对药物的使用和管理进行科学评估。

（一）药店药学服务的具体工作

药店的药品交易特性决定了药店向顾客提供的不仅仅是药品销售的基础服务，还要有更加深化的药学服务、医学服务和健康信息服务，以实现药店的基本功能并形成竞争优势。药店药学服务贯穿于药店药品销售的售前、售中、售后整个过程。因此，社会药店的药学服务的具体工作，除传统的药品调配工作以外，还包括用药指导和追踪、进行药物利用评价、不良反应监测与报告、建立药学信息系统和共享、参与健康教育等。

1. 药品调配 处方调配以及非处方药的推荐和销售是药店药学服务人员直接面向患者的工作。提供正确的处方审核、调配、复核和发药并提供用药指导是对药物治疗最基础的保证，也是药师所有工作中最重要的内容，是联系和沟通医、药、患最重要的纽带。值得注意的是，随着药师工作的转型，调剂工作要由“具体操作经验服务型”向“药学知识技术服务型”转变。

2. 用药指导和追踪　药学服务人员需接受消费者和患者的用药咨询，解答疑问，为特定患者建立药历，跟踪用药信息并保证相关记录内容完整真实，提供合理用药的指导，给出用药建议、注意事项等，并严格保护其隐私。因此，药学服务人员应首先具备扎实的专业知识，熟知店内药品功效、不良反应、配伍禁忌、临床医学知识等，并了解患者病情、病史、过敏史、用药情况等，协助患者正确购药，并及时为患者设计合适的治疗方案，指导患者用药，消除患者的用药误区。

3. 药物利用评价　是按照预定的标准，评价、分析和解释一个给定的医疗卫生制度下药物利用的模式，特别着重于研究药物的市场、分布和应用情况，以及由此引起的医疗、社会和经济决策分析。其目的就是用药的合理化，包括从医疗方面评价药物的治疗效果，以及从社会、经济等方面评价其合理性，以期获得最大的社会、经济效益。

4. 药品不良反应监测和报告　药品不良反应（ADR）主要是指合格药品在正常用法、用量下出现的与用药目的无关的有害反应。它严重影响患者的健康和生命安全，为了保障患者用药安全，对药品进行再评价，淘汰药品，必须要进行药品不良反应报告、监测。药店出售药品后，药学服务人员应继续对患有多种疾病、器官功能不全、长期服药的患者进行用药效果的跟踪监测，对监测结果实时反馈、评价，减少药源性疾病的出现，最大限度保证患者的用药安全。而在这一过程中，药师应全程参与，正确、合理地完成药品不良反应的处理和登记，积极发挥其应用的作用。

5. 药学信息系统的建立和共享　药学信息收集与咨询服务是药学服务的重要内容，是实施药学保健（pharmaceutical care，PC）的基础，是当今药师以现代模式为患者提供药学优质服务的职责。药师利用掌握和收集的有关药物治疗方面的专业知识和信息，包括各类药品的不良反应、合理用药、药物相互作用、药物疗效、药物研究和评价信息，针对临床治疗工作中的问题，提供药学信息服务。通过开展咨询，提供信息和交流，促进医药合作，改善和提高患者合理用药意识，使用药更加安全、有效、经济。

6. 参与公众和患者的健康教育　对公众进行健康教育是药学服务工作的一项重要内容。药师开展药学服务，既为患者个人服务，又为整个社会的健康教育服务。在为患者治疗疾病提供药物的同时，还要为患者及社区居民的健康提供服务。通过开展健康知识讲座，提供科普教育材料以及提供药学咨询等方式，讲授相应的自我保健知识，重点宣传合理用药的基本常识，目的是普及合理用药的理念和基本知识，提高用药依从性。

药师应当不断丰富自身的专业知识和实践经验，不断提高沟通能力，开展各项具体的药学服务实践，保证患者用药安全有效、经济，为药品发挥最理想的作用提供保障。

（二）药学服务的对象

药学服务的对象是广大公众，包括患者及其家属、医护人员和卫生工作者、药品消费者和健康人群。其中尤为重要的人群包括：用药周期长的慢性病患者或需长期甚至终身用药者；患有多种疾病，病情和用药复杂，需同时合并应用多种药品者；特殊人群，如特殊体质者、肝肾功能不全者、血液透析者、过敏体质者、小儿、老年人、妊娠及哺乳期妇女等；用药效果不佳，需要重新选择药品或调整用药方案、剂量、方法者；用药后易出现明显不良反应者；应用特殊剂型、特殊给药途径、药物治疗需作监测者。

（三）药学服务的效果

药学服务的效果体现在提高药物治疗的安全性、有效性、依从性和经济性，即降低和节约药物治疗费用，合理利用医药资源等方面，具体表现如下。

1. 治疗学效果 ①改善病情或症状，如疼痛、发热、哮喘、高血压、高血脂、高血糖等；②减少和降低发病率、复发率、并发症、死亡率等；③缩短患者住院时间，减少急诊次数和住院次数；④提高治疗依从性，帮助患者按时、按量、按疗程使用药物；⑤指导患者按照正确的使用方法应用；⑥帮助公众提高健康意识。

2. 安全性效果 预防药品不良反应发生，减少药源性疾病发生。

3. 经济学效果 节约治疗费用，提高治疗效益/费用的比值。

> **请你想一想**
>
> 执业药师（药师）接受咨询时，应主动了解患者的哪些信息？

药学服务的宗旨是提高患者的生命质量和生活质量，不能单纯针对疾病症状用药，而需综合考虑患者的年龄、职业、既往病史、遗传和基因组学、家族史、经济状况等，既要治疗病症，同时又要从预防疾病发展和避免用药不良后果等各方面来综合选择治疗方案。

三、用药咨询服务

用药咨询是药师应用所掌握的药学知识和药品信息，包括药理学、药效学、药代动力学、毒理学、药品不良反应、安全信息等，承接公众（患者、消费者）对药物治疗和合理用药的咨询服务。药师开展用药咨询，是药师参与全程化药学服务的重要环节，也是药学服务的突破口，对临床合理用药具有关键性作用，对保证合理用药有重要意义。社会药店用药咨询服务根据咨询对象的不同，可分为患者和公众用药咨询。

（一）患者用药咨询

医药领域是专业性非常强的特殊领域，绝大多数患者是不可能全面掌握医学和药学知识的，药师作为药学专业技术人员，应利用自己掌握的专业知识指导患者用药，最大限度地提高患者的药物治疗效果，提高患者用药的依从性，保证其用药安全、有效。

1. 咨询环境

（1）位置明显、标志明确　咨询处宜紧邻药店大堂，处于明显位置，目的是方便患者向药师咨询与用药相关的问题。药师咨询的位置应明确、显而易见，使患者可清晰地看到咨询药师。

（2）环境舒适、适当隐秘　咨询环境应舒适，并相对安静，较少受外界干扰，应创造一个让患者感觉信任和舒适的咨询环境。如咨询时间较长或老年患者、站立不便的患者，应请患者坐下。对大多数患者可采用柜台式面对面咨询的方式；但对某些特殊患者（如计划生育、妇产科、泌尿科、皮肤及性病科患者）应单设一个比较隐蔽的咨询环境，以使患者放心、大胆地提出问题。

（3）必备设备　咨询台应准备药学、医学的参考资料、书籍以及向患者发放的医药科普宣传资料。有条件的单位可以配备装有数据库的计算机及打印机，可当场打印患者所需文件。

2. 咨询方式　分为主动方式和被动方式。药店药师应当主动向购药的患者讲授安全用药知识，向患者发放一些合理用药宣传材料，或通过药店的网站向大众宣传促进健康的小知识，这些都是主动咨询的一部分。另外，药师日常承接的咨询内容以被动咨询居多，往往采用面对面的方式或借助其他通信工具，比如电话、网络或来信等进行询问。

3. 咨询内容　药师承接咨询的内容广泛多样，患者咨询的内容一般可分为以下几种。

（1）药品名称　包括通用名、商品名、药物别名或代码等。

（2）适应证　药品适应证是否与患者病情相对应。

（3）用药方法　包括口服和外用药品的正确使用方法、服用时间和用药前的特殊提示；缓释制剂、控释制剂、肠溶制剂、泡腾剂等特殊剂型的用法；漏服药物的补救方法等。

（4）用药剂量　包括首次剂量、维持剂量；用药次数、间隔、疗程等。例如抗菌药复方新诺明的首剂加倍。

（5）用药后预计疗效及起效时间、维持时间。

（6）药品不良反应与药物相互作用。

（7）有否替代药物或其他疗法。如高血压患者服用卡托普利药物出现干咳，可选用沙坦类药物替代等。

（8）药品的鉴别、贮存和有效期。

（9）药品价格，是否能够使用医保卡等。

4. 药师在特殊情况下的提示

（1）患者同时使用 2 种或 2 种以上含同一成分的药品，或者合并用药较多时，防止重复给药。

（2）患者用药后出现不良反应时，或既往曾有过不良反应史。

(3) 患者依从性不好时，或患者认为疗效不理想、剂量不当时。

(4) 病情需要，处方中药物剂量超过规定剂量时（需医师双签字）；处方中用法用量与说明书不一致时；或非药品说明书中所指示的用法、用量、适应证时。

(5) 超越说明书范围的适应证或超过说明书范围的使用剂量（需医师双签字）。

(6) 患者正在使用的药物中有配伍禁忌或配伍不当时（如有明显配伍禁忌时应第一时间联系该医师以避免发生纠纷）。

(7) 需要进行 TDM（治疗药物监测）的患者。

(8) 近期药品说明书有修改（如商品名、适应证、剂量、安全性、有效期、贮存条件、药品不良反应）。

(9) 患者所用的药品近期发现严重或罕见不良反应。

(10) 使用麻醉药品、精神药品的患者，或应用特殊药物（抗生素、抗真菌药、激素、镇静催眠药、抗精神病药等）者。

(11) 当同一种药品有多种适应证或用药剂量范围较大时。

(12) 药品被重新分装，而包装的标识不清时。

(13) 使用需特殊贮存条件的药品时，或使用临近有效期药品时。

5. 需要特别关注的问题 药师向患者提供咨询服务时，要注意到不同患者对信息的要求及解释上存在种族、文化背景、性别及年龄的差异，要有针对性地使用适宜的方式方法，并注意尊重患者的个人意愿。

(1) 对特殊人群需注意的问题 对老年人作解释时语速宜慢，还可以适当多用文字、图片形式以方便他们理解和记忆。对于女性患者要注意问询是否已经妊娠或有无准备怀孕的打算、是否正在哺乳。特殊疾病状况的患者如肝、肾功能不全患者的肝、肾损伤提示。

(2) 解释的技巧 尽量使用描述性语言，可以口头与书面解释方式并用，尽量不用带数字的术语来表示。

(3) 尽量为特殊患者提供书面材料 如第一次用药的患者；使用地高辛、茶碱等治疗范围较窄药物的患者；用药依从性不好的患者；部分听力较差的老年患者。

(4) 保护隐私 尊重患者的意愿，保护患者的隐私，尤其不得将咨询档案等患者的信息资料用于商业目的。

(5) 及时回答不拖延 有效地利用资源，用较少的时间回答问题，拖延太久的答案往往会失去意义。

(二) 公众用药咨询

随着社会的高速发展、文明程度的提高和医学知识的普及，公众的自我保健意识也不断加强，人们更加注重日常保健和疾病预防。药师需要承担起新的责任，在接受公众用药咨询，尤其是在疾病预防、强身健体、补充营养素等方面给予科学的用药指导，避免受虚假广告的影响。另外，药师应主动承接公众自我保健的咨询，积极提供健康教育，增强公众健康意识，减少影响健康的危险因素。

任务二　药店销售技巧

PPT

岗位情景模拟

情景模拟　李大爷患口腔溃疡，到药店购买药品，店员小陈热情地接待了他，并详细询问了病情。小陈为大爷推荐了外用药品意可贴（醋酸地塞米松黏贴片）和口服药物维生素 B_2，并特别交代了意可贴的使用注意事项，提醒大爷饮食注意问题。

讨论　在进行药品销售时，应该如何开展关联销售？

一、接待顾客

药店服务人员在营业过程中首先要面对的是患者（顾客），认真接待好每一位顾客是其工作中最核心的任务。优秀的店员需要具有亲和力、较强的沟通能力、洞察顾客需求的能力、说明药品信息的专业能力、优异的应变能力等，这些都能在日常和顾客沟通交流工作中体现出来，也是为顾客提供满意服务的基础。

（一）药店接待顾客的基本步骤

顾客在购买药品的过程中，一般经历八个心理活动阶段：观察阶段、兴趣阶段、联想阶段、欲望阶段、评估阶段、信心阶段、行动阶段、感受阶段。药学销售服务从顾客到来开始，随着顾客的离去而结束，服务人员首先要了解顾客购物时的心理发展过程，针对性地进行接待，并提供服务，同时遵循营业服务的基本程序，循序渐进，熟练运用营业操作技术，这样必将给顾客带来满意的服务。其主要操作步骤如下。

1. 等待时机　顾客还没有上门之前，营业员应当耐心地等待时机，随时做好迎接顾客的准备。要保持良好的精神面貌，要坚守在自己的固定位置，不能擅离岗位四处游走，不能交头接耳，相互闲聊。

2. 初步接触　顾客进店后，营业员可以一边和顾客寒暄，一边和顾客接近，这一行动称之为“初步接触”。但初步接触，难在选择恰当时机，不能让顾客感觉过于突兀。

营业员与顾客进行初步接触的最佳时机：当顾客长时间凝视某一药品，若有所思时；当顾客抬起头来的时候；当顾客突然停下脚步时；当顾客的眼睛在搜寻时；当顾客与医药商品营业员的眼光相碰时。

营业员与顾客接触的方式：①与顾客随便打个招呼；②直接向顾客介绍其中意的药品；③询问顾客的购买意愿。

3. 药品展示和说明　所谓“药品展示”，就是想办法让顾客了解药品的详细说明。药品展示要对应于顾客购买心理过程中的联想阶段与欲望阶段。药品展示不但要让顾客把药品看清楚，还要让他产生相关的联想力。药品展示的要求如下。

（1）让顾客了解药品的使用方法。

（2）让顾客了解药品禁忌证。

（3）让顾客了解药品的疗效。

（4）拿几种药品让顾客选择比较。

（5）按照从低档品到高档品的顺序拿药品。

在药品展示过程中，顾客并不一定立即决定购买，常常还需要比较、权衡，直到对药品充分信赖之后，才会购买。因此营业员必须做好药品的专业说明工作。药品说明即营业员向顾客介绍药品的疗效。因此要求营业员对于自己店里的药品有充分的了解，同时还要注意药品说明并不是给顾客开药品知识讲座，药品说明必须有针对性，要针对顾客的疑虑进行澄清说明，针对顾客的兴趣点进行强化说明。一定要在不失专业知识的前提下，用语尽量通俗易懂。

4. 把握需求要点　营业员揣摩顾客需要的方法：通过观察顾客的动作和表情来探测顾客的需要；通过向顾客推荐一、两种药品，观看顾客的反应，以此来了解顾客的意愿；通过自然提问来询问顾客的想法；善意地倾听顾客的意见。

“把握需求要点”与“药品展示"结合起来，两个步骤交替进行，从中了解顾客对药品的较多需求中，哪一个需求是主要的。能否满足这个主要需求是促使顾客购买的最重要因素，而能导致顾客购买的药品特性称之为销售要点。营业员要把握销售要点，有的放矢地向顾客作销售要点的说明，交易就易于完成。

5. 劝说　顾客在听了营业员的相关讲解之后，就开始作出决策了，这时营业员要把握机会，及时游说达成购买，这一步骤称为“劝说”。劝说应有以下5个特点。

（1）实事求是的劝说。

（2）投其所好的劝说。

（3）辅以动作的劝说。

（4）药品质量信誉的劝说。

（5）帮助顾客比较、选择的劝说。

6. 成交

（1）把握成交的时机

1）顾客突然不再发问时。

2）顾客的话题集中在某个药品时。

3）顾客不讲话而若有所思时。

4）顾客不断点头时。

5）顾客开始注意价钱时。

6）顾客开始询问购买数量时。

7）顾客关心售后服务问题时。

8）顾客不断反复地问同一个问题时。

（2）促进成交的方法

1）不要给顾客再推荐新的药品。

2）缩小药品选择的范围。

3）帮助确定顾客所要的药品。

4）对顾客想买的药品作一些简要的要点说明，促使其下定决心。

7. 收款、包装 顾客决定购买后，营业员就要进行收款和包装。在收款时，营业员必须唱收唱付，清楚准确，以免双方出现不愉快。收款时要做到以下五条：让顾客知道药品的价格；收到货款后，把金额大声说出来；在将钱放进收款箱之前，再数点一遍；找钱时，要把数目复述一次；将余额交给顾客时，要再确认一遍。

包装药品要注意三点：包装力求牢固、安全、整齐、美观；包装之前要特别注意检查药品有没有破损脏污；包装时要快捷稳妥，不要拖沓。在包装过程中，营业员还可以向顾客提一些友好的建议，以增强店方与顾客的感情联络。

8. 送客 包装完毕后，营业员应将药品双手递给顾客，并怀着感激的心情向顾客道谢，并衷心地祝其早日康复。另外要注意留心顾客是否落下了什么物品，如果有，要及时提醒。

你知道吗

使用“5W1H原则”说明销售要点

医药商品营业员在作销售要点说明时的注意事项：①应用“5W1H”的原则，明确顾客购买药品时要由何人使用（who），在何处使用（where），在什么时候用（when），想要怎样用（what），为什么必须用（why）以及如何去使用（how）；②说明要点时要言词简短；③能形象、具体地表现药品的特性；④针对顾客提出的病症进行说明；⑤按顾客的询问进行说明。

（二）接待顾客的原则

对于服务人员而言，顾客是需要被礼遇和尊重的。因此，友善接待每一位顾客是药店服务人员最基本的工作宗旨，在接待顾客时应本着以下几点原则。

1. 敬业乐群 主动积极地解决顾客的困难与需求，高度发挥团队力量。药店服务的工作过程中不仅需要考量个人服务态度的好坏，还应配合团队策略，和谐地与工作伙伴相处，才是敬业乐群的最佳表现。

2. 圆融沟通 营业员是药店第一线接触顾客的人。对于任何疑问和需求，必须透过灵活多变的说话方式与技巧，提出独到的见解，让顾客信服，以促使服务工作更为顺利。

3. 态度真诚 对顾客提出的任何问题，药店服务人员都应尽心尽力解答。要耐心倾听顾客的诉求，适时主动询问，深入切题地了解对方需求。细心留意顾客的任何举动，见到顾客需要服务或支持时，主动上前服务，培养主动、积极的服务态度是一位优秀营业员应具备的必要条件。

4. 尊重顾客 无论顾客的社会地位、穿着品位、举止如何，对走进药店的每一位顾客都应提供相同的服务。关注顾客的特殊要求、习惯，以体现对顾客的尊重与重视。

（三）不同顾客的接待方法

在药店零售过程中，不同年龄、不同类型的顾客的性格、偏好、志趣、言行都各有不同，因此对待不同的顾客，应采用不同的方法。作为药店的服务人员，最主要的是学会察言观色，从顾客的一举一动、一笑一颦中判断出顾客的消费需求，有的放矢，以满足他们不同的需求，达到让每一位顾客都满意消费的效果，见表格9-1。

表9-1　不同年龄顾客的接待技巧

顾客年龄	心理表现	接待技巧
老年顾客	较强的习惯性购买心理，希望购买性价比高的产品，对保健食品比较感兴趣，求方便、安全、实效	注意态度和语气、语速语调，耐心周到、细致入微为其服务，做到简单、明确、中肯
中年顾客	购物理智，强调产品性价比，消费理性，有计划有主见	真诚相待、认真，关注其家庭成员，推荐合适的保健品
青年顾客	追求科学、时尚、实用，了解一定医学知识，但购买常具冲动性	耐心讲解相关医药知识，迎合其求新求奇的心理进行介绍
青少年顾客	追求个性化的同时又有模仿心理和从众心理，易受外部因素影响，易受广告宣传影响	充分利用所售药品的直观形象向其推荐新颖药品，满足其对时尚、流行的需求

二、药品销售基本步骤

（一）销售准备

营业员在销售药品前应做好准备，销售准备主要包括以下五个方面。

1. 环境准备　医药健康商品的营业环境必须整洁、明亮、舒适，让顾客一来就有一种温馨、清爽、健康的感受。因此，药店开门之前，营业员要做好药店的清洁卫生，整理台面，清洁空气，调节温度，保持药店明亮，空气清新，物品放置有序，通道畅通无阻，让顾客一进门就有种整洁舒适的感觉。

2. 药品（商品）准备　营业员营业前要检查柜台，查看药品是否齐全，及时补齐缺货；对货架、柜台上的各种形式陈列的药品商品进行归类、整理，做到整齐、美观、大方，不得有空位；对于需要拆包、开箱的药品，要事先拆开包装；要及时挑出残损和近效期的药品。如发现破损、霉变、污染的药品，要及时按《药品经营质量管理规范》规定处理，要使药品处于良好的待售状态。

3. 检查标签　在整理药品的同时，必须逐个检查标价签，要求做到货价相符、标签齐全、货签对位。对各种原因引起的药品变价，要及时调整标价，标签要与药品的货号、品名、产地、规格、单位和单价等相符。

4. 熟悉价格　营业员要熟知店内药品的价格，只有营业员能够准确地说出药品的价格时，顾客才会有信任感；否则，营业员吞吞吐吐，甚至还要查找价格，顾客就会心生疑虑，甚至打消购买的念头。

5. 准备售货用具 需准备或查验的售货用具大致有：计价收银用具如电子收银机（扫码收款机）、电子计算器、算盘、圆珠笔、复写纸、发票等；计量用具如电子秤、戥称、尺、大平等度量衡器；包扎用具如纸、袋、盒、绳、夹、卫生药袋等。同时，也应备齐各种宣传材料，将产品的介绍材料置于顾客易于拿到的地方，便于查询。另外，还应准备找零钱款，在顾客付款时，不允许要求对方自备零钱，更不能拒绝找零，应提前根据实际需要，备好零钱的具体品种，并确保数量充足。

（二）销售实施

药品的销售实施主要包括非处方药的销售、处方药的销售、临时缺货药品的销售和销售后工作。

1. 非处方药的销售

（1）询问需求，推荐药品 倾听顾客的诉求、相关症状和需求，根据顾客的症状判断患病情况，进行推荐药品和关联销售。在销售过程中，当顾客表现出对某种药品产生兴趣时，营业员要立即取出药品送到顾客手中，以促进其产生联想，刺激购买欲望。对于一些药店服务人员不能准确判断的疾病或者不能擅自处理的疾患，应劝说患者去医院就诊。

（2）计价收费 顾客一旦下了购物决心，采取购物行动后，营业员就开始收取货款。收取货款务必做到三唱一复，以免出现差错。三唱即“唱价”（确认顾客所购药品价格并让顾客知道药品的价格）；“唱收”（收到货款后，大声说出金额，确认所收顾客金额）；“唱付”（找钱时，要把数目告知顾客，确认找给顾客余款余额）。“一复”即复核，确认所付药品与所进货款是否相符。

（3）包装发药 营业员在包装前要帮助顾客认真检查，还应询问顾客是否还需要别的药品。包装药品一般要求安全牢固、整齐美观、快捷妥当。包装时要注意小心轻放、不错包、不漏包。把包装好的药品交给顾客时，应注意礼貌、稳重，并关照用药注意事项。发药时，要注意当面核对药单和药品实物，将药品双手递给顾客（液体药品要注意上下方向）。

（4）用药指导 药品成交后，顾客离开前，药店营业员需要向顾客进行必要的叮嘱：告知顾客药名、剂量、使用方法、最佳服用时间等；若用药一段时间后，症状仍未见好转，应劝其及时去医院就诊；提示顾客用药后可能出现的副作用及如何应对不良反应，对患者进行健康教育；销售近效期药品应当向顾客告知有效期。

（5）送客 是药品销售接待工作中的最终环节，也是文明服务的一个重要方面。应微笑着向顾客表示感谢，并请其对药品的质量放心，祝愿顾客早日康复，用语应亲切、自然、简单，如“祝您早日康复”“请慢走”“您走好”“请拿好东西”。若顾客最终没有购买药品，店员也应热情对待顾客，切忌区别对待，势利待人。否则，不只是失去一次销售机会，而是会失去一位顾客。总之，营业员应让顾客体会到真心实意的服务，给顾客留下美好印象。

2. 处方药的销售 在零售药店，经常会有一些患者持处方购药，尤其是医保定点药店。对此其操作步骤如下。

（1）处方审核 执业药师或药师（中药师）等具有药学专业技术任职资格人员对处方所列药品、配伍情况进行审核，检查处方是否清晰、完整、规范，检查姓名、年龄、药品名称、规格、用法用量等，防止差错，保证用药安全。处方无误，由执业药师签名。处方所列药品，执业药师不得擅自更改。对配伍禁忌、超剂量或字迹不明的处方应拒绝调配和销售，必要时，经原处方医师更正并重新签字的，可以调配。

（2）计价收费 营业员依据执业药师签名后的处方计价，按实际零售价计价收费，开具凭证。

（3）配方发药 具有药学专业技术职务任职资格的人员可进行处方调配，应严格按照调配规程操作，调配时要仔细检查。调配的药品必须完全与处方相符，调配过程中，仔细核对药品标签上的名称、规格、用法用量等，并在处方上签字。调配后应按规定在销售处方药登记本上做好登记，处方及相关的登记本要按有关规定保存备查。

（4）核对发药并指导 取药完毕，用于贮放药品的容器或其他包装应及时放回原定位置。调配取药时，应按处方自上而下逐个进行；自核自对时，则应自下而上核对。仔细核对所取药品的名称、规格、用法、用量，患者姓名、年龄、性别等，避免差错。复核无误后由执业药师签字。向患者交付药品时，按照药品说明书或者处方用法，进行用药交代与指导，包括每种药品的用法、用量、注意事项等。发药时应口齿清晰，详细交代用法、用量、间隔时间、不良反应和注意事项，耐心回答顾客的询问，并礼貌道别。

你知道吗

三看三对一取药

药师调剂处方时必须做到三看三对一取药。

取药前，看标签药名，对处方药名；

取药时，看名称，对药品性状；

取药后，看包装，对所配药品。

3. 临时缺货药品的销售 当顾客欲购买柜台（可能）缺货的商品时，营业员应按如下步骤规范操作。

（1）查找药品 应尽最大努力查找，严禁随便答复顾客无货。确认无货时，可向顾客介绍其他同类药品，但不可强求顾客购买。

（2）记录联系方式 若顾客坚持要购买，应礼貌应对，可以对顾客说："对不起，您要的药品暂缺货，我们会为您加急订购，请留下您的联系方式（电话、微信或者邮箱），到货后我们会立即通知您"或"我们会在X天内给您答复"。若顾客不愿留下联系方式，可将药店的联系方式告知顾客，请顾客联系药店询问。同时应将顾客需购药品的情况、顾客姓名、联系方式等资料登记在《顾客求购药品登记本》上。

（3）落实货源　应尽快落实货源，可请采购员尽快与厂商联系，尽快送货；并根据采购部的意见尽快回复顾客，将落实情况记录在《顾客求购药品登记本》上。

（4）答复顾客　按承诺答复顾客，到货后或约定时间内通知顾客；暂时无法落实货源的也应答复顾客，并继续落实复查；无法落实的，应及时向柜台负责人或门店经理反映；本班次无法落实的，应在交接班记录本上登记移交下一班继续落实。第一个接待顾客的营业员应进行跟踪，以便尽快为顾客解决问题。

三、药品销售沟通技巧

（一）销售促进

销售促进，简称促销，是指企业运用各种短期诱因鼓励顾客和中间商购买、经销企业和服务的活动，效果要求立竿见影。促销可以吸引消费者购买，可以奖励品牌忠实者，可以实现药店销售目标，是一种重要的销售模式。

（二）销售沟通技巧

1. 顾客心理促销技巧

（1）观察试探　①通过对顾客衣着、言谈、举止、气质、形体等方面的观察，判断顾客是否是宣传说服的对象，了解和观察顾客的类型、心理、动机等；②宣传说服时要经常进行试探性提问，积极认真地和顾客沟通，有意识地诱导和鼓励顾客谈出自己的看法；③通过观察和试探，准确迅速地找出顾客真正的需求；④知道需求的方向是成功的关键，只有准确地把握顾客的需求，才能拿出相应策略，对症下药，取得优异成果。

（2）宣传说服　①举例说明法：引用过去成功的例子，说服顾客。②以理取胜法：以科学的道理，说服顾客。③投其所好法：找到顾客感兴趣的话题以此为切入口，介绍药品。④欲擒故纵法：为顾客提供药理和药品知识服务，不直接要求顾客购买，克服短期行为，注重长远利益。⑤以情动人法：找到共同点形成感情沟通；物以类聚，人以群分；可以是同龄人、同业者、同乡、同爱好、同经历、同专业；每一个相同点都是一个很好的切入点，顾客接纳人，就会接纳药品。⑥随机应变法：根据对顾客实行的试探观察，从而灵活运用以上的各种策略方法。

2. 不同类型顾客的销售技巧

（1）按顾客的购买行为类型不同，可分为五大类：习惯型、理智型、经济型、想象型和冲动型。药店营业员应根据不同的顾客采取不同的销售技巧，有的放矢地运用促销方式。不同类型顾客的销售技巧见表9－2。

表 9-2 不同类型顾客的销售技巧

顾客类型	特点	销售技巧
理智型顾客	购物具有较强的目的性，往往进行反复比较、仔细挑选	要求营业员接待要耐心，做到问不烦，拿不厌，对产品优势进行大力宣传，让顾客体会到服务的认真
习惯型顾客	一般以熟客为主，这类顾客进店后直奔所要购买的药品，具有很强习惯性，不喜欢购买替代品	尊重顾客的消费习惯，满足其要求，可抓住机遇鼓励顾客尝试新产品
经济型顾客	一般有两种：一是喜欢买便宜药品的顾客，进店后精挑细选；二是爱选高档药品的顾客	察言观色，判断属于哪一种顾客，营业员要熟知药品，不厌其烦介绍药品，使其相信货真价实
冲动型顾客	常有冲动消费，不看重价格、品牌、性能，购买速度快	要在“决”字上下功夫，对顾客迅速拦截，引导顾客购买合适的药品
想象型顾客	顾客易受情感因素影响，富于想象和联想，易受环境气氛影响	应对顾客进行情感诱导，创造良好的销售环境以吸引顾客

（2）按顾客的消费目的不同，可分为五大类：探价型、跑腿型、杀价型、获取赠品型、退换货型。药店营业员应根据顾客目的不同采取不同的销售技巧，提高销售效率。不同消费目的顾客的销售技巧见表 9-3。

表 9-3 不同消费目的顾客的销售技巧

消费目的	特点	销售技巧
探价而不消费的顾客	摆出要买的架势却又无心购买的顾客，一般只是来闲逛，比价	切记区别对待、被动应付、变脸相对，应一视同仁，详尽介绍药品特点、特色，在顾客心中留下深刻印象
替人跑腿的顾客	受人之托而来，兼有自己和顾主两个身份，是潜在的顾客	多倾听顾客及顾主的意见、喜好、希望达到的效果，营造舒适的购药体验，获得潜在顾客的好感
杀价型顾客	喜欢并精于杀价，对自己有信心，杀价是购买的前奏	不能对顾客敬而远之，可以委婉相待，提高购药总价再打折来满足顾客需求
喜欢赠品的顾客	在赠品的吸引下激发购买意愿，自尊心强，不愿让人知道自己是奔着赠品来的	把握分寸，介绍产品时还是主要介绍药品特色，不能主次颠倒
退换药品顾客	上门退换药品的顾客	药品非质量问题，不得退换，但是要认真对待其诉求，耐心解释法规，不能敷衍塞责，啧有烦言

3. 其他销售技巧

（1）医药专业知识表达的专业性与完整性　常使用举例、举证，以强化威信力；以肯定的、正面的方式来表述；使用完整句，标准句，有文学气息的话语及专业术语，使顾客能获得充分的资讯，同时肯定销售人员的专业形象、专业涵养及专业能力。用词讲究，语调应抑扬顿挫有变化，同时，要注意配合有效的肢体语言。

（2）不与顾客争辩，说赢顾客不等于得到订单　注意心理轻松，交谈才不会变成负担；引用名人、伟人、权威人士的话语，可强化涵养，也能获得幽默风趣的效果；针对不同内容的谈话及男性和女性顾客，从内容到方式都不同；有效倾听，做个好听众有时比做个好的言语者更重要；销售过程中，对顾客的异议、宝贵意见，若无法当场回答，要认真地记录下来，并尽快回复；重视顾客情绪的变化，不要做有可能引起误会的小动作。

（3）有情感的话语　话语有情感才能做到有效沟通，没有情感是不能成为一个优秀的医药销售人员的；有创新才能使人印象深刻，也才能真正激发购买情绪；善用“而且”“然后”等接续语来表达美好的前景。

（4）第一印象的重要性　和顾客初次接触（见面、打电话、发微信、发邮件）时，要注意建立良好的第一印象，应常使用恭敬语，以建立自己的礼仪形象，以完成良性互动的人际关系，要以不卑不亢、与人为友的态度对待顾客。先营造友好礼貌的情绪气氛，再以有信心的态度，肯定的话语来赞美顾客。

（5）尊重顾客　最基本点是任何时刻对顾客一定要诚实，绝不欺骗顾客。顾客的“挑剔”，就是改善点，要虚心诚意地接受，并尽最大的努力去改善。尊重顾客，要站在顾客的利益点为顾客考虑，不能为了药店利益给顾客带来困扰。要让顾客每多花一分钱都能获得多一分的价值。

请你想一想

对于不同类型及不同消费目的的顾客应该运用何种销售技巧来接待？

（6）面对顾客“以前使用过觉得不好”的异议的处理方法　营业员们常会碰到一些客户反映以前使用过药品的不良感受，当顾客抱怨以往的状况时，必须很谨慎地对应，才能化危机为转机。当顾客提出抱怨时，千万不要以“不清楚”“不太可能吧”“别的顾客都没有这种情形”“我们保证不会发生这种事情”等消极否认的态度回应顾客。面对顾客的抱怨，要接受顾客的抱怨，站在顾客的立场，替顾客感到委屈。能向销售人员抱怨的顾客，多半对公司仍抱有期望，否则根本不需要花时间再次到药店来，因此，只要能善加处理，再取得顾客肯定也并非难事。要深入了解顾客抱怨的真正原因，针对这些原因，在本次的销售过程中，要让顾客放心，特别留意不要再给顾客带来同样的困扰。从另一方面来看，找出真正的原因能缩小顾客的抱怨范围，对销售也有很大帮助。

四、关联销售 微课

（一）概述

关联销售，是药店在联合用药的基础上，把可以提高药品功效或促进患者治疗、康复和保健的商品（药品、医疗器械、食品、辅助治疗）组合起来进行销售的一种方式。

（二）关联销售的作用

1. 增加疗效 多种方案的联合，给药途径的多样，使药物的有效成分迅速作用于机体，其效果比使用单一药品更显著，治疗效果更理想。

2. 提高销售和毛利 由于关联销售应用范围更加广泛，因此可以在多个层面上提高购买率和客单价，有助于大幅度提升营业额和利润水平。关联销售可以满足顾客一站式购买、一次性解决问题的需求。

3. 提升药店的管理水平 因为连锁药店和平价药品超市依靠管理差异化提升赢利水平的时代已经来临，要在竞争中做到脱颖而出，推行关联销售就是有效的方法之一。

（三）关联销售的技巧

尽可能关联销售产品，实行店内关联一网打尽，如药品之间的关联、药品和非药品间的关联、非药品之间的关联、货架之间的关联、岗位（互动）关联、收银台上的关联等。前三者的关联可把药店内销售的全部产品基本涵盖，如药品（西药＋中成药＋中药饮片）＋保健品＋食品＋日用品＋医疗器械＋保健仪器＋消毒用品＋化妆品＋计生用品。

1. 药品与药品之间的关联

（1）内服与外用结合　这种方法几乎适合每一种病症，如针对荨麻疹可以“内服氯雷他定＋外用炉甘石洗剂”；针对儿童消化性腹泻可以“内服妈咪爱、蒙脱石散＋外用丁桂儿脐贴”。

（2）增强疗效的关联　如内服补钙可关联维生素AD丸或维生素AD滴剂，如“钙片＋伊可新”，能显著促进钙的吸收，提高钙的吸收率。

（3）缓解病症与促进康复的关联　如感冒这种常见病，针对患者“低热、无汗、头痛、喷嚏、鼻塞、四肢酸痛”这些症状，可推荐“新康泰克＋抗病毒口服液＋维生素C口服液”，以提高免疫力，减少感冒发生；咽喉红肿痛而干，无咳嗽时，可用“咽炎用消炎药＋草珊瑚含片”，既能缓解病症，又能促进康复。

2. 药品与非药品之间的关联 可向糖尿病患者推荐“格列吡嗪（降糖药）＋木糖醇（糖尿病患者专用糖）”，还可提醒患者购买尿、血糖试纸以备家中检测使用；可向为儿童购买退烧药的顾客推荐外用退热贴和电子体温计。

3. 非药品与非药品之间的关联 夏季，可以将“减肥产品”和“护肤类产品”结合在一起推荐；将“清凉止痒产品”和“驱蚊花露水”结合在一起推荐。

4. 畅销品牌与推荐品牌（高毛利品牌）的关联 畅销品牌药品人气虽高，但不能满足药店获利的需求，将品牌药物与品牌企业二线产品相结合，既能保障患者权益，又能提高药店毛利，如将“新康泰克+川贝枇杷颗粒”组合销售，前者是畅销品牌，后者为高毛利品牌。

5. 与店内促销及疗程进行关联　对于一个消费能力比较高的减肥顾客，可推荐价位较高的减肥产品，注意按疗程（如一个疗程30天/3盒）推荐，同时将当时的促销活动，如“买3盒送5粒”的政策告知顾客，吸引顾客购买。除推荐减肥药品外，还可推荐外用纤体霜、瘦身器械、减肥保健品等；还要规劝顾客减肥期间注意补充维生素、果蔬纤维片；减肥期间脸色不好看，还可建议顾客购买排毒养颜品、美容护肤系列产品等。

6. 货架之间的关联　药品、保健品、日用品、医疗器械分别陈列在不同的货架，根据顾客需求，也可将不同货架之间进行关联。店员不仅要了解自己所在柜台或货架的产品，还要了解其他货架或柜台的产品。甚至药店所有的产品。掌握本货架与其他货架间产品的关联，本货架产品无法满足顾客需求时，应把顾客引荐到其他货架。

7. 岗位（互动）把关的关联　这个关联包括两层含义，一是顾客到一个柜台之后，另外一个店员要帮助该柜台店员讲解，或补充讲解和再推荐；二是顾客付费拿小票回柜台领药的时候，营业员还要借机拾漏补缺再次推荐产品，即力争每个岗位都进行把关和互动。

8. 收银台上的关联　是店内关联销售的最后一关，负责收银的店员要适时推荐产品。如对外伤患者，推荐酒精棉球、纱布等，或找钱时适当推荐一些实用的小商品。

9. 药店之间的关联　有很多特色的专业店，一般都有很多另类的产品。比如，糖尿病专业店有丰富的糖尿病患者需要的产品；中药产品专业店有品种众多的中药饮片和中成药；医疗器械专业店，各类医疗器械品类非常完备。如果有相关顾客来到药店，如果本店恰好没有顾客需要的产品，店员可推荐去其他相关药店。

（四）关联销售的原则

1. 安全为上　要围绕顾客用药更安全、病患痊愈更快和身体更健康来设计。门店对于不明原因的剧烈疼痛、持续高烧或紧急（严重）病情的患者，不能判断情况时，应劝说或护送患者及时去医院治疗。

2. 有效第一　用药保健效果是关联销售方案的基石。建议方案中必须有一个属于知名品种、广告品种或者广告厂家的品种，以便获得客户的信任，为推广整个用药保健方案和下一次的销售打下良好的伏笔。

3. 进退有据　在遵守有效原则的前提下，灵活处理实际销售中的问题，允许部分实现关联销售方案，包括不同价位商品的替换。建议常备四套价位组合方案，即高价位1个、低价位1个和中价位2个，在推荐时灵活应用。当然，进退都须以强大的专业素养和丰富的商品知识为基础。建议多看产品说明书，以快速提高专业性。

4. 一切以客户为中心　即围绕“让客户使用方便”“客户经济上可以承担”“针对客户存在的健康问题”开展关联销售。

5. 循序渐进 忌固执推荐，做到一句话就好，关键是提炼好第一句话。推荐药品时要求做到“先问后说、多听少说、顺势而为、关键决断”。在关联销售非药品时，要区别药品与非药品的不同，建议“营养品须多说、日化用品多体验、医疗器械多操作、食品多文化”。

你知道吗

关联销售时常用的表述语句

1. 西药起效快，中药治根本，中西搭配，标本兼治，疗效更好。

2. 外用药消炎、止痒、祛痛见效快，口服药方便，可以让您更快更好地恢复健康。

3. 药疗、食疗、理疗三者结合，标本兼治，非常适合您现在的病情。

4. 美丽因健康而持久，健康因美丽而更有意义，建议您同时使用这种产品，可以让您变得更加美丽健康。

PPT

任务三 售后服务

岗位情景模拟

情景模拟 有个顾客来店里反映，在门店买了三盒牛黄降压丸，老伴服药后胃不舒服，咨询能否换药？营业员一边检查包装是否有折封，一边对顾客嘀嘀咕咕，态度傲慢，最后拿出两、三种价格较贵的进口药让顾客选择替代，顾客质疑价格太贵，营业员用药品一旦出售，非质量问题不能替换为由，软硬兼施。无奈，顾客很不情愿地换了药。

讨论 1. 营业员的做法恰当吗？

2. 怎样做好售后服务，培养顾客的忠诚度？

一、顾客异议和投诉处理

顾客异议是指在药品销售过程中，顾客对药品、销售人员、销售方式和交易条件发出的怀疑、抱怨，提出否定或反对的意见。

（一）顾客异议

1. 产生的原因

（1）顾客方面的原因 顾客本能的自我保护；不了解商品；缺乏足够的购买力；已有较稳定的采购渠道；对销售品或销售企业等有成见；决策有限等。

（2）药品方面的原因 药品的质量、价格、品牌、包装、销售服务等。

（3）销售人员方面的原因 销售人员自身形象；夸大事实或不正确描述；过多使用专业术语；没有找到客户的真实需求；推荐药品不能满足顾客需求。

2. 类型 按照顾客异议内容不同，可以分为以下不同类型。

（1）需求异议 是指顾客认为不需要产品而形成的一种反对意见。它往往是在销售人员向顾客介绍产品之后，顾客当面拒绝的反应。例如“我们根本不需要它”“这种药品我们用不上”“我们已经有了”等。

（2）权力异议 是指顾客以缺乏购买决策权为理由而提出的一种反对意见。例如顾客说：“我替别人买的，做不了主”“我要问问家人的意见”等。

（3）价格异议 是指顾客以所推药品价格过高而拒绝购买的异议。无论药品的价格怎样，总有顾客会说价格太高、不合理或者比竞争者的价格高。例如，“太贵了，我买不起”“××药店比你们的便宜”“在这些方面你们的价格不合理”以及“我想等降价再买”等。

（4）产品异议 是指顾客认为产品本身不能满足自己的需要而形成的一种反对意见。例如，“我不喜欢这种包装”“新产品质量都不太稳定”，还有对产品的设计、功能、结构、样式、型号等提出的异议。

（5）销售人员异议 是指顾客认为不应该向某个销售人员购买销售产品的异议。有些顾客不肯买推荐药品，只是因为对某个销售人员有异议，不喜欢某销售员，不愿让其接近，也排斥此销售人员的建议。比如“我要老王来推荐”“对不起，请另派一名销售人员来”等。

（6）货源异议 是指顾客已经有其他药店的购买习惯。例如“我用的是某某药店的药品”“买连锁药店的药品才放心”等。

3. 处理原则

（1）做好准备工作 销售前，销售人员要充分估计顾客可能提出的异议，做到心中有数。这样，即使遇到难题，也能从容应对。事前无准备，就可能不知所措，顾客得不到满意答复，自然无法成交。可以说，良好的准备工作有助于消除顾客异议的负面性。

（2）选择恰当的时机 在恰当时机回答顾客异议，便是在消除异议负面性的基础上发挥了其积极的一面。掌握好处理顾客异议的最佳时机是店员的基本功之一。处理时机有以下几种情况：在顾客提出异议之前进行处理；在顾客提出异议时当即进行处理；推迟处理；不予处理。

（3）忌与顾客争辩 不管顾客如何批评，销售人员永远不要与顾客争辩，“占争论的便宜越多，吃销售的亏越大”。与顾客争辩，失败的永远是销售人员。

（4）给顾客留“面子” 顾客的意见无论是对是错、是深刻还是幼稚，销售人员都不能给对方留下轻视的感觉。销售人员要尊重顾客的意见，讲话时面带微笑、正视顾客，听对方讲话时要全神贯注，回答顾客问话时语气不能生硬。“你错了”“连这你也不懂”“你没明白我说的意思，我是说……”这样的表达方式会挫伤顾客的自尊心。但要注意，不应一味地顺从顾客或不敢否定顾客的异议，正面表述不同的意见也能收到理想效果。

4. 处理方法

（1）转折处理法　是销售工作的常用方法，即营业员根据有关事实和理由来间接否定顾客的意见。应用这种方法是首先承认顾客的看法有一定道理，也就是向顾客做出一定让步，然后再讲出自己的看法。此法一旦使用不当，可能会使顾客提出更多的意见。在使用过程中要尽量少地使用“但是”一词，而实际交谈中却包含着“但是”的意见，这样效果会更好。只要灵活掌握这种方法，就会保持良好的洽谈气氛，为自己的谈话留有余地。

（2）转化处理法　是利用顾客的反对意见自身来处理。顾客的反对意见是有双重属性的，它既是交易的障碍，同时又是一次交易机会。这种方法是直接利用顾客的反对意见，转化为肯定意见，但应用这种技巧时一定要讲究礼仪，而不能伤害顾客的感情。此法一般不适用于与成交有关的或带有敏感性的反对意见。

（3）以优补劣法　又叫补偿法。如果顾客的反对意见的确切中了药品或门店所提供的服务缺陷，千万不可以回避或直接否定。明智的方法是肯定有关缺点，然后淡化处理，利用产品的优点来补偿甚至抵消这些缺点。这样有利于使顾客的心理达到一定程度的平衡，有利于顾客作出购买决策。这种方法侧重于心理上对顾客的补偿，以便使顾客获得心理平衡感。

（4）委婉处理法　营业员在没有考虑好如何答复顾客的反对意见时，不妨先用委婉的语气把对方的反对意见重复一遍，或用自己的话复述一遍，这样可以削弱对方的气势。有时转换一种说法会使问题容易回答得多。但只能减弱而不能改变顾客的看法，否则顾客会认为在歪曲他的意见而产生不满。比如顾客抱怨“价格比去年高多了，怎么涨幅这么高。”营业员可以这样说：“是啊，价格比起前一年确实高了一些”，然后再根据顾客回应即时处理。

（5）合并意见法　是将顾客的几种意见汇总成一个意见，或者把顾客的反对意见集中在一个时间讨论。总之，是要起到削弱反对意见对顾客所产生的影响。但要注意不要在一个反对意见上纠缠不清，因为人们的思维有连带性，往往会由一个意见派生出许多反对意见。摆脱的办法，是在回答了顾客的反对意见后马上把话题转移开。

（6）反驳法　是指营业员根据事实直接否定顾客异议的处理方法。理论上讲，这种方法应该尽量避免。直接反驳对方容易使气氛僵化而不友好，使顾客产生敌对心理，不利于顾客接纳营业员的意见。但如果顾客的反对意见是基于对产品的误解，而店里的资料可以说明此问题时，不妨直言不讳。但要注意态度一定要友好而温和，最好是引经据典，这样才有说服力，同时又可以让顾客感到销售人员的信心，从而增强顾客对产品的信心。反驳法也有不足之处，这种方法容易增加顾客的心理压力，弄不好会伤害顾客的自尊心和自信心，不利于销售成交。

（7）冷处理法　对一些不影响成交的反对意见，销售人员最好不要反驳，最佳方法是不理睬。千万不能顾客一有反对意见，就反驳或以其他方法处理，那样就会给顾客造成总在挑他毛病的印象。当顾客抱怨门店或者其他销售人员时，对于这类无关成交的问题，都不予理睬，转而谈自己要说的问题。顾客说："啊，你们门店的装修不够漂亮"尽管事实未必如此，也不要争辩，可以说："先生，请您看看我们的药品……"。

（8）强调利益法　是指销售人员通过反复强调药品能给顾客带来的治疗效果的方法来化解顾客的异议。适用于具有某种缺点又能为顾客带来明显治疗效果的药品。

（9）比较优势法　是指销售人员将自己的药品与竞争产品相比较，从而突出所推药品的优势来处理顾客的异议。

（10）价格对比、分解法　是指顾客提出相关价格异议时，销售人员进行横向或纵向的对比来化解顾客的异议。也可以采用价格分解法，即化解计量单位，以此来改变顾客的错误看法，来化解顾客异议的方法。例如：一位顾客针对自己看中的一种儿童复合维生素，对药品销售员说："这种复合维生素质量很好，可就是价格有点贵。"这时可以说："这种复合维生素一瓶 30 元，但是内含一个月的用量，仔细算一下，每天才花一元钱，就能给孩子带来健康的身体，这难道还贵吗?"

（11）反问法　是指销售人员对顾客的异议提出反问来化解顾客异议。常用于销售人员不了解顾客异议的真实内涵，即不知顾客是寻找借口还是真的有异议时，进行主动了解顾客心理的一种策略。采取反问法时，应注意销售利益和保持良好的销售气氛。

（二）顾客投诉的处理

随着人们物质生活水平的提高，消费水平也水涨船高，顾客到药店里购买的不仅仅是有形药品的本身，更希望能得到药品销售人员的关怀和尊重。专家调查表明：一位不满意的顾客会把他的抱怨转述给 8 到 10 个人；而如果药店能当场为顾客解决问题，95% 的顾客还会来店消费，但仍有 5% 的流失；如果拖到事后，即使解决得好，也会有 30% 的顾客会流失。

1. 顾客抱怨或投诉的类型

（1）对医药商品的投诉　①药品的质量有问题；②药品的标示不清；③药品价格过高；④药品缺货等。

（2）服务的投诉　①药品销售员的服务方式落后、粗暴，冷落了顾客，或答话方式令人难以接受，或无法回答顾客的提问、不遵守约定等；②收银作业不当，或者是在收款时弄错了钱物；③现有服务作业不当；④服务项目不足，或原有的服务项目取消等。

2. 顾客投诉处理步骤

（1）保持心情平静　就事论事，对事不对人，心平气和地保持沉默，用微笑和善的态度请顾客说明事情的原委。

（2）有效倾听　诚恳地倾听顾客的诉说，并表示完全相信顾客所说的一切，要让顾客发泄完不满的情绪，使心情得到平静，不要试图辩解。

（3）运用同情心　要不带任何偏见地站在顾客的立场来回应顾客的问题。

（4）表示歉意　不论顾客提出的意见，其责任在谁，都要诚心地向顾客表示道歉，并感谢顾客提出的问题，这是顾客衡量该药店对自己是否尊重的重要因素。

（5）记录顾客投诉内容　无论是通过电话、书信、微信、邮件还是直接上门投诉都要填写“顾客投诉处理记录表”（表9－4），按5W1H（who、when、where、what、why、how）原则（见药店接待顾客的基本步骤）记载清楚。向顾客复述一次并请顾客确认相关内容。

表9－4　顾客投诉处理记录

顾客姓名	联系电话
投诉事由（意见或建议）	
处理意见	
顾客态度	
接待人	接待日期

（6）分析顾客投诉的原因　仔细分析该投诉事件的严重性，有意识地了解顾客的期望，抓住顾客的投诉重点，确定责任归属。

（7）提出解决方案　对所有投诉都应有处理意见，必须向顾客说明解决问题的方案，并尽量让顾客了解药店解决这个问题的诚意，尽可能满足顾客的合理要求。

（8）执行解决方案　如果双方都同意解决方案，应立即执行，让顾客满意。不能当场解决的，应告知顾客原因，特别要详细说明处理的过程和手续，双方约定其他时间再作出处理，并将经办人姓名、电话告知顾客，以便事后追踪处理。

（9）检讨　检讨处理得失，将处理过程仔细记录在案，定期检讨产生投诉的原因，并加以修正，及时以各种固定的方式向员工通报投诉产生的原因，处理结果，处理后顾客的满意情况以及今后的改进方法。

3. 接受顾客投诉时与顾客交谈的原则　与顾客谈话时的距离在一米以内；看顾客的眼睛以表示自己的诚恳；有意识地了解顾客的兴趣和关心的问题；注意顾客的反应；在适当的时候详细询问事实情况；适当采用轻松俏皮话以缓和紧张情绪；使顾客知道谈话的全貌及背景；准备好劝说顾客的最佳理由。

请你想一想

顾客的投诉抱怨类型有哪些？对于顾客的投诉，处理步骤是怎样的？

二、退换药品

（一）概念

退换药品就是指顾客在购买药品后的一段时间内，对确定有质量问题的药品要求商家退换和退还等价现金的行为。《药品经营质量规范》规定，除药品质量原因外，药品一经售出，不得退换。所以在药品质量有问题的情况下，药店是必须退换药品的，通常顾客在购买药品后，一般无特殊原因是不会要求退换的。在接待要求退换的顾客时，要结合具体的形势作出正确的处理，要做到既不伤顾客的感情，又能赢利。这就要求店员要熟悉一些退换药品的基本常识。

（二）处理药品退换的原则

药品的退换常常伴随着顾客投诉或抱怨的产生，也是售后服务的重要内容。正确处理售后药品的退换有助于药店服务质量的提高，有利于取得顾客对药店的信任。但药品作为特殊的商品，需要遵循以下原则。

（1）医药商品有其特殊性，一旦拆封后就有可能污染药品，不能再售，再次出售会给其他顾客带来安全隐患；包装没有拆封时，非质量问题一般情况下不给予退换，但为了维护顾客的忠诚度，在不损害药店利益的前提下，在确认是本药店出售的药品后，在一定程度上可以给予退换。

（2）如果包装现场拆封，且又是商品质量因素投诉（胶囊剂吸潮粘连、滴眼剂有结晶或絮状物、软膏剂酸败异臭、中药霉变），则必须无条件退换；售后拆封出现问题者，则应核对购物时间不超过 3 天，经退货确认是本店销售，可给予退换。

（3）下列情况之一者，原则上不予办理退货：无法证实为本店销售的药品；药品无质量问题，且存在包装已拆封和包装已损坏等不完整情况；药品临近服用完，发现效果不佳者。

（4）正确对待顾客的投诉抱怨。

（三）退货确认

1. 确认退货信息　售后退货店员首先要确认该药品是否是本店出售，何时出售。注意核对顾客是否持有本店购物小票，且购物时间不超过 3 天；药品品名、规格、生产厂家、厂址、外盒包装、批号、批准文号等与本店存货或电脑记录一致；或有其他途径证明是本店售出的药品存在质量问题。

2. 质量复验　及时进行质量复验，如确认不是顾客应负责任的质量问题，及时为顾客办理退货并向顾客道歉，还需对照库存检查同批号药品是否存在同样的质量问题。

3. 信息误导退货　由于店员介绍不准确而导致顾客要求退货的，经店长确认后予以退货，并向顾客道歉。

4. 异议处理　如遇到不符合退换要求的药品，应耐心向顾客解释清楚，以理服人。特殊情况，上报有关部门，不可与顾客发生冲突。

（四）药品退换处理流程

药品退换的操作步骤如下。

1. 倾听道歉　以诚恳和蔼的态度认真听取顾客要求退换的原因并对顾客购买药品带来的烦恼表示诚恳的道歉。

2. 检查记录　仔细检查要求退换的药品包装、批号、外观质量、购物小票，确认为本药店所售药品。检查后将情况记录在药品退换记录上（表 9-5）。

3. 征询意见并处理　征询顾客意见，看是否同意换另一种同类药品或退货。双方协商意见一致后，办理退换手续，开出红票，顾客签名。

4. 后处理　将退回药品进行质量验收，质量合格可以继续销售的，作必要账务处理后入库或陈列柜台，质量不合格者则进入不合格区，登记不合格药品处理记录，作进一步处理。

5. 通报 将药品退换原因、处理结果向有关部门及员工通报，以引起重视，并在服务工作中加以改善。

表 9－5 药品退换记录

序号	日期	退货单位	品名规格	单位	数量	批号	生产企业	退货原因	质量验收	验收员	处理结果	经办人	备注

（五）药品退换处理时的注意事项

（1）尽可能满足顾客需求，处理好顾客药品退换业务，是体现药店诚意的最好途径。

（2）接待办理退换货的顾客，店员要认真接待，不能推诿，不能怕麻烦，要急顾客之所急，快速帮顾客处理好商品退换。

（3）在顾客办理退换商品过程中，态度须温和有礼、细心周到、耐心认真，不得顶撞顾客，要向顾客诚心地道歉，并保证不发生类似事件。

（4）要对其他顾客负责。如果在一定时期内，同一药品有数起退换事件发生，就要引起高度重视，证明药品质量明显有问题，店员必须停止销售，立即向有关部门反映，并通知顾客退换。如遇到恶意捣乱的顾客，请其离开，否则立即报警。

你知道吗

药品售出后为什么不能退换

很多药店柜台会贴有“药品离柜概不退换”的标志，网购商品都可以 7 天无理由退货，那么“药品离柜概不退换”是霸王条款吗？

《药品经营质量管理规范》规定，药品一旦售出，如无质量问题，不得退换。这是因为药品退换回来后质量无法保障，假如有人将药品取出后换掉，再用高科技手段将瓶盖和包装恢复原貌，药店则难以识别和防范。即使消费者将药品买回去后没有拆封，但如果保管不当引起药品变质，也并非单看外表就可以发现的。药品是特殊商品，要接受药品退换，经营者要承担二次销售产生的风险责任，必须有专业的人员和设备进行检测，相关成本较高，而且药店也难以承担全部销毁的成本损耗。

一般情况下，如果药品没有拆封也不影响二次销售，消费者可与药店协商解决退换货问题。

PPT

岗位情景模拟

情景模拟　王大妈近期因紧张劳累，出现失眠，到药店购买助眠药物地西泮，店员需要进行拆零销售。

讨论　1. 如果你是店员，请问应该如何操作？

2. 药品拆零的操作流程是什么？

一、概述

拆零药品，是指将完整包装单元（瓶、盒）的药品拆分后予以销售、使用的药品，即所销售药品最小单元的包装上，不能明确注明药品名称、规格、用法、用量、有效期等内容的药品。

二、人员

药品拆零销售人员应由企业指定专人负责，经地市以上药品监督管理部门考试合格，发给岗位合格证书，且必须每年参加健康体检，合格后方可从事药品拆零工作。

三、拆零操作流程

（一）拆零前

营业场所应设立专门的拆零柜台或货架，拆零药品不得陈列在开架陈列柜台中，拆零销售期间，保留原包装的标签和说明书。应配备必备的拆零工具，如药匙、酒精棉球、干棉球、剪刀、瓷盘、镊子、一次性手套、拆零药袋（大、小）等，并保持拆零工作台和用具清洁卫生，防止交叉感染，操作人员不得用手直接接触药品。拆零药品在设置采购计划时，必须按中包装或中包装倍数设置，配货不拆中包装。

拆零前，应检查拆零药品的包装及外观质量，凡发现质量可疑及外观性状不合格的药品，不得拆零销售。

（二）拆零时

药品拆零销售时，应在符合卫生条件的拆零场所进行操作，将药品放入专用的洁净、卫生的拆零药品包装袋中，写明药品名称、规格、数量、用法、用量、有效期及药店名称，核对无误后，方可交给顾客，并向顾客详细说明用法、用量、注意事项、不良反应等。拆零销售时，不要把药品原包装发给顾客。调配同一处方时，使用的药品不能一个品种有两个生产厂家的药品同时出现。被拆零的药品应当启用迅速，及时封盖，防止药品吸潮，存放应符合拆零药品储存要求。

（三）拆零后

采用即买即拆，拆零后的药品，应相对集中存放于拆零专柜，不能与其他药品混放，并保留原包装及标签说明书至该批次药品销售完毕为止。拆零后的药品不能保持原包装的，必须放入拆零药袋，加贴拆零标签，写明药品名称、规格、批号、有效期。拆零药品经拆零后受光线、温度、湿度、空气等因素影响可能引起变质，因此，拆零销售的药品要定期进行外观质量检查，保证药品质量符合规定，做到先进先销的原则，不符合规定的应立即撤出柜台，按不合格药品处理，并做好相关记录。应做好拆零药品销售记录，内容包括：拆零起始日期，药品通用名称、规格、批号、生产厂商、有效期，销售数量，剩余数量，销售日期，分拆及复核人员等（表9－6）。《药品拆零记录》也可以采用电子版记录，记录保存5年，无需导出打印。

表9－6　药品拆零销售登记表

编号：

品名					规格			
日期	生产企业	批号	有效期	拆零数量	销售数量	剩余数量	拆零经办人	复核人

（四）其他注意事项

药师需规范拆零的操作程序，优化拆零药品操作流程，定期清洁拆零工具，以最大限度地避免药品在拆零过程中的人为污染，保证拆零药品的质量。

PPT

岗位情景模拟

情景模拟　患者，男，72岁，高血压病史15年，因相信邻居介绍的保健品，停用高血压药2天，目前感觉有明显的头晕症状，现在该患者到药店进行咨询，想要了解为什么会出现头晕的症状。

讨论　1. 作为营业人员，应询问该患者哪些信息，进行哪些检查？

2. 如果患者服用药物后症状已经缓解，该如何给予健康指导服务？

一、概念

慢性疾病是指一种长期存在的疾病状态，表现为进行性的或逐渐的组织器官功能异常或结构病理改变，主要包括慢性传染性疾病和慢性非传染性疾病。在我国慢病不是某种疾病而是一组“慢性非传染性疾病”的概括性总称，包括心脑血管疾病（冠心病、高血压、脑卒中等)、糖尿病、恶性肿瘤、慢性阻塞性肺疾病（慢性气管炎、肺气肿等)、骨质疏松、严重精神障碍等。按国际疾病系统分类标准慢性疾病的分类如表9－7所示。

表9－7　按国际疾病系统分类标准慢性疾病的分类

疾病系统	疾病
神经系统	阿尔兹海默症、帕金森病、短暂性脑供血不足、脑卒中等
呼吸系统疾病	慢性支气管炎、慢性阻塞性肺疾病、慢性肺源性心脏病等
循环系统疾病	慢性心力衰竭、高血压、冠状动脉粥样硬化等
消化系统疾病	慢性胃炎、消化性溃疡、慢性胆囊炎、非酒精性脂肪肝等
内分泌代谢系统疾病	糖尿病、甲状腺功能异常、高尿酸血症等
肌肉骨骼系统和结缔组织疾病	骨关节炎、类风湿性关节炎、系统性红斑狼疮、骨质疏松症等
恶性肿瘤疾病	甲状腺癌、胃癌、肝癌、直肠癌、肺癌等
精神疾病	失眠症、焦虑症、抑郁症、躯体形式障碍等
泌尿系统疾病	慢性肾小球肾炎、肾病综合征、慢性肾盂肾炎、慢性肾衰竭等
血液系统疾病	缺铁性贫血、溶血性贫血、再生障碍性贫血等

二、特点

慢性疾病发病与遗传、生活方式和心理等因素相关，病因不明确，患者早期症状不明显，在目前的医疗技术水平下难以治愈，且有以下四个特点。

1. 病因复杂、患病率高　慢性疾病往往一因多果、一果多因，即一种慢性疾病可能是在多种因素作用下形成的，且绝大多数慢性疾病病因不清楚；一果多因是指同一个病因在不同患者身上可导致不同疾病或多种疾病。如吸烟、饮酒、不合理膳食等可能导致心脑血管疾病、恶性肿瘤、糖尿病等疾病。后期的致死率、致残率高。

2. 起病隐匿、潜伏期长　患者早期没有症状或症状不明显，往往在健康体检时发现而延误治疗，或当患者的器官和功能的损伤逐步加重，直至症状较为严重时才去就诊。

3. 病程长、不可治愈　大多数慢性疾病的病程长，大于三个月，可达数年、数十年，甚至是终生患病。常出现无法逆转的病理损害，到晚期因出现多器官并发症导致不同程度的功能障碍，在目前医疗技术水平下难以治愈。患多种慢性病，对患者的生活质量影响较大，社会危害严重。

4. 可预防，可控制　通过对环境、生活方式等可改变因素的干预，可以预防或减缓患者发病。通过良好的护理与照顾、长期的用药治疗及自我健康管理，能够控制或暂时终止疾病的发展。

三、危险因素

慢性疾病的发生原因相当复杂，常见的因素包括：环境因素、生活方式、遗传因素、精神心理因素等。

（一）环境因素

自然环境中空气污染、水源污染、噪声污染、土壤污染等都与恶性肿瘤或肺部疾病等慢性疾病的发生密切相关，各种污染因素加重慢性疾病的发生。

（二）生活方式

1. 膳食结构不合理的影响 均衡饮食是人体健康的基石，不合理的饮食结构、不当的烹饪方法、不良的饮食习惯等与慢性病的发生密切相关。膳食结构不合理包括高胆固醇、高动物脂肪饮食、高盐饮食、刺激性饮食等。咖啡及茶叶中含有咖啡因，能刺激交感神经引起动脉硬化，还会直接作用于心脏，使血压上升、心率加快。

2. 不良饮食习惯 因烟熏和腌制的食物中含有较高的亚硝胺类致癌物质，长期食用烟熏和腌制的鱼肉、咸菜，易导致癌症的发生，尤其与胃癌的发病密切相关；每日进食时间无规律、暴饮暴食等，可破坏胃黏膜的保护屏障，导致胃炎、胃溃疡、胃癌的发生；蔬菜、粗粮摄入过少，食物过于精细，易引起肠道疾病如痔疮、肠癌等。

3. 缺乏运动 现代生活节奏快，人们常常以车代步，活动范围小，大多数情况下每天活动不足半小时。缺乏运动是造成过度肥胖的重要原因，也是引发许多慢性病的危险因素。

4. 吸烟 是恶性肿瘤、慢性阻塞性肺疾病、冠心病、脑卒中等慢性病的重要危险因素；吸烟量越大、吸烟史越长，开始吸烟年龄越小，对身体的损害越大。

5. 酗酒 过度饮酒，容易导致维生素缺乏，引起营养不良，加速动脉硬化与高血压的形成，诱发心肌梗死；同时乙醇能促使中性脂肪合成旺盛，大量沉积于肝脏中，降低肝脏的解毒功能，甚至造成脂肪肝和肝硬化；另外还有可能增加咽喉癌、口腔癌、食管癌的发生率。

（三）遗传因素

许多慢性疾病，如糖尿病、高血压、乳腺癌、精神分裂症、消化性溃疡、动脉粥样硬化性心脏病等有家族倾向，可能与遗传因素或家庭共同的生活习惯有关。

（四）精神心理因素

紧张、焦虑、恐惧、失眠可能诱发血压升高、血中胆固醇增加，还会降低机体的免疫功能，增加慢性疾病发病的可能。

四、预防

慢性疾病的发生主要与人们的生活方式有关，会受到环境和遗传等因素的影响。要预防慢性疾病的发生应做到不吸烟，少饮酒；不吃高盐、高糖和高脂肪的食物，不吃腌制、熏制的食品；经常进行体育锻炼；保持心情舒畅。此外还应做到以下几点。

1. 健康宣教 政府机构应加强对居民健康宣教的重视，为健康居民、慢性疾病患者和高危人群分别制定有针对性的健康教育方案，从而使人民正确地认识慢性疾病，配合慢性疾病防治工作，改变不良生活习惯，减少慢性疾病发生。

2. 建立服务模式　改变患者传统的专科医生理念，加强对慢性疾病管理和服务规范化培训的重视，建立健全慢性疾病的防治模式。

3. 加强慢性疾病管理　能够合理地将预防、诊断、治疗及康复相结合。积极开展健康入户调查活动，做到早预防、早发现、早诊断；并进行相应的统计分析，对患者慢性疾病种类、多发病进行梳理；还应有针对性地给予慢性疾病患者心理疏导，尽量消除其紧张、焦虑、担忧等不良情绪。

五、管理与服务

慢性疾病管理是指组织慢性疾病专业医师、药师及护理人员为患者提供全面的、连续的、主动的管理，注重对各种各样的危险因素进行积极干预，传播医药基础知识，达到促进健康、延缓疾病进程、减少并发症、降低伤残率、提高生活质量、延长寿命等目的。

（一）慢性疾病管理的模式

1. 慢性疾病管理平台　慢性疾病管理平台包括：以三级医院为基础建立的大型慢性疾病管理中心、依托社区为主的慢性疾病管理平台、网络慢性疾病管理中心。

2. 强强联合　为得到顾客的认可，增值服务、战略合作、品牌传播等，强强联合将成为药店未来发展趋势。“专业 + 互联网 + 精细营销”的营销方式、不断提升用户体验、打造核心客服，才能更好地完成慢性疾病的药学服务。

3. “互联网 +”模式下的新型慢性疾病管理　“互联网 +”模式下的慢性疾病管理具有线上与线下相结合的特点。其核心为“慢性疾病患者、医生、药店、医院”四者，建立四者之间的相互密切联系，患者可以通过慢性疾病管理 APP 预约、查询病历和检查报告报告、在线咨询和支付等。同时，医生可实时掌握患者治疗状况；为患者提供线上咨询和问诊服务。药店可以根据实时记录的患者情况提供用药咨询和药品上门等服务。

（二）患者健康追踪

健康管理是对个体及群体的危险因素进行全面而且系统的管理过程，即对健康危险因素的检测→发现健康问题、评价→认识健康问题、干预→解决健康问题，并循环的过程。

1. 收集患者个人健康信息　包括个人基本情况、健康状况、家族疾病史、生活方式（膳食、运动、吸烟、饮酒等）、医学体检情况（身高、体重、血压等）以及实验室检查结果（血脂、血糖等）。

2. 风险评估　根据收集得到的患者个人健康信息预测该患者在一定时间内发生健康危险的可能性。从而让被评估者准确地了解自己的潜在健康隐患，并可为其量身定制改善计划。健康风险评估是开展慢性疾病管理和服务的基本工具与核心技术。也正是健康风险评估的出现，引发了开展慢性疾病管理和服务的需求。

3. 采取健康干预、实施慢性疾病服务 在以上两步的基础上，通过科学的干预帮助个人从饮食、运动、心理、药物等方面采取措施纠正不良的生活方式和习惯，控制健康危险因素，实现慢性疾病管理和服务的目标。

（三）健康回访

根据患者档案，在进行慢性疾病管理和服务一定时间后进行健康回访，并对慢性疾病管理进行效果评价。

1. 健康回访的方法

（1）建立患者健康档案 除患者个人信息外，在慢性疾病患者健康档案中应记录患者身体健康状况和健康指导内容。

（2）遴选健康回访人员 为了保证健康回访效果，通过自荐和考核两步遴选专业知识扎实、经验丰富、沟通协调能力强的工作人员专门负责回访工作。

（3）健康回访过程 发放相应疾病的健康教育资料，制定一份针对该患者的“健康指导”，介绍休息、饮食、用药、复诊时间及其他有关注意事项，同时介绍回访人员的联系方式。

2. 效果评价 主要包括近期效果、中期效果和远期效果。近期效果是指患者获取健康知识、态度变化情况等；中期效果包括患者生活方式改变、行为习惯改变和人体生理指标控制情况等；远期效果是指慢性疾病管理和服务使用成本、产生的效益、发病率、死亡率等。

PPT

岗位情景模拟

情景模拟 康美药业的实体业务种类很多，包括中药饮片业务、中药材贸易、物业租售业务和保健食品等。近几年，它大手笔地在全国战略布局，线下与线上业务融会贯通，进一步建设中医药大健康生态系统。公司在医药电商和互联网医疗、中药材大宗交易平台（e药谷）、信息化医疗服务平台等方面正在发力。这将是其未来发展的着重点。医药电商业务，随着国家政策的进一步松绑，行业发展空间与潜力充满想象。

讨论 1. 综合来看康美药业各个业务板块之间的联系是什么？

2. 举例介绍一下你了解的网上药店？

“互联网＋”浪潮下，随着众多传统行业纷纷转型，医药行业也正在进行与互联网的深度融合。较传统药品线下经营模式，网上药店具有价格低廉、购药便捷等不可替代的优势。但也存在网上药店资格和在线服务执业药师资格难以验证、所售药品真伪难辨等问题。

一、概述

网上药店是企业依法建立的，能够实现个人消费者在互联网进行医药商品交易的药品服务平台，是伴随着医药电子商务发展起来的电子虚拟销售市场。

1. 网上药店的探索　“上海第一医药”诞生于1998年，是我国第一家网上药店，由于互联网经济大潮、药品自身的特殊性和国家政策等原因，该店于1999年关闭，这一探索预示中国医药电商行业的发展进入探索期。

2. 网上药店的启动　网上药店在拓宽销售渠道、降低营销成本、提供个性化药学服务三个方面具有不可取代的重要意义。2004年国家食品药品监督管理局出台政策，允许企业在取得互联网药品信息服务资格证书后，在网上提供药品信息有偿服务活动。

3. 网上药店的发展　2017年国家食品药品监督管理总局制定《互联网药品信息服务管理办法》加强互联网药品信息服务的监督管理。统计数据显示我国网上药店数已达693家，自此网上药店进入发展期。如表9－8所示，整个国内医药电商市场发展空间巨大。

表9－8　网上药店行业发展情况表

年份	网上药店数量（家）	医药电商市场规模（亿元）
2012	48	17
2013	134	43
2014	266	68
2015	393	476
2016	678	650
2017	693	736

二、开办条件

药品是一种特殊的商品，网上药店必须依托正规实体药店，其经营情况受到外部政策法规监管、药品本身特殊性、药店企业信用、电子交易市场因素、物流配送体系、支付工具因素、患者自身情况等因素影响。网上药店主要是通过不断扩大宣传、努力提高知名度、增强企业诚信度等方式吸引患者尝试网上购药。

1. 网上药店的主体准入规则　依据原国家食品药品监督管理总局发布的《互联网药品信息服务管理办法》，我国网上药店的开办主体是依法设立的企事业单位或者其他组织；要求具有与开展互联网药品信息服务活动相适应的专业人员、设施及相关制度；有两名以上熟悉药品、医疗器械管理法律、法规和药品、医疗器械专业知识，或者依法经资格认定的药学、医疗器械技术人员。

2. 医药行业电商市场模式　网上药店向消费者售药，属于B2C型的医药电子商务模式。我国医药行业电商的主流模式仍然是B2B模式，B2C模式的市场规模在显著增长，与此同时还在探索“移动端＋O2O”模式，即顾客网上购买，在零售药店就近取药的方式，推动线上线下融合发展。

3. 满足消费群体需求 据有关统计，网上药店消费群体年龄分布中，26～35岁人群占比46.5%，未来随着这一群体年龄的增长，以及随着环境变化，更多年龄段人群受众的渗透，网上购药经营范围应符合广大消费者需求而不断扩大。

4. 第三方平台 国家发布了若干促进“互联网＋医疗健康”系列政策，放开一些符合条件的情况，可通过第三方平台向个人消费者售药。一些简单而又不方便去医院的疾病，经网上医生咨询诊断后，医生根据情况给予参考药物，患者可根据需求情况自行进行购买。

三、经营规范

《互联网药品交易服务审批暂行规定》指出，只有经过审核的药品生产企业、经营企业、医疗机构才可以在互联网上进行交易，而且医疗机构只能在网络药品交易中作为购买方，不可作为销售方。

1. 网络售药的监管 国务院药品监督管理部门对全国提供互联网药品信息服务活动的网站实施监督管理，对各省、自治区、直辖市药品监督管理部门的审核工作进行监督，制定互联网药品信息服务资格证书的格式。省、自治区、直辖市人民政府药品监督管理部门对本行政区域内提供互联网药品信息服务活动的网站审核互联网药品信息服务的资格、实施日常检查，并将检查情况向社会公告。

2. 开办网上药店的主体 《药品网络销售监督管理办法（征求意见稿）》指出药品生产企业和药品批发企业不可以在网上向个人消费者销售药品。只有药品连锁零售企业可以在互联网向消费者销售药品，禁止单体药店通过网络销售药品。网络售药的范围不得超过企业药品生产、经营许可范围。

3. 网上药店的经营范围 《中华人民共和国药品管理法》（2019修订）规定疫苗、血液制品、麻醉药品、精神药品、医疗用毒性药品、放射性药品、药品类易制毒化学品等国家实行特殊管理的药品不得在网络上销售。2020年11月最新发布的《药品网络销售监督管理办法（征求意见稿）》提出，在确保电子处方来源真实、可靠的前提下，允许网络销售处方药。规定药品零售企业通过网络销售药品，不得以买药品赠药品、买商品赠药品等方式向公众赠送处方药和甲类非处方药。

四、发展存在的问题及发展趋势

（一）网上药店发展存在的问题

“互联网＋”正在加速向医药行业渗透，网上药店的未来发展空间巨大。但由于互联网的特殊性，网上药店的发展仍然存在一些问题。

1. 法律法规尚不健全 我国现行法律法规对网上药店的资质和资格审核方面作了着重要求，但缺少对参与网上药店各个经营活动主体所应承担的法律责任的具体规范。

2. 网上药店信任危机　由于互联网自身隐蔽性强、覆盖面广等特点，不法分子通过网站违规销售药品，甚至销售假劣药给消费者的人身安全造成威胁，使消费者对网上药店产生信任危机。

3. 网上药品销售贡献不具有明显的优势　互联网药品销售政策限制处方药在网上平台销售，这一规定意味着份额最大的处方药在网上药店中没有任何销售贡献。

4. 药品消费主体认知度低　作为药品消费主体的老年人很少上网，受到互联网应用能力和自身习惯的影响，不是互联网消费的重要群体。网络购物者集中在20~40岁，然而这些年轻消费者缺少购药需求并不是药品消费的主力群体。

5. 网上药店无法通过医保报销　受限于网络虚拟性，网上药店和医保数据的安全对接、个人账户的安全性、医保用途的真实性等及网上药店的医保支付问题有待解决，这将使得能够实现医保实时结算的实体药店和门诊药房仍是患者首选的购药途径。

药品需求的应急性也是影响网上药店发展的因素之一。例如当患者出现发热、腹痛、腹泻等较为紧急症状时，其更倾向于选择实体店；此外，网上药店也不能满足慢性疾病患者的用药需求。

（二）网上药店发展趋势

未来零售药店依旧处于主战场地位。网上药店市场具有“基数小，增速快”的特征，在国家放开互联网药品交易审批的政策推动下，网上药店为代表的医药电商也迎来多轮“解禁”，其门槛进一步降低，行业规模有望持续放大，监管政策与监管趋势也将变严。

1. 推进网上药店医保支付　支持使用医疗保险支付网上药店药费，寻求将医疗保险支付在网上药店合法合理进行。

2. 创新互联网监管新模式　运用互联网技术和大数据技术，创新智能监管模式。实时监控网上药店销售的数据流、信息流和资金流，扩充医疗电子商务数据库，形成相对系统的“医药数据云”，使政府监管更精准。

3. 适度放开网上药店经营范围　建立更加专业化的处方审核系统，以规范处方药管理流程为前提，创建网上处方药药品目录，有条件放开处方药互联网经营。

实训十　顾客异议的处理

一、实训目的

1. 明确顾客异议产生的原因，正确认识顾客异议；熟悉常见的顾客异议类型及顾客异议根源。

2. 处理常见的顾客异议，掌握处理方法，成功说服顾客购买药品。

二、实训准备

1. 实训场地　模拟药房。

2. 实训材料 工作服、实训工具、各种记录表格等。

三、实训指导

（一）顾客异议的分类

顾客异议的类型及表现特征见表9－9。

表9－9 顾客异议的类型及表现特征

顾客异议的类型	表现特征
沉默型异议	客户对异议不直接提出，而是表现为边看样品边摇头，或欲言又止，或仅说半截话
借口型异议	客户以各种借口拒绝购买，常用的借口有资金不足，无权决定、需要考虑等
批评型异议	顾客会以负面的方式批评产品或药店，说产品质量不好，服务不好
问题型异议	顾客会提出各式各样的问题来考验销售人员，有时提出的问题会让销售人员无法回答
主管型异议	顾客对销售人员个人有所不满，对店员的态度不友善
价格异议	不论产品价格多么具有竞争力，顾客都认为太贵了

（二）顾客异议的说服技巧

当顾客对产品提出异议时，店员就要回答顾客的异议并加以说明，这种回答和解释的过程，实质上就是说服的过程。店员在说服顾客时，一定要牢记一点，只有对产品有购买兴趣的顾客才会不断提出异议。下面介绍几种常用的说服技巧。

1. “是，但是”法 这是一个广泛用来回答顾客异议的方法，一方面店员表示同意顾客的意见，另一方面又解释了顾客产生意见的原因及顾客看法的不足之处。

2. “高视角、全方位”法 当顾客提出产品某个方面的缺点时，营业员则可以强调产品的突出优点，弱化顾客提出的缺点。

3. “自食其果”法 这种技巧实际上就是把顾客提出的缺点转化成优点，并作为顾客购买的理由。这种方法运用得当可把销售的阻力变为购买的动力。如顾客：“这种药疗效好是好，但疗效太强，不适合于老年人用。”店员：“老年人可以减半用，这不仅符合老年人的生理特点，而且疗效与青年人用全量一样。”

4. “问题引导”法 有时可以向顾客提问题，让顾客自己排除疑虑，自己找出答案，这比店员直接回答效果还好。如顾客：“我是想买一支治脚癣的药膏，但你这支太贵了，我看过××诊所的比你们便宜多了。”营业员：“您注意是相同的牌子吗？”

5. “示范”法 示范法实际上就是商品操作的演示，用这种演示证明顾客的看法是错误的，而不是直接指出其错误。

6. 介绍他人体会法 这种方法就是用顾客的真实体会来说服顾客。一般说来，顾客都愿意听使用者的评价，所以感谢信、表扬信、锦旗等都是说服顾客的活教材。

四、实训方法

每6～8人为一组，其中2人进行顾客与营业员的角色扮演，其他人观摩，学生进行评价。接着另外两人进行角色扮演，依次进行。

五、实训步骤

1. 倾听顾客诉说　耐心、礼貌倾听顾客提出异议，分析顾客异议所属的类型及产生的原因等。

2. 介绍药品　从顾客提出的异议切入，利用所学的知识和技巧给顾客介绍药品。

3. 揣摩异议　揣摩顾客异议中潜在的用药需求。

4. 有针对性说服　根据顾客提出的异议，分析顾客的需求，采用不同的方法，有针对性地说服顾客，注意运用关联销售的策略给顾客推荐药品。

六、考核方式

完成处理顾客异议任务表，教师根据学生表现进行评价。实训过程考核评分表见表9－10。

表9－10　实训过程考核评分表

步骤	要点记录	评价		
		优	良	合格
倾听顾客诉说	细致耐心、及时反馈、服务周到			
介绍药品	科学、合理、正确无误			
揣摩异议	观察仔细、考虑周全、为顾客所想			
针对处理	处理恰当、满足顾客需求			

目标检测

选择题

1. 以下有关“药学服务”的叙述中最正确的是（　　）。
   A. 是药师应用药学知识向用药患者提供的服务
   B. 是药师应用药学知识向患者提供直接的服务
   C. 是药师应用药学知识向患者提供负责的服务
   D. 是药师应用药学知识向患者和社会公众提供服务
2. “药学服务具有很强的社会属性”其中的含义是指“药学服务的对象”（　　）。
   A. 限于门诊患者　　B. 涉及全社会使用药物的患者
   C. 限于家庭患者　　D. 限于社区患者
3. 以下所列药学服务的对象中，药学服务的重要人群是（　　）。
   A. 患者
   B. 特殊体质者小儿、老年人及哺乳期妇女等
   C. 药品消费者

D. 广大公众

4. 以下所列项目中不是药历的格式和内容的是（　　）。

A. 患者病历　　B. 患者基本情况

C. 患者用药记录　　D. 患者用药结果评价

5. 根据关联销售的进退有据原则，建议常备四套价位组合方案，即（　　）。

A. 2 个高价位、1 个中价位和 1 个低价位

B. 1 个高价位、1 个中价位和 2 个低价位

C. 1 个高价位、2 个中价位和 1 个低价位

D. 2 个中价位和 2 个低价位

6. 在收取货款时复核的目的是确认（　　）。

A. 所付药品与所进货款是否相符　　B. 所付药品价格是否正确

D. 是否已找给顾客余款　　C. 顾客所付货款是否正确

7. 为患有荨麻疹的顾客推荐使用“内服氯雷他定 + 外用炉甘石洗剂”这种联合销售方式属于（　　）。

A. 药品与非药品组合　　B. 内服药品与外用药品组合

C. 非药品与非药品组合　　D. 增强疗效的药品组合

8. 关于“三唱一复”的“唱付”是指（　　）。

A. 让顾客知道药品的价格

B. 找钱时，要把数目告知顾客。将余额交给顾客时，要再确认一遍

C. 当面验钞、数钱后，将钱放进收款箱

D. 收到货款后，大声说出金额来

9. 对待顾客退换药品的要求时，应（　　）。

A. 顾客是上帝，应马上满足

B. 药品绝不能退换

C. 有礼接待，确认药品信息后按程序处理

D. 见招拆招，以药店利益为首

10. 接待退换药品的顾客处理程序是（　　）。

A. 倾听道歉—检查记录—征询处理—后处理—通报

B. 倾听道歉—征询处理—检查记录—后处理—通报

C. 检查记录—倾听道歉—征询处理—后处理—通报

D. 检查记录—倾听道歉—征询处理—通报—后处理

11. 由于销售人员夸大事实或不正确描述导致顾客产生异议，属于（　　）。

A. 药品方面的原因　　B. 顾客方面的原因

C. 销售人员方面的原因　　D. 以上都不是

12. 顾客异议处理原则不包括（　　）。

A. 做好准备工作　　B. 选择恰当的时机

C. 忌与顾客争辩　　D. 据理力争

13. 拆零药品应陈列在（　　）。

A. OTC 专柜　　B. 处方药专柜　　C. 拆零药品专柜　　D. 任意药柜

14. 拆零药品需保留（　　）。

A. 原包装及说明书　　B. 原进货单

C. 合格证明　　D. 发票

15. 拆零药袋上应标明（　　）。

A. 药名　　B. 规格　　C. 用法用量　　D. 以上都是

16. 关于慢性疾病的特点描述错误的是（　　）。

A. 病因复杂　　B. 潜伏期长

C. 可以彻底治愈　　D. 可预防，可控制

17. 以下不属于慢性疾病危险因素的是（　　）

A. 膳食均衡

B. 进食时间无规律

C. 暴饮暴食

D. 高盐、高胆固醇、高热量饮食

18. 以下不属于慢性疾病管理应收集的患者个人健康信息的是（　　）

A. 血压　　B. 家族疾病史

C. 吸烟饮酒的情况　　D. 缓解压力的方式

19. 慢性疾病效果评估不包括（　　）。

A. 预期效果　　B. 中期效果　　C. 远期效果　　D. 近期效果

20. 以下描述不属于慢性疾病远期效果评估的是（　　）

A. 患者态度变化情况　　B. 患者生活方式改变情况

C. 人体生理指标控制情况　　D. 发病率和死亡率变化情况

书网融合……

微课　　划重点　　自测题

项目十 收银与结算

学习目标

知识要求

1. **掌握** 收银员应具备的专业理论和技能；收银员工作纪律规范及要求；盘点作业的基本流程。
2. **熟悉** 收银员应具备的法律法规知识；常用盘点方法。
3. **了解** 收银员工作特点；药品零售企业票据种类。

能力要求

1. 能够根据实际案例分析收银工作的基本特点。
2. 能够分析收银员应遵循的岗位职业道德规范的内容及重要作用。

任务一 收银

PPT

岗位情景模拟

情景模拟 小张到当地一家药店收银岗位完成顶岗实习，岗位职责规定每天下班之前要完成交接工作。某一天，她在清点帐目时发现余额多43元。小张考虑到自己实习时间很短，出现账目不清现象，容易给领导和同事们留下工作不认真、不负责任的印象，于是她私自将多出的43元钱从收银台拿出，暂为保管。

讨论 1. 小张的做法对不对，为什么？

2. 在收银作业中如何避免出现以上问题？

一、收银工作岗位概述

零售药店收银工作是一项专业化的岗位，是一线收取货币资金的工作，属于该门店的出纳岗位。收银员是零售经营场所负责面向顾客收取货币资金（包括现金、支票、各种金融支付卡、第三方网络支付等）的工作人员。顾客在收银台停留时间较长，放置随用随取的商品或与药品相关宣传资料，有利于顾客自行挑选商品、了解相关知识，并产生咨询和购买的欲望。在顾客付账时，药店收银员应参与营销，再次向顾客推荐相应药食同源产品，在大多数情况下，顾客都会产生想了解商品的想法或购买的欲望。

二、收银作业要求 微课

（一）收银员工作的基本内容

1. 提供结账服务 收银员在提供结账服务时既要快捷、又要准确，同时还要唱收唱付。不可损害顾客利益，将低价位的商品，以高价位收取；也不可损害企业的利益，将高价位的商品，以低价位收取。

2. 提供咨询服务 收银员要熟练掌握收银工作技能，全面了解药店医药商品的情况。当有顾客咨询时，要热情礼貌待客，及时准确回答顾客的问题，并做好引导服务工作。

3. 现金管理 由于其工作岗位的特殊性，收银员每天接触大量现金，所以在工作中必须严格遵守现金管理的规章制度，不可挪用现金，不可在工作岗位上清点个人的现金等。

4. 防损防盗 收银员也是兼职防损防盗员。在为顾客结账时，收银员应提醒顾客，带齐所有商品。并及时将顾客不需要的商品收到相应位置或归位到货架上，以避免不必要的损耗。

5. 推广促销活动 药店的保健品和即食中药材常有各种促销活动，收银员要熟知促销活动的内容，顾客优惠情况和注意事项。在结算时，提前告知顾客，这样既可以使其获得尊重和满足，也可以避免后续误会，从而提高本店的信誉度。

（二）收银员工作纪律规范

1. 履行交接手续 收银员在交班时要按照交接班手续，当面清点发票、款项和钥匙，核对无误后确认签字。

2. 严禁擅离岗位 在工作时间内不得擅自离开工作岗位，如遇特殊情况，不得不暂离岗位，应先向店长请假，放置“暂停收银”的提示牌，提醒顾客在其他的收银台付款。

3. 收银款项，账实相符 在收银工作中，应当规范操作，不出现丝毫差错，每笔收银业务都务必做到账实相符。

4. 先收后付，唱收唱付 接待顾客过程中，不要因为排队人多而慌乱。每一位顾客的所有收银手续办理清楚后，再接待下一位顾客。禁止同时处理两笔账务，避免不必要的麻烦。

5. 严格汇报总结制度 收银员在工作中失误，出现长款或短款现象，不能隐瞒错误，应及时向上级汇报，迅速制定出补救或改正措施，并认真总结工作经验教训，以防后患。工作要公私分明，廉洁守法，不能将长款私吞；不能涂改、销毁收银凭证。

（三）收银工作的特点

1. 繁琐性 收银员要直接与顾客、货币打交道，对每一位顾客都要进行迎客、药学服务、报价、扫描商品、收取现金或刷卡、点钞、唱收、会员卡推荐、打印结算凭条、找零钱、唱付、装袋、送客等一系列工作程序，有时顾客很多还要安抚顾客，组织排队。

2. 影响性 药店收银员服务的对象是顾客，必须按照规章制度严格约束自己的言行，在收银过程中要照顾好顾客的情绪，不要给顾客带来不好的心理感受，从而影响企业的经济利益。

3. 技术性 收银工作是技术性很强的一项工作，是门店重要的经济岗位。收银员要具备点钞、识别假钞、操作收银系统和操作POS收银机等专业技术能力。

4. 服务性 提供收银服务，满足顾客的需要。在工作中，收银员要尊重顾客的自我意识，为其提供服务，给顾客带来愉悦的心理体验。

你知道吗

全员营销

药店收银员可以参与到全员营销中，在选购药品时，营业员推荐药食同源产品，顾客可能不会购买。但如果在付款时，收银员再次向其推荐该产品，大多数情况下，顾客都会有想了解进而购买的想法。

需要注意的是，全员营销不等于参与人员喋喋不休地劝说，总结一句话，抓住要点即可。

例如顾客王女士购买了降血脂的药品，收银员可以简单说一句："天气热了，请问您是否需要带点荷叶回去？降血脂效果很好，价格实惠，只要×元一瓶，食用方便，煮沸后自然凉，口感非常不错，我们自己也会经常喝。"这种全员营销推荐方式会让较多顾客产生尝试的想法。

三、收银员应具备的知识和技能

（一）业务理论知识

1. 医药商品知识 收银员要掌握关于医药商品的分类、医药商品的标志、商品条码、医保药品信息、商品陈列等方面的基本知识。

2. 收银设备使用知识 收银员要熟悉收银软件的操作系统、POS收银机的基本结构、主要功能及作用，并能规范地操作收银设备。

3. 钞票清点和小票打印 收银员要掌握人民币防伪常识，人民币现已发行五十多年，共发行五套人民币，有纸币也有金属币。目前，市面上流通的是中华人民共和国第五套人民币，并在2005年对其防伪标志进行了改革，

请你想一想

点钞常识

点钞包括：持钞、清点、记数、墩齐、扎把、盖章，如何才能加快点钞速度，提高点钞水平？

使其具有十大防伪特征。收银员可以通过“一看、二摸、三听、四测”对纸币进行辨别。收银员应该能够快速准确地辨别真伪、清点钞票并完成小票打印。

（二）相关的法律法规

1. 相关法律法规知识　《药品经营质量管理规范》《药品流通监督管理办法》《中华人民共和国药品管理法》等都对药品经营过程作出了具体要求。

（1）药品经营企业购销药品，应当有真实、完整的购销记录。购销记录应当注明药品的通用名称、剂型、规格、产品批号、有效期、上市许可持有人、生产企业、购销单位、购销数量、购销价格、购销日期及国务院药品监督管理部门规定的其他内容。

（2）药品经营企业销售药品必须准确无误，并正确说明用法、用量和注意事项；调配处方必须经过核对，对处方所列药品不得擅自更改或代用。对有配伍禁忌或超剂量的处方，应当拒绝调配；必要时，经处方医师更正或重新签字，方可调配。

（3）药品经营企业应当制定和执行药品保管制度，采取必要的冷藏、防冻、防潮、防虫、防鼠等措施，保证药品质量。药品入库和出库应当执行检查制度。

2.《消费者权益保护法》　消费者在购买、使用商品和接受服务时享有人身、财产安全不受损害的权利。享有知悉其购买、使用的商品或者接受的服务的真实情况的权利；消费者享有自主选择商品或者服务的权利；消费者享有公平交易的权利。消费者因购买、使用商品或者接受服务受到人身、财产损害的，享有依法获得赔偿的权利。

（三）收银员应具备的专业技能

1. 收银设备的操作技能　能够熟练正确使用电脑、POS 机、点钞验钞机，能进行简单的设备设施故障处理。

2. 票款结算　具备辨认发票真伪、正确开具发票的能力，并能够为顾客提供现金、医保、刷卡等多种形式的款项的结算。

3. 钞票辨别　能运用水印法、隐形面额数字法、胶印缩微文字法、雕刻凹版印刷法、光变油墨面额数字法等多种识别假钞的方法快速准确地识别货币的真假。

4. 小票翻打录入技能　在工作中需要输入商品的代码、商品价签或者为顾客提供其他不同的数字资料，收银员应能快速准确地运用小键盘完成操作。

5. 药学服务技能　塑造可信赖的个人形象，规范地为消费者提供各种周到、方便的服务，满足顾客需求，有助于解决顾客服务中发生的各种典型事件。

四、收银员国家职业标准

（一）职业概况

收银员是指在商业零售企业从事面向顾客收取现金（含现钞、支票、各种金融支付卡等）工作的人员。本职业只设一个等级，为初级（国家职业资格五级），其职业能力特征如表 10－1 所示。

表 10-1 收银员职业能力特征

职业能力	非常重要	重要	一般
学习能力		√	
表达能力		√	
计算能力	√		
空间感			√
形体知觉			√
色觉		√	
手指灵活性	√		
手臂灵活性		√	
动作协调性		√	

（二）基本要求

1. 职业道德　具有职业道德基本知识；职业守则方面，要求遵纪守法、爱岗敬业，热情服务、礼貌待客。

2 基础知识　主要包括以下几个方面。

（1）商品的有关知识　商品的概念、商品合格的概念、商品的编码和识别方法、商品包装常识。

（2）商业零售企业的有关知识　商业零售企业的分类和特点、主要商业零售企业类型的布局、主要商业零售企业类型通常的管理组织结构。

（3）现金的有关知识　现金的种类和特点；人民币的知识；几种主要外币的知识；支票的分类和使用常识；金融支付卡的种类；特点和使用常识；收银员领取备用金的一般财务规定；收银员上缴营业款的一般财务规定。

（4）收银机的有关知识　收银机的硬件结构和主要附属设备、商业管理信息系统的构成及收银机工作原理、收银机常用软件的基本知识、收银机的常用功能、几种常用收银机的特点、税控收银机使用方法等。

（5）礼仪知识　接待顾客礼仪的一般要求、接待特殊顾客的一般原则、处理顾客问询或投诉的一般原则等。

（6）安全知识　收银场所使用设备的安全常识、商品递送过程中的安全常识、特殊意外情况的安全常识等。

（7）相关法律、法规知识　消费者权益保护法常识、产品质量法常识、劳动法常识及有关经济犯罪的法律常识等。其具体要求如表 10-2 所示。

表 10－2 收银员工作要求

职业功能	工作内容	技能要求	相关知识
收取现金	收银机操作	1. 能够按要求打开并登录收银机 2. 能够按要求暂停和恢复收银机运行 3. 能够按要求退出并关闭收银机 4. 能够按要求操作收银机相关功能键 5. 能够进行收银机的一般故障处理	1. 使用收银机的注意事项 2. 登录收银机的安全常识 3. 收银机常用软件的使用常识 4. 收银机一般故障诊断和处理常识 5. 商业信息系统网络基本常识
	票款结算	1. 能够使用收银机附设的各种扫描设备扫描商品条形码或手工输入商品代码，确定应收现金额（要求收银员具备 120 个数字/分的键盘录入速度） 2. 能够准确快速清点、收取顾客支付的现钞（要求具备 200 张/分的速度）并能使用加法器或计算器快速进行计算，迅速准确找零钱 3. 能够按要求收取顾客交付的支票 4. 能够按要求使用金融 POS 终端进行货款结算 5. 能够在交易结束时及时给顾客打印清单 6. 能够使用消磁设备对商品进行消磁操作	1. 打印机使用常识 2. 扫描仪使用常识 3. 消磁板使用常识 4. 支票使用常识 5. 金融 POS 终端使用常识
	识别现金真伪	1. 能够识别现钞真伪 2. 能够识别支票真伪或是否有效 3. 能够识别各种金融支付卡真伪及刷卡是否有效 4. 能够及时妥善处理发现的问题	1. 人民币现钞防伪知识和技巧 2. 支票防伪知识和技巧 3. 金融支付卡防伪知识和技巧 4. 真伪现钞识别设备使用常识
	开发票	1. 能够正确保管发票 2. 能够给顾客开具发票 3. 能够使用税控收银机打印发票	发票管理常识
现金管理	备用金领取	能够按照程序领取备用金	商业零售业营业现金及相关票据管理常识
	现金及相关票据保管	1. 能够妥善保管现金和相关票据 2. 能够正确使用安全报警设备	安全报警设备使用常识
	兑换零钱	能够根据营业情况合理搭配面额、适时兑换零钱	收银员兑换零钱技巧
	清点、上缴营业款	能够准确清点并分类整理好现金，按照程序上缴现金	营业现金上缴一般程序

续表

职业功能	工作内容	技能要求	相关知识
顾客服务	接待顾客	1. 能够恰当使用礼貌用语，微笑服务 2. 能够在交易过程中进行简单的英语会话 3. 能够妥善处理工作现场出现的相关问题和纠纷	1. 收银员接待顾客礼仪常识 2. 收银员常用英语会话 3. 收银员与顾客交流一般技巧
	商品包装检查	1. 能够按要求进行商品装袋 2. 能够检查商品包装 3. 能够发现可能造成损坏商品、伤害顾客、损害本单位利益的不当包装，并提醒或帮助顾客正确处理 4. 能够妥善解决因商品包装不当出现的问题和纠纷	商品包装及防损常识
	处理顾客问询或投诉	能够热情礼貌地对顾客提出的问询或投诉进行直接处理，或指导顾客到适当的部门解决问题	商业零售业首问负责制一般规定

五、收银设备

POS 系统是一种销售点管理系统，是专门用于企业销售与后台管理的计算机应用软件，用来对商业企业的前台销售信息进行实时跟踪和数据处理，以及对后台采购与盘点等信息进行实时管理的计算机程序。

（一）POS 收银机

1. POS 收银机的主要组成部件 包括主机、主显示器、顾客显示器、POS 键盘、票据打印机、电子钱箱等。POS 收银机的主要功能包括接受条码阅读器识别的条码，根据条码信息在收款机内存中的商品数据库中找到商品的相关内容，如品名、规格、产地、单价等，并找到商品的相关内容；完成收款、找零工作，收银箱打开收入货款完成找零，打印一式两份的销售小票；设置各种促销功能，如折扣、满减、折让、改错、取消、医保信息、退换货等；将销售情况通过网络传递到后台主机，并进行库存的处理。

2. POS 收银机操作注意事项

（1）及时锁定键盘 临时离开柜台，应锁定键盘，以防现金丢失。

（2）完成交班操作 收银员下班前务必交班。如果不交班，会造成下一个收银员无法进入系统。

（3）遇到突然停电的情况 收银员首先应结束当前的这笔交易，之后不要再继续进行交易（以防突然断电造成数据丢失），等待正常的供电。如果用电时间过长，应关闭 POS 机，以防突然短路造成 POS 机的损坏。

3. POS 收银机的维护和保养　必须要做到以下几个方面。

（1）保持机器外表的整洁　使用中防水、防尘、防油，不允许在机器上摆放物品。

（2）动作要轻　开启或关闭银箱时要防止震动。

（3）电源线的连接应安全和固定。

（4）避免频繁开、关机　断电关机后，至少一分钟后开机，不能频繁开、关机。

（5）定期清洁机器　经常更换色带，定期除尘、除渍，保持打印机内部的清洁。

（二）验钞机

为提高效率，现在常使用点钞验钞一体机。该机器集计数和辨伪于一身，是最常用的机器之一。具有清点货币张数和检测货币真伪的作用。使用简便，其操作步骤为：接通电源→打开开关→选择功能→整理钞票→喂钞→挑出假钞，六步就可以轻松完成验钞和计数两个功能，具体操作如下。

1. 接通电源　检查外观是否有明显异常，插入外接显示器，检查电源的接地是否正常。

2. 打开开关　观察是否有开机自检报警提示，在确认屏幕归零之后方可使用。

3. 选择功能　通过点钞机侧面的功能键选择想要操作的功能。日常最佳使用档位为防伪系数最高的“智能”档位。

4. 整理钞票　将钞票按不同的面值分开，并清除钞票上的污染物，码放整齐，准备开始点钞操作。

5. 喂钞　先将码放整齐的钞票放入喂钞台的前部，随即放开手，让钞票靠在喂钞台后面的滑钞板上。

6. 挑出假钞　遇到假钞点钞机就会自动停止，并发出报警信号；取出假币后按任意键可继续清点。

保养点钞机使用过程中应特别注意除尘，选择随机自带的毛刷或自配吹风机清扫进钞传感器、清零感应器、计数对管、荧光管、各感应器焊点表面。

（三）医保刷卡

为医保参保人员提供处方外配和非处方自购服务时，应遵守医疗保险规定：核验社保卡和外配处方，每人每天只能刷卡消费两次且总金额不得超过 300 元。定点药房不得对参保人员直接或变相销售食品、生活用品、化妆品等，不得为参保人员套取现金等。

你知道吗

医保专用计算机保养小知识

医保专用计算机常规维护：每周检查医保主机的 UPS 功能，做好常规的计算机保养维护（包括除尘、设定正确的计算机时间、不能修改系统配置参数）。

不可以移动医保电脑及外部设备的摆放位置。

不得利用医保电脑下载、存储、编辑任何资料、文件、文档。

禁止利用医保电脑浏览任何网站。

任务二　盘点与结算

PPT

一、盘点

（一）概述

盘点是指为了及时掌握货物的储存、流动情况，确保货物实存数量与账、卡相符，而定期或临时对库内货物进行盘查、清点的活动。盘点目的：掌握和控制店面医药商品的品种、数量和金额；确切掌握店面商品的损溢状况；及时调整店面商品结构；全面清理滞销品。

（二）基本流程

1. 盘点前准备　盘点前的准备工作充分与否，直接关系到盘点作业是否可以顺利进行、盘点是否成功。盘点作业基本要求是准确快速，因此为了达到这一基本要求，盘点人员应做好以下准备工作。

（1）确定所应用的具体盘点方法和作业程序。

（2）配合收银人员做好准备。

（3）收银员印制相关单据，如盘点单、盘点盈亏表等。

（4）准备盘点用的其他工具。

（5）店面员工分区及培训。

2. 确定盘点时间　为了保证货账相符，门店对药品的盘点次数越多越好。但是盘点需投入大量人力、物力、财力，甚至全面的大型的盘点还可能引起营业活动的停顿。必须注意的是，每次盘点持续的时间应尽可能短，全面盘点以 2～6 天内完成为佳，盘点的日期一般选择财务结算前夕。通过盘点结算损益，以查清财务状况。或者也可以选择在销售淡季进行盘点，淡季储货较少，业务不太繁忙，盘点较为容易。

你知道吗

合理确定盘点周期和时间非常重要。在确定盘点时间时，要根据仓库货物周转速度来确定。一般门店，可以 2 个月或一季度进行一次盘点。新开门店半年内，应保持每月盘点一次。促销特卖商品盘点周期可以为每天、每周、每月不等。

3. 确定盘点方法　盘点商品前，应根据医药商品的性质、价值、陈列、促销和仓储经营特点来确定盘点方法。盘点方法主要有账面盘点法和现货盘点法两种。

（1）账面盘点法　又称永续盘点法，是指将每天出入库货物的数量、单价等信息详细记录在账面上，逐笔汇总账面总数。随时可以从计算机或账册上查询货物的结存量。这种方法常适用于数量少、单价高的货物。

（2）现货盘点法　又称实地盘点法，是指先到仓库查点商品数量，再根据商品的数量和单价计算出库存的方法。现货盘点法又分为动态盘点法、重点盘点法、循环盘点法和期末盘点法。其中门店常用的方法是动态盘点法。动态盘点法是指对发生过出入库业务变动的货物的数量和金额进行及时清点、核对，以查看货物实存数与账、卡是否相符的一种盘点方法。这种方法能够及时反映货物的收发和结存动态。

4. 进行盘点　分为本店员工盘点和外店交叉盘点。人员到场后，促销和拆零商品归位，每人一份盘点表，如表 10－3 所示，同一区域由不同人员进行初盘和复盘并及时修正。

表 10－3　商品盘点表

门店　　　　　　年　月　日　　　　　　　　货架编号：

货号	品名	规格	数量	零售价	金额	复点	抽点	差异

初点：　　　　　　　　复点：　　　　　　　　抽点：

5. 处理盘点结果　录入进销存各项总单据，核对盘点结果。查清差异原因后，应对盘点盈亏等问题进行处理，从而使货物实际数量与账面数量保持一致。提示盘点盈亏是指盘盈和盘亏。

（三）处理盘点结果的措施

1. 修正账、卡错误　对于在盘点中发现账面、货卡记录有误的，应按盘点的实际商品数量、有效期、质量状况进行修正，以防止账面的错误延续或扩大。

2. 处理呆滞商品　呆滞商品是可用品，但由于其周转率极低，所以容易被忽视。对于盘点时发现的呆滞商品，应以门店交换交易等方式予以处理。

3. 处理盘点盈亏　经相关部门领导审核批准后，填写货物盘点盈亏调整表，并对库存账目和货卡进行调整。

> **请你想一想**
>
> 盘亏是指盘点实物存数或价值小于账面存数或价值。因为过期而造成的商品减少部分，是否也应视为盘亏？

二、结算

（一）概述

结算是指根据交易结果和交易所有关规定对会员交易保证金、盈亏、手续费、交割货款和其他有关款项进行的计算、划拨。作为一名收银人员，经常要与发票打交道，并且办理各种款项的结算。因此，掌握相应的发票知识并正确识别、开具发票，以及熟练办理价款结算就显得非常必要，这也是收银人员工作的重心。通过学习本项目，可以让学生具备更多与工作岗位相适应的票款结算的相关技能，从而更好地胜任收银工作。

（二）结算方式

1. 现金结算 是药店收银过程中最常见、最普通的一种结算方式。现金也是企业流动性最强的资产，每天从收银员手中流入和流出的现金数量多、金额大，最容易出现问题。因此，对于现金结算和管理是每一位收银员必须掌握的一门“硬功夫”。

2. 银行卡（医保卡）结算 随着人们思想观念的逐步改变，银行卡、信用卡越来越普及，顾客很乐意在消费时使用银行卡，尤其是使用信用卡进行结算。社会在不断发展，医保药品覆盖也越来越广，由于医保卡具有不用带现金、方便、实用等特点，促使顾客在药店付款时也时常使用。

3. 第三方移动支付方式结算 医保卡随着科技的发展，5G 时代的到来，目前，全国的大部分药店里都可以使用支付宝或微信进行付款交易。

（三）结算操作流程

结算操作流程如图 10－1 所示。

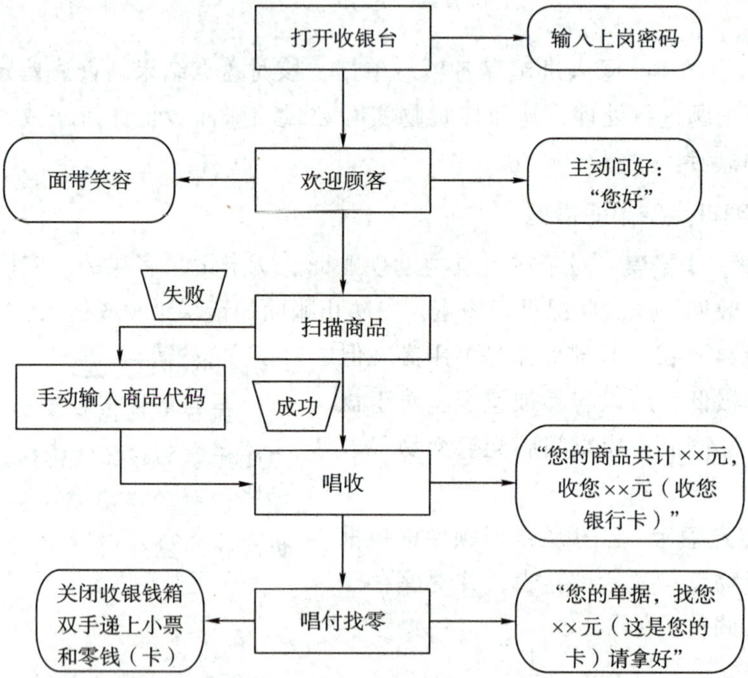

图 10－1 结算操作流程图

任务三 药品零售票据

PPT

岗位情景模拟

情景模拟 白先生最近身体不舒服，到附近一家连锁药店买感冒药，营业人员为他推荐一盒感冒药，让他到收银台结账。收银员在整理东西，白先生站在收银台旁被动地等待，收银员忙完以后才进行结账服务，结账以后经白先生反复要求才提供购药小票。

讨论 1. 如果你是白先生，你的感受如何？

2. 结合以上情景，谈一谈如何避免出现以上问题。

一、概述

药品零售企业购进药品必须验明税票、查验供货方销售出库单与实际购进药品采购记录的品种、数量，核对一致后方可验收作为合格药品入库或上架销售。医药企业所有营业资金的收入和支出都离不开票据和印章，因此票据和印章的保管对于药品零售企业非常重要。

（一）发票

发票是指单位和个人在购销商品、提供劳动或者接受服务以及从事其他经营活动中，开具或收取的收付款的书面或电子凭证。

国务院税务主管部门统一负责全国的发票管理工作。发票的种类、联次、内容以及使用范围由国家税务总局规定。

1. 增值税专用发票 是增值税一般纳税人销售货物或者提供应税劳务开具的发票，是购买方支付增值税额并可按照增值税有关规定据以抵扣增值税进项税额的凭证。

专用发票由基本联次或者基本联次附加联次构成，基本联次为三联：发票联、抵扣联和记账联。发票联是购买方核算成本和增值税进项税额的记账凭证；抵扣联是购买方报送主管税务机关和留存备查的凭证；记账联是销售方核算收入和增值税销项税额的记账凭证。其他联次用途一般由纳税人自己确定。

2. 增值税普通发票 也是增值税发票，和增值税专用发票的区别在于，增值税普通发票通常是不可以抵扣税款的，而增值税专用发票可以抵扣进项税款。

3. 电子发票 是现代信息化社会的产物，是数据电文形式的收付款凭证。与传统纸质发票相比，纳税人申领、开具、流转、查验电子发票等流程都可以通过税务机关统一的电子发票管理系统进行，发票开具更便捷，查询更方便。

4. 发票使用规则 所有销售记录（包括零销售、退货）必须打印发票。严禁在发票的有效位置乱涂乱画。顾客丢弃的发票，收银员应收回并保留 3 个月，超过公司规定期限的发票可以自行销毁。退货必须将销售发票收回，经店长确认后将退货发票与收回的发票按日期装订在一起以作保留备查，保留期限为 6 个月。发票必须专用，严禁用作其他用途，禁止用发票打印结账单等非销售单据。

你知道吗

连锁药店发票领取规则

1. 提交计划 根据销售情况自行提交要货计划（不允许自行加单），物流部按计划配货。

2. 当面确认　接收发票时必须与办公室配货司机当面交接，确认无误后在门店货物配送签收单上签字确认。

3. 专人保管　门店领回发票后，由专人负责保管，使用时，领用人必须在《发票领用登记簿》（附表）上登记，谁领谁负责，责任到人。

4. 交接班　当班收银员带走未使用完的发票卷，下次接班时继续使用。

（二）销售小票

个人在购买药品时药店应依据规定提供销售小票。销售小票应列明药品的名称、规格、剂型、数量、单价、生产商、批号和金额等信息。

1. 内容真实　开具销售小票时，必须做到填写项目齐全，内容真实，字迹清楚。

2. 处方药管理　处方药的管理要求应当按照处方销售，并按要求做好处方药销售记录。

3. 特殊管理药品　也应符合药品管理法的相关要求，并做好特殊管理药品销售登记记录。

4. 销后退回　销后退回药品存放于退货区，做好退货记录并通知质管部门进行质量检查验收，如实登记销售退回药品验收记录。

二、发票专用章

发票专用章颜色为红色，边宽1mm，形状为椭圆形，长轴为40mm、短轴为30mm。

医药企业所有营业资金的收入和支出都离不开票据和印章，盖章的发票是表明资金数额的法定票据，因此，销售票据和企业印章应由专人保管。

请你想一想

在药店营业活动中需要用到许多印章，比如发票专用章、质量管理专用章、出库章等。请问这些印章一般用于哪些文件？

实训十一　收银员操作实训

一、实训目的

通过本项目实训，了解收银台工作常识，掌握收银台工作程序。

二、实训准备

1. 实训场地　模拟药房。

2. 实训材料　工作服、POS收银机、实训工具、各种记录表格等。

三、实训背景

2019 年 9 月李云开始到当地某连锁药店实习，恰逢双十一，李云所在药店举行了一系列促销活动，现场生意火爆异常，李云第一次遇到这么多人，这么大的场面。

收银台前，待付款的消费者排起了长龙。李云手忙脚乱，一会儿刷医保卡、一会儿查找库存、一会儿回答消费者的问题，李云应接不暇。她正忙着为一名消费者装袋，没来得及回答另一位老大爷提出的问题，老大爷认为李云服务态度有问题，在队伍中开始频繁指责。小李连忙解释，大爷根本不听，并要李云向他道歉。这时，排在队伍后面的几位顾客开始埋怨收银员的动作太慢，一点小事儿都做不了。李云终于和顾客争吵起来，引起了周围大部分顾客的围观，现场一阵骚乱。

四、实训方法

1. 小组讨论　分小组讨论李云的行为对吗，并对李云的行为进行分析。

2. 情景演示　在校园模拟药房，将学生分小组，以小组为单位完成情景演示实践活动。每组 4 ~6 人，小组负责人进行角色分配，假如你是李云，你会怎么做呢？

3. 小组互评　根据角色演示的仪表礼仪、语言礼仪和行为礼仪情况，小组之间相互评价。

五、实训步骤

1. 实训准备　POS 收银台卫生、整理药品及货架、检查药品价格标签。

2. 小组讨论　收银员仪表礼仪、语言礼仪和行为礼仪知识准备。

3. 情景演示　根据角色进行现场演示。

3. 记录与清场　客观真实地填写原始记录、评价，并及时清场。

六、考核方式

根据现场表现，教师评价打分，学生之间相互评价，按照6∶4 比例计算项目积分，实训过程考核评分表见表 10 –4。

表 10 –4　实训考核表

项目要求	考核要求	分值	得分
班前准备	仪容仪表、卫生、销售工具、货架整理、价格标签检查等	30	
解决方案	按要求合理解决收银环节遇到的问题	30	
收银操作	收银规范、动作精准、软件操作正确、服务周到	30	
职业素养	服务质量优秀、职场整理规范	10	

目标检测

一、选择题

1. 药店收银员接待顾客一般应遵守（　　）原则。
   A. 先来后到　B. 女士优先　C. 军人优先　D. 长者优先
2. 收银员工作纪律规范要求错误的是（　　）。
   A. 履行交接手续　B. 款项账实物相符
   C. 先付后收　D. 唱收唱付
3. 以下不属于收银工作特点的是（　　）。
   A. 繁琐性　B. 影响性　C. 技术性　D. 专职性
4. 关于电子发票的特点描述正确的是（　　）。
   A. 与普通纸质发票同时出现　B. 是收付款凭证
   C. 无法通过税务局发票管理系统开具　D. 开具电子发票过程复杂
5. 药店收银中最普通最常见的结算方式是（　　）。
   A. 现金结算　B. 支票结算
   C. 支付保结算　D. 银行卡结算
6. 关于呆滞商品的描述错误的是（　　）
   A. 呆滞商品是不合格商品　B. 容易被忽视
   C. 常通过门店交换交易处理　D. 周转率极低

二、简答题

1. 收银工作的主要业务有哪些？
2. 处理盘点结果的措施有哪几种？
3. 销售发票应列出哪些信息？

书网融合……

微课　划重点　自测题

项目十一 职业生涯规划

学习目标

知识要求

1. **掌握** 零售药店店长的工作职责和任职资格。
2. **熟悉** 执业药师的工作职责和执业资格。
3. **了解** 药店优秀店长的特殊工作能力。

能力要求

1. 能根据药店制定工作目标管理药店。
2. 会对药店管理提出合理建议，确保药店良好经营。

PPT

任务一 管理方向：成为店长

岗位情景模拟

情景模拟 小张同学在零售药店已经工作了3年，她想参加店长的竞聘，但是她不知道作为药店店长应该具备哪些条件。

讨论 1. 药店店长的工作职责是什么？

2. 药店店长有哪些能力要求？

一、概述 微课

药店店长作为门店管理者，是整个药店各项销售活动、运营的负责人，在整个零售药店的经营和管理活动中起着承上启下的作用。在市场规模与销售效益竞争日益加剧的今天，药店店长的工作更成了影响药品销售企业经营成败的关键。药品销售企业通过以下两种方式可以聘用店长。

1. 销售企业向社会公开招聘 让有药店管理经验的药学技术人员来竞聘店长岗位。

2. 销售企业内部培养 企业建立储备店长制度，设置店长助理岗位。做好店长队伍的梯度培养。

所以药店员工在平时药店工作时就要积极参与药店管理工作，做好知识和能力的储备，为竞聘店长做好准备。

二、药店店长的工作职责

（一）负责门店人员的管理工作

1. 药店员工的工作安排与管理 店长应负责考勤的记录、报告，依据工作需要选择和配备人员，按照企业总部规范对员工仪容、仪表和服务患者执行情况进行监督与管理，建立合理的销售奖金分配制度。通过制度与经济双管齐下，激发员工的热情，贯彻和执行零售药店的各项规章制度及各项临时工作。

2. 教育、指导、培训工作的开展 教育、指导药店员工自觉遵守企业总部规范，积极开展细致的思想工作，协调人际关系，使药店员工有个融洽的工作环境，增强零售药店的凝聚力。对药店员工进行药学知识、服务技能培训，通过绩效评估、沟通、激励，确保团队的稳定性和积极性。

3. 药店员工人事考核、提升、降级和调动 药店店长要客观评估药店员工的表现，实事求是地向销售企业人力资源部提交有关药店员工的人事考核、职位提升、降级和调动的建议。

请你想一想

患者拿着一个药品到药店问药店店长：这个药品你家卖的比其他药店贵，你可以便宜一点卖给我吗？

药店店长有这个权利把这个药品便宜卖给患者吗，如果没有的话店长怎么办？

（二）负责门店的营业管理工作

1. 完成企业总部下达的各项销售经营指标，销售经营指标是指销售利益目标、毛利目标、营业目标及费用目标。

2. 药店店长应根据药品销售企业下达的各项销售经营指标，结合本药店的实际情况，制定本年度药店销售计划和执行目录（包括人员安排、销售目标、员工培训、商品申订等项目的计划），可具体细分为月计划、周计划，并且把计划上报和公布。

（三）负责门店的商品管理工作

1. 及时掌握商品进销存状况，并指导达成商品管理指标。

2. 负责指导监督门店理货工作及商品陈列。

3. 依据顾客需求，指导、执行商品清货，合理控制库存，定期清理上报滞销商品等。并对本店的滞销商品淘汰情况提出对策和建议。

4. 要掌握药店商品销售动态，并根据患者需求，调整经营品种结构。

5. 掌握固定时间的商品销售指标的完成情况，并及时向企业总部汇报本店销售动态、库存情况和新产品引进销售情况等。

6. 根据国家相关法律法规和企业总部的要求做好商品分类管理工作。药品和非药品分区管理，医疗器械单独陈列。为方便销售商品，将畅销品种摆在货架柜台上层的明显位置。

7. 药店店长要做好商品的消耗管理，应针对主要消耗商品进行管理记录，将消耗降到最低。

（四）负责门店的促销管理工作

1. 执行公司统一促销活动，或根据商圈、门店实际状况拟定促销计划并上报批准执行。

2. 负责组织现场促销工作安排、员工的调剂、促销产品的管理及促销活动效果评估。

（五）负责门店的信息管理工作

1. 各种信息的书面汇报。药店店长将竞争对手情况、患者的意见、商品的信息、员工思想等各种信息，应及时以书面的形式向销售企业总部汇报。还要做好各种报表的管理，例如患者信息登记表、店内患者意见表、盘点记录表、商品消耗记录表和进销商品单据凭证等。同时加强监督、审核药店收银等作业。

2. 加强服务质量管理，做好顾客投诉与意见处理工作。药店店长要满足和适应患者不断增长和变化的需求，就要正确对待、恰当处理患者的各种投诉和意见。同时，保持与患者经常沟通与交流，倾听他们的意见和要求，随时改进药店服务。

3. 严守经营机密、情报，负责将国家针对药店的各项法律法规和企业各项指令信息及时全面传达到门店员工。

4. 向企业总部提供相关信息，确定合理的零售价格。零售药店一般对销售商品没有定价权，但可以将周边相同药店的商品价格信息随时向企业总部反馈，方便企业总部制定价格。

（六）负责门店的财务资产管理

1. 负责门店营业收入存入公司账户。保证各项财务记录、凭证的完善及妥善保管。对门店各项费用支出及盈亏状况负责。

2. 意外事件的处理。药店店长面对门店各种突发事件如火灾、停电、盗窃、抢劫等，应作出迅速判断并能够迅速处理。

3. 维护零售药店的清洁卫生与安全。

（1）保证零售药店设备完好率，及时维护、更换主力设备。

（2）做好药店前场、后场的环境卫生。一般按区域安排，责任到人，药店店长落实检查。

（3）在营业结束后，店长应对店内的封闭情况、安保人员的值班到位情况、消防设施摆放情况等主要环节做最后的核实，确保安全保卫工作落实到位。

（七）协调工作关系

1. 内部协调关系　协调门店内各职位、区域经理、公司经理、营运总监及总部部门的关系。

2. 外部协调关系　协调与地方职能部门的关系。

你知道吗

患者对店员的服务质量的好坏评判

药品零售行业不同于其他零售行业，患者对店员的服务质量的好坏不能简单地以店员对顾客的服务态度决定，而更多的是需要体现店员的医药专业知识水平。所谓以理服人就是要让店员的推荐和介绍更加专业，首先要让患者认可销售人员的专业，继而才有可能认可其服务态度。

三、药店店长的任职资格与工作能力

（一）任职资格

1. 专业及教育水平 拥有医药、管理相关专业中专及以上学历。能取得药学专业技术职务任职资格或执业药师等相关执业资格证书者更具专业优势。

2. 培训经历与经验 参加门店后备管理人员培训，并取得培训结业证。或具有一年以上同行业基层工作经验，或一年以上管理职位工作经验和专业工作经验，表达、沟通能力强。

3. 知识与技能 能通晓门店管理知识、质量管理知识、掌握企业管理知识、财务人事管理知识，熟悉公司门店营运制度与流程。能熟练使用办公软件和财务软件，具备一定的计算机技术和网络知识，具备一定的写作能力。

（二）应具备的综合工作能力

1. 药店店长的管理艺术

（1）因时制宜 店长要学会树立阶段性目标，确定工作重点，把有限的精力和时间集中起来，进行重点突破。

（2）因人制宜 指导店员发挥自己的优势，帮助店员成长。

（3）因地制宜 根据门店所处商圈形势，扬长避短。

2. 药店店长的领导艺术 是指店长在指挥、协调、服务等方面的艺术性。

（1）服务艺术 药店经营工作实际上是一项服务性工作，通过向顾客提供咨询、讲解、销售及售后服务，使顾客能够买到所需药品，这就要求店长应具有较高的服务水平，不仅能解答顾客提出的各类问题，还能以饱满的热情服务顾客。

（2）指挥艺术 优秀的店长是管理型人才，善于组织管理，具有较强的组织能力和指挥能力。店长的指挥艺术，主要是按照药店经营的客观要求，调动店员的工作积极性，指导店员有效地开展工作。

（3）协调艺术 药店看似独立，其实它与进货单位、购药患者、政府执法部门等有着密切联系，这就要求店长能处理各种复杂关系，协调好与店员、与顾客、与上下级之间的关系。

3. 药店店长的意识能力

（1）经营者意识 开门迎客会遇到各种各样的麻烦事，店长要从经营者的角度去考虑问题，摈弃本位思想，在自己能力范围内，一力承担，趋利避害。

（2）危机意识 随着药店行业的竞争日益激烈，店长在工作中必须有危机意识，不断思考利用有限资源去寻求药店和员工的发展空间。

（3）超前意识 对药品市场销售信息、竞争对手、对手销售动态保持高度敏感性，及早准备，并将信息反馈至总部，以备参考。

（4）教练意识　对店员，授之以“鱼”不如授之以“渔”，教以方法和手段，比如商品陈列的方法、商品组合销售的方法等，并训练其举一反三的能力，及时帮助新员工消除接待顾客的恐惧心理，尽快适应相关工作岗位。

（5）成功意识　店长乃一店之主，每天面临着很多难题，很容易出现沮丧的心情，所以保持良好心态至关重要。成功不仅靠过硬的本领、良好的态度或者人脉和机遇，更重要的是有坚持和不服输的心态，坚持不懈，不轻言放弃。

任务二　专业方向：成为执业药师

PPT

岗位情景模拟

情景模拟　小张同学在学校学习的是药学专业，在药品经营企业已工作满三年，现在经过自己的学习参加执业药师的考试并且取得证书。她想以执业药师的身份去零售药店工作，但是她不知道作为执业药师应该做些什么。

讨论　1. 药店执业药师工作职责是什么？

2. 药店执业药师需要具备什么样的工作能力？

一、概述

执业药师是经全国统一考试合格，取得中华人民共和国执业药师资格证书（简称执业药师职业资格证书）。并经注册，在药品生产、经营、使用和其他需要提供药学服务的单位中执业的药学技术人员。零售药店驻店执业药师主要按照 GSP 要求对药店依法管理，并对处方的规范性、适宜性进行审核，调配处方，指导患者合理安全用药等。

1994 年 3 月，原人事部、国家医药管理局颁布了《执业药师资格制度暂行规定》（人职发〔1994〕3 号）；1995 年 7 月，原人事部、国家中医药管理局颁布了《执业中药师资格制度暂行规定》（人职发〔1995〕69 号），从此我国开始实施执业药师资格制度。为进一步加强对药学技术人员的职业准入管理，更好发挥执业药师社会服务职能，促进执业药师队伍建设和发展，国家药监局、人力资源社会保障部于 2019 年 3 月 5 日修订并印发了《国家药监局 人力资源社会保障部 关于印发执业药师职业资格制度规定和执业药师职业资格考试实施办法的通知》（国药监人〔2019〕12 号），对执业药师职业资格考试、注册、职责、监督管理等进行新的调整。

（一）实施部门

国家药品监督管理局、人力资源社会保障部共同负责执业药师职业资格考试工作。日常管理工作委托国家药监局执业药师资格认证中心负责。考务工作委托人力资源社会保障部考试中心负责。

（二）科目介绍

执业药师职业资格考试分为药学、中药学两个专业类别。

药学类考试科目为：药学专业知识（一）、药学专业知识（二）、药事管理与法规、药学综合知识与技能四个科目，四个科目均为客观科目。

中药学类考试科目为：中药学专业知识（一）、中药学专业知识（二）、药事管理与法规、中药学综合知识与技能四个科目，四个科目均为客观科目。

（三）报名条件

凡中华人民共和国公民，具备以下条件之一者，均可申请参加执业药师职业资格考试。

1. 取得药学类、中药学类专业大专学历，在药学或中药学岗位工作满5年。

2. 取得药学类、中药学类专业大学本科学历或学士学位，在药学或中药学岗位工作满3年。

3. 取得药学类、中药学类专业第二学士学位、研究生班毕业或硕士学位，在药学或中药学岗位工作满1年。

4. 取得药学类、中药学类专业博士学位。

5. 取得药学类、中药学类相关专业相应学历或学位的人员，在药学或中药学岗位工作的年限相应增加1年。

符合《执业药师职业资格制度规定》报考条件，按照国家有关规定取得药学或医学专业高级职称并在药学岗位工作的，可免试药学专业知识（一）、药学专业知识（二），只参加药事管理与法规、药学综合知识与技能两个科目的考试；取得中药学或中医学专业高级职称并在中药学岗位工作的，可免试中药学专业知识（一）、中药学专业知识（二），只参加药事管理与法规、中药学综合知识与技能两个科目的考试。

（四）报名办法及告知承诺制

符合执业药师职业资格考试报考条件的人员可在规定时间内报名考试。执业药师职业资格考试报名工作实行报名证明事项告知承诺制。报考人员须承诺本人符合报考条件，报名时所填报的信息真实、准确、完整、有效，并愿意承担不实承诺的责任。资格审核部门（机构）依据报考人员作出的承诺为其办理报考相关事项。考试组织机构加强事中事后监管，对不实承诺行为和违纪违规行为作出处理。

报名前须注册、上传照片等；报名时须认真阅读并知晓《报考须知》，以及本考试相关职业资格制度规定和考试实施办法中关于考试报名条件的规定并如实填写本人相关信息，并签署《专业技术人员资格考试报名证明事项告知承诺制报考承诺书》，提交报名信息，在规定的时间内进行缴费。报名具体安排详见各省（区、市）有关通知。

（五）成绩、证书管理

参加执业药师职业资格考试的人员，应在连续四个考试年度内通过全部科目的考试；免试部分科目的人员须在连续两个考试年度内通过应试科目。考试成绩原则上在考试结束后两个月发布。

执业药师职业资格考试合格者，由省、自治区、直辖市人力资源社会保障部门颁发执业药师职业资格证书。该证书由人力资源社会保障部统一印制，国家药监局与人力资源社会保障部用印，在全国范围内有效。

（六）违纪违规行为处理

应试人员有故意隐瞒真实情况、提供不实承诺或者存在违纪违规行为的，按照《专业技术人员资格考试违纪违规行为处理规定》（人力资源和社会保障部令第 31 号）处理，涉嫌犯罪的，移送司法机关处理。

（七）注册登记

执业药师实行注册制度。国家药监局负责执业药师注册的政策制定和组织实施，指导全国执业药师注册管理工作。各省、自治区、直辖市药品监督管理部门负责本行政区域内的执业药师注册管理工作。

（八）其他事项

凡符合执业药师职业资格考试相应制度规定的香港、澳门、台湾地区居民和获准在我国境内就业的外籍人员，可报名参加考试。

二、药店执业药师工作职责

1. 药店执业药师严格执行《中华人民共和国药品管理法》及国家有关政策和法规，遵守相关法律法规和上级公司的规章制度，对违反规定的行为有责任提出劝告、制止、拒绝，并向当地负责药品监督管理的部门报告。

2. 药店执业药师协助药店店长对患者投诉的药品质量疑议，进行调查核实及时处理，并做好调查处理记录；发生质量事故，应及时上报质量管理部，并协助分析事故原因，明确人员责任，提出整改措施。

3. 药店执业药师负责药店商品的陈列摆放，药品、非药品相对集中，符合 GSP 要求。督促近效期商品的处理及商品按月养护工作（近效期催销表、养护台账）。

4. 药店执业药师遵守职业道德，忠于职守，以对所经营的药品质量负责，保证人民安全用药、有效为基本准则，在执业范围内负责对药品质量的监督管理，协助药店店长做好药店 GSP 管理工作和日常管理工作。

5. 药店执业药师负责对本店员工进行有关药品的法律、法规、政策及专业知识和销售技巧等方面的培训与指导，每月不少于上级规定次数，以提高药店店员的业务水平和服务质量。

6. 药店执业药师负责处方的审核及监督调配，做好处方的签名、留存及处方药的销售登记，为患者提供用药咨询与信息，指导合理用药。

7. 药店执业药师指导患者正确选择非处方药品（OTC），进行自我药疗，并告知患者用药时应注意的事项、服法用量和禁忌。

8. 药店执业药师了解患者需求，包括患者健康信息、病情病史以及以往用药情况和过敏史等，为患者提供用药指导和健康咨询服务，负责建立本药店会员健康档案台账，提出维护会员关系的实施方案。

9. 完成药店店长安排或负责的各项工作任务。

你知道吗

执业药师资格考试由人力资源社会保障部、国家药监局共同负责执业药师资格考试工作。国家药监局负责组织拟订考试科目和考试大纲，建立试题库、组织命单题工作，提出考试合格标准建议。人力资源社会保障负责组织审定考试科目、考试大纲，会同国家药监局对考试工作进行监督、指导并确定合格标准。企业法定代表人或者企业负责人应当具备执业药师资格。企业应当按照国家有关规定配备执业药师，负责处方审核，指导合理用药。

三、药店执业药师工作能力

（一）日常管理能力

1. 分类管理 药店执业药师要熟悉药品分类管理办法，严格按照规定摆放药品，设置醒目标志。非处方药开架销售，摆放整齐，分类清晰。处方药严格凭处方销售，并能正确引导患者购买所需药品。

2. 销售记录 药店执业药师保存完整的销售记录，并且定期进行统计分析。

（二）药品调剂能力

1. 对处方药的调剂能力

（1）处方有效性 熟悉处方管理相关法规，掌握处方书写基本规则，能严格审核其有效性，对问题处方拒绝调剂，并做相关记录。

（2）处方合理性 能根据患者个体差异判断处方所开药物是否合理。

（3）处方安全性 有问题的处方重新开具后进行核对，确认无误后进行调剂。

2. 对OTC药物的调剂能力 患者购买OTC药品时主动提供指导，药店执业药师根据患者情况帮助其选择最适合的药品，并告知药品用法、用量和用药注意事项。

（三）业务能力

1. 医学知识 应掌握与临床用药相关的理论知识；熟悉常见疾病的诊断与治疗及临床用药的基本原则与特点；掌握一定数量以上常用药品的药理作用、适应证、药动学、不良反应、注意事项等相关知识与数据并能应用于实际工作中。

2. 咨询服务能力 具有提供药物信息咨询与宣传合理用药知识的能力，能依据患者的病情提供用药建议，能准确地对患者进行合理用药的教育。

（四）学习和综合能力

1. 学习能力

（1）除规定的继续教育培训外，药店执业药师应主动参加其他相关技术培训并取得结业证明，积极参与学术交流活动并获得相关证明。

（2）药店执业药师能查阅相关文献，撰写专业论文，每年在专业期刊上发表文章，且能结合药店工作有所研究。

2. 综合能力

（1）能熟练掌握计算机技术，运用于药店各项管理工作，并有结合药店工作实际提高效益的新做法。

（2）应对药学专业英语熟练掌握，能通读进口药品说明书各项内容，并进行书面翻译。

（3）药店执业药师具备培训初级技术人员业务的能力，并定期对药店人员进行培训。

请你想一想

患者凭处方来药店买药，药店执业药师发现处方有配伍禁忌。请问该执业药师是否应该继续为患者调配药品？

实训十二　模拟店长

一、实训目的

1. 熟悉药店店长职责。
2. 能按 GSP 要求管理零售药店。

二、实训准备

1. 实训场地　模拟药房。

2. 实训材料　工作服、实训工具、各种记录表格等。

三、实训指导

1. 药店店长的工作职责。
2. 药店店长的工作能力。

四、实训方法

2 人/组进行现场模拟，主要角色有药店店长、患者，教师进行现场指导、点评。

五、实训步骤

1. 班前准备　药店、日常管理的报表、药品及货架等。

2. 日常管理　作为一名药店店长做好日常管理工作。

3. 人员安排 根据药店经营情况安排员工工作任务。

4. 进货安排 根据本月的销售计划向上级总公司上交进货订单。

5. 记录并清场 客观真实地填写原始记录并及时清场。

六、考核方式

根据现场表现，教师评价打分，学生之间相互评价，按照5∶5比例计算项目积分，实训过程考核评分表见表11－1。

表11－1 实训过程考核评分表

项目要求	考核要求	分值	得分
班前准备	药店和货架、经营产品、日常管理的报表等	15	
日常安排	按照药店店长日常工作职责考核	25	
人员安排	药店各个岗位工作人员安排合理有序	20	
进货安排	进货订单品种准确无误，数量控制合理	25	
记录并清场	客观真实地填写原始记录并及时清场	15	

目标检测

一、选择题

1. 负责解释各项规定、药店营运管理手册的法律法规条文的是（ ）。
   A. 企业总部 B. 药店店长 C. 进店患者 D. 药店员工

2. 根据药品销售企业下达的各项销售经营指标，结合本药店的实际情况，制定本年度药店销售计划和执行目录的是（ ）。
   A. 药店店长 B. 企业总部 C. 药店员工 D. 进店患者

3. 掌握本药店所有商品销售动态，并根据其商品销售动态，调整所有经营品种结构的负责人是（ ）。
   A. 药店员工 B. 企业总部 C. 药店店长 D. 进店患者

4. 一般对销售商品没有定价权，但可以将周边相同药店的商品价格信息随时向企业总部反馈，方便企业总部制定价格的负责人是（ ）。
   A. 药品生产企业 B. 药品研发企业
   C. 零售药店店长 D. 进店患者

5. 具有客观评估药店员工的表现，实事求是地向销售企业人力资源部提交有关药店员工的人事考核、职位提升、降级和调动的建议的权限人是（ ）。
   A. 进店患者 B. 药店店长 C. 药品生产企业 D. 以上都是

6. 药店看似独立，但它与进货单位、购药患者、政府执法部门等关系密切，能处理各种复杂关系，协调好与店员、与顾客、与上下级之间关系的是（　　）。

A. 进店患者　　B. 药店店长　　C. 药品生产企业　　D. 以上都是

7. 属于药店店长要具备的管理艺术的是（　　）。

A. 因时制宜　　B. 因地制宜　　C. 因人制宜　　D. 以上都是

8. 药店店长对店员，授之以“鱼”不如授之以“渔”，教以方法和手段。这个是药店店长的（　　）。

A. 经营者意识　　B. 危机意识　　C. 教练意识　　D. 成功意识

9. 具备培训初级技术人员业务的能力，并定期对药店人员进行培训的是（　　）。

A. 药店店长　　B. 药店执业药师　　C. 药店员工　　D. 进店患者

10. 熟悉处方管理相关法规，掌握处方书写基本规则，能严格审核其有效性，对问题处方拒绝调剂，并做相关记录的是（　　）。

A. 企业总部　　B. 药店店长　　C. 药店执业药师　　D. 药店员工

11. 负责处方的审核及监督调配，做好处方的签名、留存及处方药的销售登记，为患者提供用药咨询与信息，指导合理用药的是（　　）。

A. 企业总部　　B. 药店店长　　C. 药店执业药师　　D. 药店员工

12. 需熟练掌握药学专业英语，通读进口药品说明书各项内容，并进行书面翻译的人员是（　　）。

A. 药店执业药师　　B. 药店店长

C. 药店员工　　D. 药店企业总部

二、简答题

1. 药店店长的工作职责是什么？

2. 药店店长应具备的基本工作能力有哪些？

3. 有一患者到药店购买苯磺酸氨氯地平片，但是他没有医生开具的处方，药店执业药师可以对他进行销售吗？为什么？

书网融合……

微课　　划重点　　自测题

附录

一、电子血压计的使用方法

1. 受测者取坐位或仰卧位，将衣袖上卷至腋窝或脱掉一侧衣袖（初次测量需要分别测量左右上肢的血压值，然后选取血压值较高的那个手臂作为今后固定测量的手臂），然后将手臂（偏瘫患者应在健侧上肢进行测量）放在与心脏同一水平的高度（即坐时手臂应与第四肋骨在同一高度上，仰卧时手臂应与腋中线保持水平）并外展45°。

2. 操作者将电子血压计袖带内的气体排空，然后将袖带平整地缚于受测者的上臂，袖带不可过松或过紧，以免影响测量值的准确性。在缠缚袖带时，操作者应注意将袖带的中部（多数电子血压计在袖带上都有标记）置于受测者肘窝的肱动脉处（即手臂内侧、肘窝上2厘米处，用拇指按压肱动脉可感觉到脉搏跳动），以免降低压力感受器的敏感度。

3. 操作者开启电子血压计进行测量。在袖带打气时，操作者应注意观察袖带黏合口是否裂开。若黏合口裂开了，操作者应为受测者重新缠紧袖带进行测量。待电子血压计显示数值后，操作者应记录下血压计所显示的血压值。

4. 在袖带内的空气排尽后，操作者应将袖带从受测者的上臂取下，让受测者休息片刻（至少1分钟），然后再次按照上述方法测量血压值1～2次。最后取几次测得血压的平均值，该数值即为受测者的真实血压值。如果受测者需要确定自己是否患有高血压，则还应在同一天的不同时间（至少3个不同的时间）、采用相同的体位、用同一血压计测量同一手臂的血压值，这样才能确定是否患有高血压。

【注意事项】①测量的环境应保持安静，室温最好保持在20℃左右；②测量前，受测者不能饮用酒、咖啡和浓茶，要停止吸烟并排空尿液。同时，受测者还应保持精神放松，最好休息20～30分钟。

二、欧姆血糖仪的使用方法

1. 测量血糖前先准备下列物品，血糖仪、血糖试纸、消毒棉球、采血笔、采血针。

2. 取出试纸插入血糖仪中，带磁条的一头插入血糖仪中。插入血糖仪显示屏显示全部呼号约1秒后，显示最近一次测量结果，之后显示前次试纸代码。确认试纸代码是否与该试纸瓶身所示代码一致。确认后会出现血滴符号。

3. 采血，使用前请先仔细检查采血针保护盖是否完好，如保护盖脱落或者松动，请更换一个新的采血针。旋转确定采血深度，然后将采血针“上膛”，清洁手指指腹，适用于指尖微血管全血。

4. 将手指上的血滴靠近试纸采血口处，确认显示屏出现滴血符号后，再轻触试纸采血口，待采血视窗充满后，血糖仪即开始测量，5 秒后测量值将显示。

5. 将试纸拔出血糖仪，血糖仪自动关机。请将使用过的试纸妥善丢弃。

【注意事项】血糖仪应存放在室温条件下，不能将血糖仪放入水中或者其他液体中浸洗，注意防尘。

三、临床常用相似药品名称对照表

临床上很多药物的名称非常相似，无论药物通用名或者商品名中，一字之差的药名很多，但药理作用、临床应用和不良反应等内容相差很远，如果药学人员粗心大意，很容易造成用药不当，引起新的疾病。应注意辨析这类药物名称，减少因药名称混淆引起的不良反应。

序号	药物名称	药物类别	临床主要应用
1	利血平	抗高血压药	治疗轻中度的高血压
	利福平	广谱抗菌药	主治结核病、麻风病和耐药金黄色球菌所引起的感染
2	青霉素	抗菌药	主治革兰阳性菌引起的感染，如咽炎、白喉等
	青蒿素	抗疟疾药	治疗间日疟和恶性疟，特别对耐氯喹虫株感染等疗效好
3	非那根（异丙嗪）	抗组胺药	治疗变态反应性疾病和运动病及呕吐，也可治疗失眠
	非那明（苯丙胺）	中枢兴奋药	用于儿童多动综合征、帕金森病及其综合征
4	消心痛（硝酸异山梨酯）	抗心绞痛药	缓解心绞痛的急性发作
	消炎痛（吲哚美辛）	非甾体抗炎药	显著的抗炎抗风湿作用，治疗急性、类风湿性关节炎等
	消痛灵（萘普生）	非甾体抗炎药	类风湿关节炎、强直性脊柱炎、痛风等慢性变性疾病
	消痛定（美普他酚）	镇痛药	治疗各种锐痛等
5	异烟肼（雷米封）	抗结核药	治疗各种类型结核病的首选药
	异烟腙	抗结核药	治疗结核、麻风分枝杆菌引起的各种结核和麻风病等
6	美西林	青霉素类	广谱抗菌药，用于单纯性或复合性泌尿道感染或败血症
	美西律	抗心律失常药	治疗室性期前收缩、室性心动过速、室颤等

续表

序号	药物名称	药物类别	临床主要应用
7	美沙芬（右美沙芬）	镇咳药	用于干咳，治疗感冒、急慢性支气管炎、哮喘等引起的咳嗽
	美沙酮	麻醉药品	创伤性、癌症剧痛及外科手术后镇痛药
8	泰素（紫杉醇）	天然抗肿瘤药	主用于卵巢癌和乳腺癌等
	泰能（亚胺培南/西司他丁钠）	其他β-内酰胺类抗菌药	敏感菌所致的腹膜炎、肝胆感染、下呼吸道及尿路感染等
	泰诺（酚麻美敏）	解热镇痛药	治疗感冒引起的发热和疼痛
	泰克（复方金刚烷胺）	抗病毒药	用于病毒性流感引起的发热等症状
9	优降糖（格列本脲）	降血糖药	适用于轻中度及稳定型糖尿病患者
	优降宁（帕吉林）	抗高血压药	治疗重度高血压，尤其适合其他抗高血压药疗效不明显的患者
10	六味丸	滋补类	滋补肝肾，用于神经衰弱、头晕心悸、耳鸣目眩、夜尿频数
	六神丸	清热解毒类	主治烂喉丹痧、咽喉肿痛、小儿热疖、无名肿毒等
11	林可霉素（洁霉素）	林可霉素类	敏感革兰阳性菌所致的呼吸道、皮肤软组织感染等
	克林霉素	林可霉素类	厌氧菌引起的腹腔和妇科感染等
12	倍他斯汀（倍他司汀）	周围血管扩张药	治疗内耳眩晕症、脑动脉硬化等引起的直立性眩晕、耳鸣
	司他斯汀	抗组胺药	用于过敏性鼻炎、荨麻疹、湿疹等过敏性疾病
13	阿米替林	抗抑郁药	治疗各种抑郁症或抑郁状态
	阿米替韦	抗病毒药	治疗病毒感染引起的疾病
14	舒必利（舒必林）	抗精神病药	治疗呕吐、精神分裂症及慢性退缩和幻觉妄想病等
	硫必利（泰必利）	抗精神病药	治疗舞蹈症、老年性精神病、急慢性酒精中毒等
15	普鲁卡因	静脉局麻药	治疗各种麻醉手术
	普鲁卡因胺	抗心律失常药	治疗阵发性心动过速、频发期前收缩、心房颤动和心房扑动等
16	阿糖腺苷	抗病毒药	治疗单纯疱疹病毒性脑炎，外用治疗疱疹毒性角膜炎
	阿糖胞苷	抗肿瘤药	治疗急性粒细胞白血病和单核细胞白血病

参考答案

项目一

一、选择题

1. A 2. A 3. A 4. D 5. A 6. B 7. D 8. D 9. C 10. A

项目二

一、选择题

1. D 2. A 3. C 4. B 5. C 6. D 7. D 8. A 9. A 10. ABCD 11. ABCD

项目三

一、选择题

1. D 2. D 3. A 4. D 5. D 6. D 7. D 8. D 9. D 10. D 11. B 12. D 13. D 14. A 15. C 16. A 17. C 18. A 19. C 20. C

项目四

一、选择题

1. A 2. B 3. B 4. B 5. A 6. D 7. C 8. A 9. D 10. ABCD 11. ACD 12. ABC

项目五

一、选择题

1. B 2. D 3. C 4. B 5. C 6. D 7. B 8. D 9. D 10. C

项目六

一、选择题

1. C 2. D 3. C 4. B 5. C 6. C 7. C 8. B 9. B 10. B 11. A 12. C 13. D 14. D 15. D 16. A

项目七

一、选择题

1. B 2. B 3. B 4. A 5. A 6. A 7. C 8. C 9. D 10. A 11. C 12. B 13. A 14. D 15. A 16. D

项目八

一、选择题

1. B 2. A 3. A 4. C 5. A 6. D 7. A 8. C 9. A 10. B 11. D 12. B 13. A 14. D 15. A 16. A 17. D

项目九

一、选择题

1. D 2. B 3. B 4. A 5. C 6. A 7. B 8. B 9. C 10. A 11. C 12. D 13. C 14. A 15. D 16. C 17. A 18. D 19. A 20. D

项目十

一、选择题

1. A　2. C　3. D　4. B　5. D　6. A

项目十一

一、选择题

1. B　2. A　3. C　4. C　5. B　6. B　7. D　8. C　9. B　10. C　11. C　12. A

参考文献

[1] 陈地龙. 药学服务实务 [M]. 北京: 中国医药科技出版社, 2017.

[2] 张庆. 药学服务综合实训 [M]. 北京: 中国医药科技出版社, 2019.

[3] 国家药品监督管理局执业药师资格认证中心. 药学综合知识与技能 [M]. 8 版. 北京: 中国医药科技出版社, 2020.

[4] 俞春飞. 药店零售与服务技术 [M]. 北京: 高等教育出版社, 2015.

[5] 石少婷. 药店零售与服务技术 [M]. 北京: 人民卫生出版社, 2015.

[6] 李朝霞. 药品营销综合技能训练 [M]. 北京: 中国中医药出版社, 2013.

[7] 苏兰宜. 药店零售技术 [M]. 北京: 化学工业出版社, 2019.

[8] 张冀. 我国 DTP 药房管理若干问题的思考 [J]. 中外企业家, 2020 (14): 39 - 40.

[9] 周翔, 陈超然. 我国 DTP 药房发展过程及原因分析 [J]. 中国卫生产业, 2019 (19): 191 - 193.

[10] 王锦银. DTP 药房迎接最好的发展时代 [J]. 中国药店, 2019 (7): 80 - 81.

[11] 叶真, 丛淑芹. 药品购销技术 [M]. 北京: 化学工业出版社, 2020.

[12] 丛淑芹, 丁静. GSP 实用教程 [M]. 北京: 中国医药科技出版社, 2019.

[13] 李玉华. 实用药品 GSP 基础 [M]. 北京: 化学工业出版社, 2016.